Roswitha Burgard
Frauenfalle Psychiatrie

Of

Roswitha Burgard
Frauenfalle Psychiatrie

Wie Frauen verrückt gemacht werden

Überarbeitet und aktualisiert von Therese Walther

Mit einem Vorwort von Michaela Huber

Orlanda

Die Originalversion der Fallgeschichte von Sabina D. erschien 1997 unter dem Titel »Läßt sich Männergewalt ›verarbeiten‹?« in dem von Wildwasser Bielefeld herausgegebenen Sammelband: *Der aufgestörte Blick. Multiple Persönlichkeiten, Frauenbewegung und Gewalt* im Kleine Verlag, Bielefeld.
Die Originalversion der Fallgeschichte von Paula erschien 1999 unter dem Titel »Psychiatrie live!« in dem von Claudia Brügge und Wildwasser Bielefeld herausgegebenen Buch: *Frauen in ver-rückten Lebenswelten. Ein Lesebuch zu Frauen und Psychiatrie* im eFeF-Verlag, Bern.

Die Deutsche Bibliothek - CIP-Einheitsaufnahme
Burgard, Roswitha: Frauenfalle Psychiatrie : Wie Frauen verrückt gemacht werden / Roswitha Burgard. Mit einem Vorwort von Michaela Huber. –
1. Aufl. – Berlin : Orlanda Frauenverlag, 2002
ISBN   3-929823-88-8

1. Auflage 2002

© 2002 Orlanda Frauenverlag GmbH, Berlin
Alle Rechte vorbehalten

Lektorat: Ekpenyong Ani
Fachliche Überarbeitung: Therese Walther
Umschlaggestaltung: SUEDSTERN, Birgit Lukowski
Umschlagfoto: Birgit Keller
Texterfassung: Deutsch Türkischer Fotosatz; Sophie Dalhaus
Herstellung & Satz: Anna Mandalka
Druck: Fuldaer Verlagsagentur

Inhalt

Vorwort von Michaela Huber • 7
Ein paar Worte vorweg • 10
Einleitung • 11

KAPITEL 1
Passive Mädchen, aktive Jungen? 17
- Ordentlich, brav, sauber: Sozialisation in der Familie • 20
- Ich wäre lieber ein Junge! Geschlechtsspezifische Spiele und Spielverhalten • 25
- Lieber Pfiffigunde als Schneewittchen: Geschlechtsspezifische Märchen- und Lesebücher • 31
- Gefährlich und schmutzig: Die Einschränkung von Bewegung und aktivem Spielverhalten • 33

KAPITEL 2
Abwertung in Schule, Universität, Familie und Beruf • 39
- Sozialisation in der Schule • 40
- Sexismus in der Ausbildung und an Universitäten • 43
- Eine Zwangsjacke für Frauen: Die Institution Ehe • 48
- Die Zuständigkeit der Frauen für die alltägliche Sorgearbeit • 57
- Weibliche Erwerbstätigkeit: Alternative oder zusätzlich krank machend? • 62
- Die Beziehungsfalle: Eine double-bind-ähnliche Situation für Frauen • 67

KAPITEL 3
Persönlichkeitsverlust • 75
- Er nimmt sich »sein Recht«: Die sexuelle Verfügbarkeit von Frauen • 75
- Nur Busen, Beine, Po? Schönheitswahn und Körperkult • 87

KAPITEL 4
Frauen sind anders, Frauen sind kränker: Geschlechtsspezifische Psychiatrie • 93
- Angelika M., 23 Jahre, Arzthelferin • 100
- Hildegard B., 47 Jahre, Hausfrau • 109
- Sabine E., 22 Jahre, Industrie-Kauffrau • 118
- Gisela K., 45 Jahre, Hausfrau, früher ungelernte Arbeitskraft • 128
- Kerstin F., 20 Jahre, Studentin • 136
- Sabina D., 39 Jahre, Studentin • 145

- Paula, 38 Jahre, tierärztliche Assistentin • 153
- »Zu wenig – und doch sehr viel«: Zusammenfassung der Protokolle • 163

KAPITEL 5
Was bedeutet Zwangseinweisung in die Psychiatrie? • 173

KAPITEL 6
**Die Situation von Frauen in der stationären Psychiatrie und Psychotherapie:
Kritik und Forderungen betroffener Frauen** • 189
(Therese Walther)

KAPITEL 7
Wirkungen und Gefahren von Psychopharmaka • 189
(Therese Walther)
- Was ist beim Absetzen von Psychopharmaka zu beachten? • 190

KAPITEL 8
**Das, was ich bin, ist veränderbar!
Möglichkeiten und Grenzen von Psychotherapie** • 193

ANHANG
- Glossar psychologischer und psychiatrischer Fachausdrücke • 202
- Bibliographie • 209
- Weiterführende Literatur • 214
- Hilfreiche Adressen • 216

Vorwort

Michaela Huber

Ein Bild, das um die Welt ging: Zwei Frauen auf einer Straße in Afghanistan, kurz nach der Vertreibung der Taliban. Eine in der Burka, der Ganzkörper-Verhüllung, bis vor kurzem vorgeschrieben für Frauen, einschließlich der kompletten Verhüllung des Gesichts, das hinter einem Gitter aus Stoff verborgen bleibt. Die andere hat das Kopfteil der Burka zurückgeschlagen – und ein schönes, kluges Gesicht blickt uns an, direkt neben der »gesichtlos«-verhüllten Frau nebenan. Dieses Bild bewirkt einen positiven Schock. Das also sollte unter der Herrschaft der Taliban niemand sehen: Die Persönlichkeit der Frau hinter dem Schleier. Und was für eine Persönlichkeit! Die einer starken, selbstbewussten Frau, die stolz und frei in die Kamera blicken kann – endlich, nachdem die männlichen Peiniger vertrieben sind.

Leider nahm die Weltöffentlichkeit erst durch den letzten Krieg in Afghanistan wirklich davon Notiz, welchen menschenverachtenden Lebensbedingungen Frauen dort unterworfen waren. Es bleibt zu hoffen, dass die neue politische Situation für die Afghaninnen eine Befreiung von der Verhüllung sowie allen anderen Zwangsmaßnahmen bedeutet.

Westeuropäische Frauen tragen keine Burka. Sind sie also frei, stolz, stark und selbstsicher? Manche schon, viele leider nicht. Auch hier tragen viel zu viele Frauen einen, wenn auch unsichtbaren, Schleier – den der Trauer, der Resignation und Verzweiflung. Wie kann das sein? Schließlich wird hier keine Frau offiziell mit dem Tode bestraft, weil sie Bildung für sich und ihre Tochter wollte, weil sie gepflegt und geschminkt sein wollte, weil sie in der Öffentlichkeit als Individuum wahrgenommen werden wollte. Offiziell nicht. Doch wenn wir genauer hinsehen, werden auch in Europa Frauen terrorisiert. Schauplatz sind die Familien und Partnerschaften.

Gedemütigt, emotional missbraucht, körperlich und sexuell misshandelt wachsen noch viel zu viele Mädchen heran. Sie kämpfen jeden Tag, und trotzdem werden aus zahlreichen von ihnen verunsicherte, zutiefst verstörte und nicht selten fürs Leben gezeichnete Frauen, die ihr Leben lang genug damit zu tun haben, nur zu überleben. Für ein selbstsicheres Auftreten, für einen Griff zu den Sternen und zu individueller und gesellschaftlicher Macht reicht ihre Kraft oft, viel zu oft, nicht. Sie benötigen die persönliche und professionelle Unterstützung anderer Frauen und nicht-misshandelnder Männer, um ihre Angst und Verstörung, ihre Depressionen und Selbstschädigungen, ihre Verzweiflung und den Ekel vor Nähe zu überwinden.

Das ist die bittere Wahrheit, und sie ist heute so aktuell wie vor hundert Jahren. Oder vor fünfundzwanzig, als Roswitha Burgard begann, dieses Buch zu schreiben, das Ihnen heute in gründlich überarbeiteter Fassung vorliegt. Überarbeitet vor allem hinsichtlich einer Aktualisierung des Sprachgebrauchs und der statistischen Zahlen. Letztere lassen keine Entwarnung zu: Das Ausmaß an Gewalt, das Frauen »verrückt« macht, ist nicht geringer geworden. Besser wurde nur die Fähigkeit von Fachfrauen und -männern, Gewaltüberlebende zu erkennen und professionelle Unterstützungsmöglichkeiten zu entwickeln.

Traumabehandlung ist hier das Stichwort. Ein Begriff, der uns etwas »begreifen« lässt – gleichzeitig aber auch etwas verbirgt. Er deckt auf, in welch verheerender Form (als Trauma nämlich) gewaltvolle Lebenserfahrungen als Dauer-Last empfunden werden, und dass es einer besonderen Behandlung bedarf, um Gewalt so weit verarbeiten zu können, dass die Last, auch in Form der belastenden Symptome, leichter wird.

Doch hinter dem Begriff verbirgt sich, dass es nach wie vor überwiegend Mädchen und Frauen sind, die von der schrecklichsten Form von Traumatisierung betroffen sind, welche die Menschheit kennt: Sexualisierte Gewalt. Gewalt, die sich des Mittels der Sexualität bedient, scheint die Gewaltform zu sein, welche unsere Gesellschaft für Mädchen und Frauen bereit hält. Sie zerstört deren Identität, weil sie die Integrität der körperlich-seelischen Einheit aufbricht und das Mädchen bzw. die Frau zwingt, die Elemente der sie buchstäblich aufsprengenden Erfahrung abzuspalten – eine Erfahrung, die, wenn sie früh beginnt und sich oft wiederholt, bis zum Vollbild einer dissoziativen Identität (multiple Persönlichkeit) führen kann. Doch auch, wenn es nicht ganz so schlimm kommt: Viele Mädchen und Frauen leben nach dieser Gewalterfahrung auf Sparflamme und sind täglich damit beschäftigt, die Folgen der Gewalterfahrung irgendwie in den Griff zu bekommen. Wer es nicht schafft, landet in der Psychiatrie und hofft dort auf Hilfe.

Glücklicherweise gibt es im Bereich der stationären Psychiatrie und Psychotherapie einige Verbesserungen. Frauen mit Gewalterfahrungen werden in einigen psychiatrischen und den meisten psychosomatischen Kliniken heute »gesehen« und bekommen ein besonderes Behandlungsangebot, das zunächst einmal ihre Stabilisierung im Auge hat, und ihnen als nächstes dabei behilflich ist, die quälenden Traumaerinnerungen unter Kontrolle zu bringen, sie schließlich auch zu integrieren und zu verarbeiten.

Roswitha Burgard hat in ihrem Leben viele Frauen nach Gewalterfahrungen begleitet: Als psychologische Psychotherapeutin und als Forscherin. Wir beide kennen uns aus den Anfängen der sogenannten »Zweiten deutschen Frauenbewegung« Anfang der siebziger Jahre, in der und mit der wir uns sowohl persönlich als auch beruflich weiterentwickelt haben. Und im Gegensatz zu manchen Frauen, die heute glauben, eilfertig versichern zu müssen, sie seien keine Feministinnen, haben wir uns beide nie davon entfernt, ganz eindeutig die Förderung und Unterstützung von Frauen in den Mittelpunkt unserer Arbeit zu stellen. Eine Arbeit, die so lange nötig ist, bis es genau so viele stolze, starke und selbstsichere Frauen gibt wie Männer. So lange, bis Gewalt gegen das weibliche Geschlecht in unserer Gesellschaft angemessen wahrgenommen, geächtet und die Folgen bearbeitet werden. Vermutlich also so lange wir leben.

Ich empfehle Ihnen dieses wichtige – wenn Sie es sorgfältig lesen, werden Sie merken: zornige – Buch sehr. Möge es Sie und Ihr eigenes Engagement für Frauen anregen und ermutigen.

Göttingen/Kassel im Januar 2002

Michaela Huber ist psychologische Psychotherapeutin mit dem Schwerpunkt Traumabehandlung in Therapie, Supervision und Ausbildung. Sie ist die 1. Vorsitzende der deutschen Sektion der ISSD (International Society for the Study of Dissociation) sowie Gründungs- und Vorstandsmitglied des Zentrums für Psychotraumatologie in Kassel.

EIN PAAR WORTE VORWEG

Das Buch *Wie Frauen verrückt gemacht werden* war vor 25 Jahren das erste deutschsprachige Buch, das den Zusammenhang zwischen dem Alltag von Frauen und ihrem »Verrückt-werden« unter »normalen«, frauenfeindlichen Lebensbedingungen untersuchte. Ich konnte damals die zahlreichen hilfesuchenden Leserinnenbriefe kaum beantworten, weil es zu diesem Zeitpunkt so gut wie keine Alternativen zur herkömmlichen Psychotherapie und Psychiatrie gab.

Durch die gezielte Arbeit der Neuen Frauenbewegung hat sich inzwischen sehr viel verändert. Doch die Situation von Frauen, die in ihrem Leben in psychische bzw. spirituelle Krisen geraten - wie das jeder von uns passieren könnte –, hat sich nicht grundsätzlich verbessert. Noch zu häufig erfahren Frauen Geringschätzung und Abwertung im Vorfeld oder als Patientinnen in der Psychiatrie. *Frauenfalle Psychiatrie* übernimmt das alte Thema da, wo es leider noch immer aktuell ist. Darüber hinaus gibt es neue Daten, Fakten, Erfahrungen und zusätzliche Fallgeschichten bezüglich der Psychiatrisierung von Frauen, vor allem aber – was mich sehr freut und beruhigt – einen Anhang, der empfehlenswerte Adressen enthält.

Auch ich habe mich verändert. In dem Kapital »Das, was ich bin, ist veränderbar« gebe ich einen Einblick in meine heutige psychotherapeutische Arbeit.

Auf die Frage, was haben wir erreicht in 25 Jahren, schließe ich mich meiner amerikanischen Kollegin Phyllis Chesler an, die die heutige Entwicklung dahingehend kommentiert: »Zu wenig – und doch sehr viel.«

Mein Wunsch an alle Leserinnen des Buches: Fühlen Sie sich ermutigt, unterstützt und inspiriert, die inzwischen größeren Handlungsspielräume für Frauen kreativ zu nutzen. Nur durch konkrete Informationen können Sie sich sowohl im Vorfeld als auch in der Psychiatrie selbst besser schützen.

Roswitha Burgard
Berlin im Januar 2002

Einleitung

Jede vierte erwachsene Person in Deutschland ist im Laufe ihres Lebens mindestens einmal psychisch krank. Frauen erkranken jedoch weitaus häufiger, ihre Krankheitsanfälligkeit ist mit Familienstand, Erwerbstätigkeit und gesellschaftlicher Rolle eng verbunden. Bei Frauen werden häufiger Depressionen und Phobien diagnostiziert, bei Männern häufiger »antisoziale Persönlichkeit« und Alkoholismus. Die Diagnosen Schlafstörung, Depression, Neurose, Psychose oder Schizophrenie werden Frauen bis zu dreimal so häufig gestellt wie Männern.[1] Das größte Risiko, psychisch zu erkranken, haben verheiratete Frauen. Zu diesem Ergebnis kommt eine bundesweite einmalige Studie des Max-Planck-Instituts für Psychiatrie in München.[2] Untersuchungen haben gezeigt, dass die Depressivitätsraten am niedrigsten waren bei erwerbstätigen Frauen, deren Partner ihre Berufstätigkeit unterstützen. Interessanterweise war nicht die tatsächliche Aufteilung der Hausarbeit ausschlaggebend, sondern das Empfinden, ob die Aufgaben gerecht verteilt waren.[3] Bis heute existiert noch immer keine umfassende Statistik über Art und Häufigkeit psychischer Erkrankungen in Deutschland, noch mangelhafter ist die Datenlage, was die geschlechtsspezifische Verteilung psychischer Erkrankungen ausmacht. (Anders sieht es dagegen in den USA, Skandinavien, Holland und England aus.) Dabei ist die Tatsache, dass Geschlechtszugehörigkeit ein wesentlicher Faktor bezüglich der Entwicklung psychischer Störungen ist[4], auch den verantwortlichen Behörden wie Bundesgesundheitsministerium oder Statistischem Bundesamt wohl bekannt. Denn Frauen sind in unserer Gesellschaft – abgesehen von den unter Zwölfjährigen – in allen Altersgruppen kränker als Männer; Frauen werden mehr Medikamente verschrieben, Frauen nehmen mehr psychotherapeutische Hilfe in Anspruch. Gerade Psychopharmaka sind typische »Frauenmedikamente«, sie werden zu über 70% Frauen verschrieben. Sowohl Neuroleptika, als auch Antidepressiva und Tranquilizer werden Frauen weitaus häufiger verschrieben als Männern. Das Risiko, diese gefährlichen Mittel verordnet zu bekommen, steigt mit zunehmendem Alter noch an. Die Verschreibungszahlen steigen außer für Tranquilizer für alle Psychopharmaka kontinuierlich. In den Psychiatrien erhalten 95% der Personen, die die Diagnose Schizophrenie bekommen haben, zum Teil hochdosierte Neuroleptika. Bei der Diagnose Depression erhalten 50% der PatientInnen Neuroleptika. Antidepressiva werden in und außerhalb der Psychiatrie vor allem an Frauen verabreicht.[5] Frauen bekommen generell häufiger psychiatrische Diagnosen als Männer. In der Gerichtspsychiatrie werden Frauen, die unter emotionaler Beteiligung Verbrechen begehen, siebenmal häufiger als Männer als »psychiatrische Fälle« diagnostiziert und in Hochsicherheitsanstalten geschickt.[6] So werden Frauen in unserer Gesellschaft noch immer nicht nur als das »schwächere«, sondern auch als das »kränkere« Geschlecht gesehen. Als Erklärung dient der Medizin häufig die Weiblichkeit schlechthin: Die Frau gilt als psychisch labiler in Relation zum Mann und als durch ihre weibliche Konstitution quasi genuin geschwächt.[7] Hier wird also die Ursache von Krankheit intrapsychisch und nicht in den spezifischen Lebensbedingungen weiblicher Menschen gesehen.

Diese Lebensbedingungen sind von Frau zu Frau sehr verschieden. Bestimmte Faktoren haben einen wesentlichen Einfluss auf ihre Lebenssituation, ihre Ressourcen und Risiken und auf die Möglichkeiten zur Unterstützung, die ihnen zur Verfügung stehen bzw. durch Institutionen zur Verfügung gestellt werden: Frauen mit höherem Bildungsstand, Frauen ohne körperliche Einschränkungen sind gegenüber Frauen mit niedrigeren Bildungsstand oder behinderten Frauen erheblich privilegiert, da sie der Norm dieser Gesellschaft eher entsprechen. Auch Schwarze Frauen, Migrantinnen oder jüdische Frauen sind mit Diskriminierungserfahrungen konfrontiert, denen weiße deutsche, christlich sozialisierte Frauen nicht ausgesetzt sind. Ein weiterer entscheidender Faktor ist, welchen Aufenthaltsstatus Frauen in Deutschland haben. Illegalisierte Migrantinnen haben beispielsweise keinerlei Zugang zur öffentlichen Gesundheitsversorgung; jeder Kontakt mit irgendeiner offiziellen Einrichtung kann eine Gefährdung für sie darstellen. Die Auseinandersetzung mit Unterschieden zwischen Frauen begann in Deutschland Anfang der 90er Jahre, als Schwarze deutsche Frauen sich lautstark zu Wort meldeten[8] und Rassismus bzw. die Dominanz und Privilegiertheit weißer deutscher Frauen in der Frauenbewegung deutlich thematisiert wurden.[9] Mittlerweile gibt es auch eine Reihe von Veröffentlichungen, die die spezifischen Belastungen und Diskriminierungen von Schwarzen Frauen und deren Auswirkung auf psychische Gesundheit beleuchten.[10] Auch für die Praxis von Frauenprojekten hatten diese Diskussionen teilweise Folgen, so achten zum Beispiel im Anti-Gewalt-Bereich viele Projekte mittlerweile darauf, ihre Mitarbeiterinnen-Teams interkulturell zusammenzusetzen.

Ich gehe davon aus, dass ein ursächlicher Zusammenhang besteht zwischen der Lebensrealität von Frauen, die in der Regel durch

Machtlosigkeit und Abwertung gekennzeichnet ist, und der Entwicklung bestimmter psychischer Krankheiten. Dabei beschäftige ich mich mit solchen psychischen Krankheiten, die ausschließlich durch gesellschaftliche Faktoren verursacht werden, also nicht angeboren sind wie zum Beispiel hirnorganische Erkrankungen. Bisher hat man Realitätsflucht, Halluzinationen, Paranoia etc. stets als Anzeichen für einen Defekt angesehen, der »im Inneren« des jeweiligen Menschen liegt. Ich schließe mich der soziologischen Definition »psychiatrischer Symptome« von Thomas J. Scheff[11] an: Psychiatrische Symptome entstehen in der sozialen Interaktion zwischen dem Menschen und den Personen sowie Institutionen seines sozialen Umfeldes. Auf die gesellschaftliche Situation von Frauen übertragen, heißt das: Um die Entstehung von psychischen Erkrankungen bei Frauen zu erfassen, muss auf ihre frauenspezifische Sozialisation, auf ihre eingeschränkten Interaktionsmöglichkeiten und auf die frauenfeindlichen Lebensumstände, mit denen sie in Gesellschaft, Familie und Beruf konfrontiert sind, eingegangen werden.

Frauen sind in unserer Gesellschaft stärker gefährdet als Männer, psychisch auffällig zu werden. Auch heute noch werden Mädchen im Erziehungsprozess zur Entwicklung von sogenannten natürlichen weiblichen Eigenschaften und Fähigkeiten ermutigt. Eigenschaften wie Emotionalität, Passivität, Anpassungsfähigkeit und Fürsorge haben, oberflächlich betrachtet, gesellschaftlich zwar eine gewisse Aufwertung erlebt – denken wir zum Beispiel an den Begriff »emotionale Intelligenz«–, doch sie werden weiterhin eher Frauen zugeschrieben und entweder belächelt oder in »eigentlich starke« Eigenschaften umgemünzt, die nun auch Männer haben sollen. In einer von Männern dominierten Gesellschaft haben Frauen mit ihren »typisch weiblichen« Eigenschaften und Fähigkeiten geringere Möglichkeiten, sich selbst zu verwirklichen. Lehnen sie sich aktiv und aggressiv – also mit »typisch männlichen« Verhaltensweisen – gegen diese Ungerechtigkeit auf, werden sie häufig als »unweiblich« oder sogar schon als »unnormal« bezeichnet.

Alle Frauen leben ständig in einer schizophrenieähnlichen Situation. Auf der einen Seite gehören weibliche Eigenschaften und Fähigkeiten nicht zur Definition eines gesunden Menschen – wie Untersuchungen aus den USA zeigen[12] –, auf der anderen Seite werden Mädchen von klein an zur Entwicklung dieser Eigenschaften und Fähigkeiten ermuntert. In unserer Männergesellschaft zum weiblichen Geschlecht zu gehören, gilt also unausgesprochen schon als »normale Krankheit«. Die Aktualität dieses sogenannten »Doppelstandards« in der Psychiatrie – Männer werden als Norm für psychische Gesundheit gesetzt, von Frauen wird jedoch ein »weibliches« Verhalten erwartet, damit sie nicht als deviant gelten – wurde auch in den letzten Jahren immer wieder bestätigt.[13]

Aus rein technischen Gründen unterscheide ich in diesem Buch zwei große Kategorien von Frauen (von der Sache her rechtfertigt sich diese Unterscheidung nicht; A könnte ebenso B sein und umgekehrt):

A) Frauen, die eine ambulante psychiatrische Behandlung in Anspruch nehmen und vorübergehend in Form von Gesprächen und/oder mit Medikamenten behandelt werden.

B) Frauen, deren psychische Krankheiten sich zum Beispiel schon in Form von chronifizierten Depressionen, Paranoia und Schizophrenien verfestigt haben, so dass ihr Leidensdruck fast nur noch durch ständige Psychopharmaka oder stationäre Unterbringung gemildert wird (oder aufrechterhalten wird).

Bei meinen Gesprächen, die ich mit Patientinnen einer psychiatrischen Praxis führte, habe ich mich speziell mit Frauen der Kategorie A beschäftigt. Ich habe im Gespräch mit der Psychiaterin der Praxis und anhand von bereits vorhandenen Krankenprotokollen Frauen ausgewählt, die mir besonders beispielhaft für den Zusammenhang von weiblicher Unterdrückung und Ausbeutung und der Entwicklung psychischer Krankheiten erschienen. Dabei habe ich die Erfahrung gemacht, dass bei den einzelnen Frauen der Übergang von der Kategorie A zu B oft fließend war. Entscheidend waren häufig die sich zuspitzenden Diagnosen, nach denen eine hohe oder geringe Dosierung von Psychopharmaka für kurze Zeit oder über Jahre hinaus verabreicht wurde. Diese Entwicklung werde ich in meinen Gesprächen darstellen.

Zwei der Frauen, mit denen ich sprach, hatten schon einen langen Weg als psychisch Kranke zurückgelegt. Andere befanden sich zum ersten Mal in Behandlung bei der Psychiaterin der Praxis, die sich mit ihrer Assistentin sehr für ihre Patientinnen einsetzt. Beide bringen ihre eigene Betroffenheit als Frauen immer wieder in die Gespräche ein. (Übrigens waren zwei Drittel der Patient/innen der Praxis Frauen!)

Darüber hinaus stelle ich die Lebensgeschichten von zwei weiteren Frauen dar. Die Biografie von Sabina D. wurde zum ersten Mal in meinem Buch *Mut zur Wut* unter dem Aspekt ihrer langjährigen Misshandlungsgeschichte veröffentlicht. 13 Jahre später machte Sabina D. wieder eine Art Kurzzeittherapie bei mir. Ich werde einen Einblick in eine Sitzung geben, in der sie sehr detailliert über ihre damaligen Misshandlungen, die heutigen Folgen und über den gerade erst erinnerten sexuellen Missbrauch in ihrer Kindheit berichtet. Ihre Geschichte macht die Schwierigkeiten der Verarbeitung von Langzeitfolgen deutlich. Die letzte Geschichte ist die meiner Freundin Paula, die mehrmals zwangseingewiesen wurde und sich nur durch Flucht vor der Psychiatrie retten konnte. Die Erfahrungen, die ich mit den behandelnden Ärzten/Ärztinnen machte, haben mich zutiefst erschüttert und empört. Das Aufzeichnen der Leidensgeschichte meiner Freundin Paula dient auch der eigenen Verarbeitung: Was hat sich in den letzten 25 Jahren seit meiner Beschäftigung mit dem Psychiatrisierungsprozess von Frauen verändert?

Anhand der sieben Gespräche, die ich ausgewählt habe, werde ich zeigen, dass die psychischen Beeinträchtigungen dieser Frauen zum überwiegenden Teil durch die patriarchalischen Strukturen, die es ermöglichen, dass Männer über Frauen bestimmen, verursacht worden sind. Dabei möchte ich besonders betonen, dass die von mir ausgewählten Frauen durchaus keine Ausnahmefälle darstellen, ihre Lebensläufe vielmehr typisch weiblich sind. Was nicht heißt, dass alle Frauen im Laufe ihres Lebens ein »psychiatrischer Fall« werden müssen. Aber es *könnte* jeder von uns passieren. Es hängt mehr oder weniger von Zufälligkeiten im Leben einer Frau ab, ob sie trotz extrem frauenfeindlicher Verhältnisse die Balance behalten kann oder in den Abgrund abgleitet, das heißt, nicht mehr aus der Mühle der Psychiatrie herauskommt. Oft genügt nach jahrelang geduldig ertragener Ausbeutung und Demütigung ein relativ harmloser Auslöser, der Frauen entweder zusammenbrechen oder ausbrechen lässt. Wie Frauen sich auch verhalten, sie haben in der Regel einen geringeren Einfluss als Männer auf ihr Leben. Ihnen wird häufig verwehrt, die eigene Entwicklung als Subjekte in die Hand zu nehmen. Zum Beispiel die Entscheidung darüber, wie sie mit ihrer psychischen Gesundheit umgehen wollen. Viele Frauen bekommen täglich von ihren Ehemännern oder Beziehungspartnern gesagt, sie seien verrückt, so dass sie selbst schon daran glauben. Frauen, die sich ihrem Mann gegenüber aggressiv wehren, aber in ihrem Umfeld keine Unterstützung haben, müssen wie Hildegard B. damit rechnen, von ihrem Ehemann in die Psychiatrie eingewiesen zu werden.

Im Anschluss an die Lebensgeschichten der sieben Frauen gebe ich einen Einblick in meine heutige psychotherapeutische Arbeit, in der ich mich bemühe, den ganzheitlichen Aspekt zu verwirklichen.

Die Diplom-Psychologin Therese Walther stellt in einem gesonderten Kapitel Kritik und Forderungen betroffener Frauen bezüglich der Situation in der stationären Psychiatrie und Psychotherapie dar. Sie geht ausführlich auf die Wirkungen und Gefahren bei der Einnahme von Psychopharmaka ein und darauf, was das Absetzen von Psychopharmaka bedeutet.

Ein Ergebnis der Neuen Frauenbewegung sind die inzwischen in allen großen deutschen, österreichischen und schweizer Städten existierenden Frauentherapie- und Beratungszentren, Notrufe, Wildwasser-Beratungsstellen, Frauenhäuser und empfehlenswerte Kliniken, deren Adressen Sie im Anhang finden.

Anmerkungen

[1] Lehmann, P., 1996
[2] GWG 3/1989
[3] BMFSFJ Band 209, 2001
[4] Dorenwend, B., 1980
[5] Lehmann, P., 1996
[6] a.a.O.
[7] Kluitmann, A., 1989
[8] vgl. zum Beispiel Oguntoye u.a., 1991
[9] vgl. zum Beispiel *Beiträge zur feministischen Forschung und Praxis* Bd. 27 1991; Hügel u.a., 1993; Rommelspacher, 1995
[10] zum Beispiel Ayim, 1995;, del Mar Castro Varela, 1998; Hügel, 1999
[11] Scheff, T. J., 1973
[12] Brovermann, I. K. et al., 1970
[13] vgl. zum Beispiel Pahl, E., 1991, Biermann-Ratjen, E.-M., 1993 oder Sohl, G., 1995

KAPITEL 1

Passive Mädchen, aktive Jungen?

Hier möchte ich unter anderem ausführlich auf den Sozialisationsprozess von Mädchen eingehen, da er im direkten Zusammenhang mit dem Entstehen psychischer Krankheiten bei Mädchen und Frauen stehen kann. Nur so kann die Sackgasse der weiblichen Konditionierung in der westlichen Mittelstandsgesellschaft zur Hausfrau (heute doppelt und dreifach belastet), Mutter (meist alleinerziehend), anspruchslosen Geliebten und in »Frauenberufen« engagierten Erwerbstätigen verdeutlicht werden.

Auch 30 Jahre nach dem Beginn der Neuen Frauenbewegung werden Frauen und Männern noch unterschiedliche Eigenschaften und Fähigkeiten zugeschrieben, die in unserer Gesellschaft unterschiedlich angesehen und bewertet werden. Unter spezifisch »weiblich« werden Passivität, weniger Aggressivität, größere Emotionalität, sozialeres Verhalten, größeres Personeninteresse, geringeres technisches Verständnis und geringeres Durchsetzungsvermögen, Aufopferungsbereitschaft und Masochismus eingeordnet. Als spezifisch »männlich« gelten Aktivität, Aggressivität, Körperkraft, Rationalität, Durchsetzungsvermögen, technische Begabung, Ehrgeiz und so weiter.

Wie kommen diese angeblich »weiblichen« und »männlichen« Eigenschaften und Fähigkeiten zustande, die für Frauen oft die Konsequenz haben, sich in dieser Gesellschaft im Vergleich zu Männern zweitrangig und minderwertig zu fühlen?

Bereits seit Jahrhunderten gehen männliche Wissenschaftler davon aus, dass Frauen aufgrund ihrer biologischen Fähigkeit zum Kindergebären spezifische psychische und physische Eigenschaften und Fähigkeiten besitzen, die den »Mythos vom weiblichen Wesen« ausmachen. In der traditionellen Psychologie werden auch heute noch häufig sehr viele der o.g. Eigenschaften als angeboren betrachtet. Das hat zur Folge, dass sie als unveränderlich, also schicksalhaft gelten und insofern nie hinterfragt zu werden brauchen.

Wie fragwürdig die Einteilung in weibliche und männliche Menschen aufgrund der Biologie ist, wird an folgenden Untersuchungen deutlich; Kessler und McKenna (1978)[1] zitieren Untersuchungen über Neudefinitionen der Geschlechtszugehörigkeit bei Kindern, die bei der Geburt »falsch« zugeordnet wurden. Dies kann passieren, wenn dem Kind äußere männliche Geschlechtsorgane fehlen und das Kind folglich als Mädchen eingeordnet wird, später werden dann Y-Chromosomen oder innere männliche Genitalien entdeckt, und daraufhin wird eine Neudefinition vorgenommen. Sobald diese Kinder, die biologisch männlich waren, sich sozial jedoch bereits als Mädchen begriffen hatten, älter als 18 Monate oder zwei Jahre waren, hatten sie bei einer Neudefinition große emotionale Störungen. Dies bedeutet zweierlei: Zum einen bekommen Kinder in der Regel schon sehr früh mit, dass es zwei unterschiedliche Geschlechter gibt, und entwickeln ihre Identität dementsprechend geschlechtsspezifisch, und zum anderen ist die Biologie für die Entwicklung einer männlichen bzw. weiblichen Identität nicht entscheidend. Denn die Mädchen und Jungen zeigten statt Erleichterung emotionale Störungen bei der Neudefinition.

Die Vertreter/innen der neueren empirischen Sozialpsychologie sprechen inzwischen nicht mehr so ausdrücklich vom »weiblichen Wesen«, wie das noch die Vertreter des Biologismus (Eckstein, Deutsch, Lersch u. a.) taten. Sie betonen, dass Frauen und Männer zwar gleichwertig, aber dennoch andersartig seien. Diese angebliche Andersartigkeit bedeutet jedoch in der Realität – wie ich zeigen werde – eine Minderbewertung des weiblichen Geschlechts.

Tatsache ist, dass Frauen und Männer unterschiedliche Eigenschaften und Fähigkeiten besitzen. Diese sogenannten spezifisch weiblichen und spezifisch männlichen Eigenschaften sind jedoch nicht angeboren, sondern müssen im gesellschaftlichen Sozialisationsprozess erworben werden.

In den 1970er Jahren widerlegt die Psychologin Ursula Scheu[2] in ihrem Buch *Wir werden nicht als Mädchen geboren, wir werden dazu gemacht* die von der autonomen Frauenbewegung heftig attackierte These von angeborenen weiblichen und männlichen Eigenschaften und Fähigkeiten: »Noch immer werden Folgen und Ursachen verwechselt, werden die Folgen geschlechtsspezifischer Erziehung als Ursache für diese Erziehung ausgegeben.«

Neuere Untersuchungen[3] bestätigen immer wieder, dass es keine eindeutigen Beweise dafür gibt, dass »weibliches« oder »männliches« Verhalten aus dem Vorhandensein weiblicher respektive männlicher Geschlechtsorgane, Hormone oder Gene resultiert. Trotzdem ist zu beobachten, dass seit den 1990er Jahren und dem Ansteigen der Arbeitslosigkeit in westlichen Ländern wieder verstärkt an der biologischen Erklärung der Geschlechtsunterschiede gearbeitet wird. Mit Hilfe der Biologie wird in den USA versucht, Frauen von »Männerberufen« fernzuhalten und sie wieder in die Rolle des gefühlvolle-

ren, unberechenbaren Geschlechts zu drängen.[4]
    Inzwischen gibt es zahlreiche Untersuchungen zur frühkindlichen Entwicklung[5], die immer wieder bestätigen: Mit dem ersten Atemzug werden Mädchen und Jungen geschlechtsspezifische Verhaltensweisen aufgezwungen. Kinder lernen sehr früh, dass nicht das Verhalten, sondern das Geschlecht beurteilt wird. Männliches Verhalten wird höher bewertet, setzt den allgemeinen Maßstab, weibliches Verhalten gilt als nachgeordnet, als defizitär. Die Zuschreibung von weiblichen und männlichen Eigenschaften und Fähigkeiten und die dementsprechende Bewusstseinsbildung machen die Trennung zwischen den Geschlechtern deutlich. Der Dualismus von Weiblichkeit und Männlichkeit scheint nicht veränderbar. Ein Kind bzw. ein erwachsener Mensch muss sich zwischen diesen beiden Geschlechtsrollen-Stereotypen entscheiden, eine dritte Möglichkeit, zum Beispiel eine androgyne Entwicklung, stellt eine Normverletzung dar und wird in der Regel sanktioniert. Sowohl Frauen als auch Männer werden durch diese Stereotypisierung eingeschränkt, jedoch mit unterschiedlichen Konsequenzen. Macht, Ansehen, Einfluss und Autonomie werden mit der männlichen Geschlechtsrolle verbunden; Fürsorge, Verantwortung für Beziehung und Kinder, Anpassung und Hingabe werden der weiblichen Rolle zugeschrieben. Für Mädchen und Frauen bedeutet die »gelungene« Übernahme des weiblichen Geschlechtsrollen-Stereotyps in der Regel eine gesellschaftliche und persönliche Sackgasse, die je nach Persönlichkeit der einzelnen Frau nicht selten in eine psychotherapeutische oder psychiatrische Behandlung mündet. Ein alter Hut? Leider nicht. Obwohl die Erziehung zur Weiblichkeit heute sicherlich differenzierter ist als noch vor 50 Jahren, erfahren Frauen noch immer denselben, wenn auch subtileren Druck, in ihrem Verhalten und Aussehen einem bestimmten Bild zu entsprechen.
    Dass Ansehen und Macht nicht biologisch bedingt sind, sondern durch Zuschreibung an das herrschende Geschlecht zustande kommen, hat bereits 1921 die Soziologin Mathilde Vaerting[6] herausgefunden. In ihrem Buch *Frauenstaat und Männerstaat* über vergleichende Geschlechterpsychologie zeigt sie: Als Frauen die Macht besaßen, verfügten sie über typisch »männliche« Eigenschaften, dagegen besaßen die machtlosen Männer typisch weibliche Eigenschaften und Fähigkeiten. Ich gehe ebenfalls davon aus, dass alle existierenden Geschlechtsunterschiede – bis auf die Zeugungs- und die Gebärfunktion – gesellschaftlich erworben und deshalb prinzipiell umkehrbar sind. Es handelt sich hierbei also nicht um Geschlechts-, sondern um Machtunterschiede zwischen Frauen und

Männern. Diese Machtunterschiede graben sich von klein an tief ein und bewirken, »... dass die Art, wie wir sitzen, lächeln, Raum einnehmen, blicken, den Kopf zur Seite legen oder andere berühren, mit Macht zu tun hat. Unsere Körpersprache umfasst nicht nur Botschaften, die Freundschaft oder Sexualität signalisieren: Es sind auch Machtstrategien, die wir mit unserem Körper vollziehen. Körpersprache ist Politik.«[7]

Ich will im ersten Kapitel zeigen, wie Mädchen zur Entwicklung des »weiblichen Wesens« durch die Sozialisation in Familie und Schule ausgerichtet werden - durch geschlechtsspezifische Spiele und Literatur und durch die Einschränkung von Bewegungsspielen und des Neugierverhaltens. Darüber hinaus erfährt jedes vierte Mädchen im »geschützten« Rahmen der Familie sexuelle Übergriffe entweder durch Vater, Stiefvater, Onkel oder nahe Bekannte der Familie. Die Erfahrung von sexueller Gewalt in der Kindheit »begünstigt« und verschärft häufig die Entwicklung schwerer psychischer Krankheiten bei Frauen.

Ich beschränke mich im folgenden darauf, beispielhaft nur die besonderen Aspekte näher zu untersuchen, die ich im Zusammenhang mit der Entwicklung psychischer Krankheiten bei Frauen für wichtig halte. Typisch »weibliche« und typisch »männliche«Symptome sind jedoch schon bei Kindern, die psychisch auffällig geworden sind, festgestellt worden. Phyllis Chesler führt amerikanische Untersuchungen[8] an, aus denen hervorgeht: Jungen werden am häufigsten wegen aggressiver, destruktiver und rivalisierender Verhaltensweisen zu Erziehungsberatungsstellen gebracht, Mädchen wegen Persönlichkeitsstörungen wie übermäßiger Angst und Unruhe, Scheu, Schüchternheit, Mangel an Selbstvertrauen und Minderwertigkeitsgefühlen.

Diese Symptome spiegeln deutlich das negative Ergebnis des geschlechtsspezifischen Sozialisationsprozesses wider. Die gleichen Symptome, die kleine Mädchen zeigen, wenn sie psychisch auffällig werden, sind später bei erwachsenen Frauen in stärkerer Ausprägung zu finden.

Ordentlich, brav, sauber: Sozialisation in der Familie

In den 1960er und 1970er Jahren wurden eine Reihe von soziologischen Untersuchungen durchgeführt, die Unterschiede in der Behandlung von Mädchen und Jungen, die schon in den ersten Lebenstagen einsetzten, aufzeigten. Helga Bilden[9] fasste diese folgendermaßen zusammen:

- Neugeborene Jungen werden etwas häufiger gefüttert als Mädchen, eventuell weil sie auch etwas mehr schreien;
- Eltern nehmen Babys schon in den ersten 24 Stunden unterschiedlich – entsprechend den Geschlechtsstereotypen – wahr, was deren physische und psychische Eigenschaften anbetrifft;
- Mütter, die mit fremden, sechs Monate alten Babys in einer Laboranordnung zusammengebracht wurden, regten angebliche Jungen mehr zu grobmotorischen Bewegungen an und reagierten auf solches stärker als bei angeblichen Mädchen;
- Nahezu alle Mütter wollen ihre Söhne stillen, aber nur zwei Drittel ihre Töchter; Mädchen werden seltener gestillt, ihnen werden beim Stillen seltener Pausen zugestanden, sie werden früher entwöhnt, müssen früher selbständig essen und sich eher den Essvorschriften der Mütter unterwerfen;
- Mütter stimulieren ihre drei Wochen alten männlichen Babys mehr optisch-visuell, halten sich auch mehr in deren Gegenwart auf. Mädchen werden mehr akustisch stimuliert;
- Ab dem dritten Lebensmonat wird Mädchen mehr zärtlicher Körperkontakt gegeben und bei Jungen mehr die Muskelkraft gefördert;
- Mütter fördern – beginnend mit dem dritten Monat – bei Jungen stärker explorierendes, selbständiges, loslösendes Verhalten;
- Bei der Sauberkeitserziehung wird den Jungen mehr Zeit gelassen; Mädchen werden einem strengen Drill unterworfen.

Später hat vor allem Carol Hagemann-White die Widersprüche, die die Untersuchungsergebnisse aufwiesen, herausgearbeitet, ohne dabei jedoch in Frage zu stellen, dass sich das Erziehungsverhalten gegenüber Mädchen bzw. Jungen unterscheidet. Sie ging jedoch einen Schritt weiter, indem sie die empirischen Ergebnisse mit der gesellschaftlichen Bedeutung verknüpft, die diese haben: »Eine Mutter lächelt ihren Sohn weder mehr noch weniger an als ihre Tochter, sondern anders: Ihr Lächeln trägt einen anderen Sinn und andere Gefühle. Der Sinn und die Gefühle erwachsen aus der gesellschaftlichen Bedeutung, die es hat, ein zukünftiger Mann oder eine zukünftige Frau zu sein.«[10]

Mädchen sollen früh lernen, sauber, still, hübsch und bescheiden zu sein. Darauf werden sie trainiert, und dafür werden sie als kleine Mädchen wie als erwachsene Frauen belohnt. Mädchen müssen früh im Gegensatz zu Jungen auf ihr adrettes, hübsches Aussehen achten.

Hier werden schon die Grundsteine für den späteren Objektstatus der Frau gelegt: Kleine Mädchen werden mit dem Ziel erzogen, attraktiv und anziehend für das andere Geschlecht zu werden. Das soll ihr Kapital sein, um von Männern später wahrgenommen zu werden. Frauen, denen es nicht gelingt, von Männeraugen akzeptiert zu werden, fühlen sich häufig überflüssig, noch weniger wert und in vielen Fällen als nicht existent, wie es in meinem Interview mit Angelika M. (S. 100) deutlich wird.

Offiziell herrscht die Meinung und Erfahrung, dass Mädchen eine schnellere Entwicklung durchmachen als Jungen. So sieht der Hintergrund aus: Mädchen werden von der Wiege an zu einer praktischen Selbständigkeit erzogen. Kleine Mädchen sollen bereits sehr früh keine Arbeit verursachen. Die entsprechenden Eigenschaften werden frühzeitig entwickelt, weil sie zu den erwarteten weiblichen Fähigkeiten gehören, mit denen Frauen später selbstverständlich Dienstleistungen für Männer verrichten. Häufig sind schon kleine Mädchen für Dienste an ihren Brüdern zuständig, nie umgekehrt (Gisela K. musste sogar das Erbrochene ihres Bruders aufwischen, und es zeigt sich in unserem Gespräch, dass sie es noch heute selbstverständlich für ein Mädchen findet!).

Der frühe Zwang zu Sauberkeit und Ordnung bei kleinen Mädchen führt häufig zu späteren Zwangshandlungen bei Frauen, weil dieser frühkindliche Drill immer wieder reflexartig abläuft. Extreme Fälle dieser Zwangshandlungen oder Zwangsgedanken werden in der Psychiatrie als Zwangsneurosen bezeichnet. Darunter werden ritualisierte Praktiken wie Händewaschen, Ordnen und Zurechtrücken verstanden, in denen aufsteigende Zwangsgedanken und Zwangsimpulse abgewehrt werden. Wird die Ausführung der Zwangshandlung gestört oder von außen unterbunden, so tritt starke Angst auf. Interessant ist, dass die Psychoanalyse außer einer »anlagemäßigen Bereitschaft« – was nichts anderes als angeboren bedeutet – eine frühe autoritäre Sauberkeitsgewöhnung als Begründung für Zwangsneurosen anführt.

Fatale Folgen hat schließlich die unterschiedliche Beachtung der Sexualität bei kleinen Mädchen und Jungen. Die Sexualität eines Jungen wird generell stärker akzeptiert, während die des Mädchens am liebsten totgeschwiegen wird. Wir können davon ausgehen, dass Mädchen und Jungen im selben Alter ihr Geschlechtsteil entdecken und beim Spielen daran Lust empfinden. So perfekt hat sich das Vorurteil, dass nur dem männlichen Geschlecht eine Sexualität zugestanden wird, in den Köpfen der Mütter und Väter festgesetzt, dass sie bei männlichen Babys oft wohlwollend, bei weiblichen oft ablehnend auf die ersten Tastversuche am Geschlechtsteil reagieren. Die Psychoanalyse versucht, diese bereits frühkindliche Abwertung weiblicher Sexualität »wissenschaftlich« abzusichern: Der angeblich stärker entwickelte Geschlechtstrieb des männlichen Geschlechts (sichtbar im Penis) und der angeblich kaum vorhandene Geschlechtstrieb des weiblichen (kein sichtbares Genital) werden unter anderem als Grund angegeben.

Mädchen wird eine reduzierte Sexualität erst nach ihrer Pubertät zugestanden. Das heißt, die weibliche Sexualität wird immer mit Fortpflanzungsfähigkeit, selten mit Lustempfinden in Zusammenhang gebracht. Lustgefühle sollen außerdem ans andere Geschlecht gebunden erlebt werden. Darauf sind die heutigen Mütter als kleine Mädchen ebenfalls konditioniert worden. Deshalb wird ihnen die unterschiedliche Behandlung weiblicher und männlicher Babys als *natürlich* erscheinen. Frauen sollen von klein an lernen, emotionale Beziehungen zum eigenen Geschlecht zu verneinen. Sie werden ihnen bestenfalls bis zur Pubertät zugestanden.

Die Reduzierung weiblicher Sexualität auf die Fortpflanzungsfähigkeit verankert die weibliche Abhängigkeit vom Mann. Eine reduzierte Libido, Schwangerschaftspsychosen und Depressionen sind häufig die Folgen, auf die ich später eingehen werde. Laut René Zazzo[11] wird es Kindern im dritten Lebensjahr bewusst, ob sie ein Junge oder ein Mädchen sind. Eine durchgeführte Umfrage ergab: Von 100 Jungen im Alter von dreieinhalb Jahren wollte nur einer lieber ein Mädchen sein, dagegen wären 15 Prozent der Mädchen lieber ein Junge gewesen. Das heißt: 15 Prozent der Mädchen im Alter von dreieinhalb Jahren haben die benachteiligte Stellung eines Mädchens bereits voll erfahren und versprechen sich mit Recht mehr von dem Dasein eines Jungen.

Das heißt aber auch, dass 15 Prozent der Mädchen in diesem Alter schon die ersten Identifikationsprobleme bekommen müssen. Es ist kein Zufall, dass Jungen davon nicht betroffen sind. Die eingeengte Situation von Mädchen ist nicht erstrebenswert. Bei Mädchen entsteht der Wunsch, lieber zu dem Geschlecht zu gehören, das über größere Freiheiten verfügt. Sie erfahren aber täglich, dass sie sich mit ihrem Schicksal, *nur ein Mädchen* zu sein, abzufinden haben. Diese Erfahrung kann zu Wut, die nicht erlaubt ist, Resignation und geringem Selbstwertgefühl führen. Bei Kerstin F. führte das frühe Bewusstwerden ihrer Benachteiligung und Minderwertigkeit ihrem Bruder gegenüber zur Entwicklung übertriebener Ängstlichkeit, Zurückgezogenheit und Kontaktstörungen, also zu den typisch »weiblichen« Symptomen, die Phyllis Chesler beschrieben hat.

Verschärfend kommt für viele Mädchen und Frauen die Erfahrung sexueller Gewalt in der Kindheit hinzu. Denn von dieser »Straftat gegen die sexuelle Selbstbestimmung« sind zu 80-90 Prozent Mädchen und Frauen betroffen, die Täter sind zu fast 100 Prozent Männer. Das heißt, etwa jedes vierte Mädchen hat vor seinem 18. Lebensjahr sexualisierte Gewalterfahrungen. Die Aufklärungsrate ist gering, viele Fälle werden nie bekannt oder angezeigt. 50-75% der Täter sind Familienangehörige, nur 6% sind Fremdtäter.[12] Da es sich vielfach um die eigenen Väter, Stiefväter, Großväter, Onkel oder enge Freunde der Familie handelt, denen Kinder eigentlich vertrauen sollten, lernen Mädchen sehr früh zu schweigen, an ihrer eigenen Wahrnehmung zu zweifeln und sich den männlichen Wünschen angstvoll zu fügen. Dadurch gerät das kleine Mädchen in eine schizophrenieähnliche Situation: Einerseits wünscht es sich Zuwendung vom Vater, der gleichzeitig der Täter ist und dadurch auch angsteinflößend wirkt, andererseits bekommt ein kleines Mädchen schon sehr früh durch Drohungen oder Bitten des Täters mit, »das kleine Geheimnis« in sich zu verschließen, da die Mutter ansonsten traurig oder böse wäre oder ihr sowieso nicht glauben würde. Dies ist umso dramatischer, da wissenschaftlich nachgewiesen ist, dass die Störungen, die diese Traumata auslösen, um so stärker ausgeprägt sind, je größer die verwandschaftliche Nähe zwischen Täter und Opfer war, je länger die Gewalt andauerte, je mehr Gewalt angedroht oder angewendet wurde und je vollständiger die Geheimhaltung war. Ein weiterer erschwerender Faktor ist, wenn wenig oder keine schützenden Vertrauensbeziehungen zum Beispiel zur Mutter oder anderen Personen bestanden.[13]

Bei meinen Klientinnen stelle ich fest, dass das Erleben der sexuellen Gewalt in der frühen Kindheit ihr oft bis dahin unbeschwertes Leben traumatisch veränderte. Die zweite einschneidende Veränderung tritt meistens zu dem Zeitpunkt ein, wenn sie die Gewalterfahrung erinnern oder zum ersten Mal einem Menschen davon erzählen. Die Folgen sind oft extreme Schuld- und Schamgefühle, das Schweigen gebrochen zu haben; Alpträume, Panikattacken, Selbstverstümmelungs- und Isolationstendenzen bis hin zu totaler Wert- und Hoffnungslosigkeit, gipfelnd in dem Wunsch, nicht mehr leben zu wollen. Nicht selten machen dann einige die Erfahrung: Wenn sie mit ihren Müttern zum ersten Mal wagen, darüber zu reden und diese beschuldigen, sie nicht beschützt zu haben, erinnern sich die Mütter ebenfalls an einen sexuellen Übergriff in der eigenen Kindheit, den sie bisher abgespalten hatten. Dies zeigt noch einmal das erschreckende Ausmaß bzw. die Tradition sexualisierter Gewalt:

Über Jahrhunderte hinweg und in allen Kulturen konnten sich Männer, wann immer sie wollten, mit oder ohne Gewalt des weiblichen Körpers bemächtigen. Hinter den psychiatrischen Diagnosen wie multipler Persönlichkeitsstörung, Schizophrenie oder Paranoia wird der zugrundeliegende sexuelle Übergriff in der Kindheit nicht nur nicht sichtbar, sondern auch häufig bewusst verschwiegen. Einerseits sind nur die wenigsten Psychiaterinnen sensibilisiert, eine Verbindung zu in der Kindheit erlebter sexueller Gewalt herzustellen, und zum anderen neigen die Opfer sexueller Gewalt oft selbst dazu, die schrecklichen Auswirkungen herunterzuspielen bzw. die Angst davor nicht zu erwähnen, wenn sie Hilfe suchen.[14] Untersuchungen haben nachgewiesen, dass bis zu 70% aller Psychiatriepatientinnen sexualisierte oder physische Gewalterfahrungen in der frühen Kindheit gemacht haben, bei Frauen mit der Diagnose Borderline sogar 90%. Bei Patientinnen mit der Diagnose Depression liegt der Anteil bei 30%, Frauen mit selbstverletzendem Verhalten haben bis zu 60% massive Gewalt in der Kindheit erlebt. Auch Frauen, die als psychotisch oder schizophren diagnostiziert worden waren, berichteten in 37% der Fälle von Gewalterfahrungen. Bei Frauen, die dissoziieren oder sogar an einer dissoziativen Identitätsstörung (auch als »Multiple Persönlichkeitsstörung« bekannt) leiden, gehen Untersuchungen mittlerweile davon aus, dass bis zu 95% oder sogar 100% sexualisierter und körperlicher Gewalt in ihrer Kindheit ausgesetzt waren.[15]

Ich wäre lieber ein Junge! Geschlechtsspezifische Spiele und Spielverhalten

Der sozialistische Theoretiker Heinz Dannhauer[16] führte in den 1970er Jahren Untersuchungen über geschlechtsspezifisches Spielverhalten durch. Anhand mehrerer Kleinkinduntersuchungen und Befragungen von Erzieher/innen und Eltern bewies er, dass die Entwicklung der geschlechtsspezifischen Spielinteressen schon vor dem zweiten Lebensjahr einsetzt. Ein Kind hat also nicht die Wahl, sich im Babyalter unbefangen ein Spielzeug aus einem großen Spielzeugangebot herauszugreifen, sondern wird von den Erziehungsberechtigten gezielt auf ein Mädchen- oder Jungenspielzeug mit entsprechendem Spielverhalten hin konditioniert. Die Spielinteressen von Kindern sind also immer sozial vermittelt und in keiner Weise biologisch vorbestimmt, wie Erikson[17] und viele andere Psychologen in den 1950er Jahren behaupteten.

Deutlich wird die Funktion von geschlechtsspezifischem Spielzeug und Spielverhalten an dem amerikanischen Beispiel[18] eineiiger männlicher Zwillinge. Einer von ihnen verlor mit sieben Monaten bei der Beschneidung seinen Penis. Im Alter von 17 Monaten erhielt das Kind einen Mädchennamen und wurde wie ein Mädchen gekleidet und frisiert. Die Genitalien wurden operativ umgeändert, und in späteren Jahren sollte der Körper des Kindes durch eine Östrogentherapie verweiblicht werden.

Die Eltern sorgten in übertriebener Weise dafür, dass sich der eine Zwilling betont »weiblich«, der andere betont »männlich« entwickelte. Das Mädchen wurde extrem weiblich mit viel Rüschen angezogen und mit Schleifen im Haar frisiert und immer wieder von der Mutter in seiner Weiblichkeit bestärkt und gefördert. Diese Beeinflussung – im besonderen Maße durch die Mutter – gipfelte schon sehr früh darin, dass das Mädchen zufrieden mit Puppen spielte, die der Bruder nicht bekam, und sich zu Weihnachten Puppenstuben und Puppenwagen wünschte, also Spielzeug, das in klarer Beziehung zur Mutterrolle steht. Der Junge, der mehr vom Vater, der sich für Autos und Basteln interessierte, beeinflusst wurde, bekam Garagen, Autos und Tankstellen geschenkt, also Spielzeug, das auf die Einübung der männlichen Rolle zugeschnitten ist. Die Eltern sahen in diesen unterschiedlichen Spielwünschen und Spielgewohnheiten ihrer Zwillinge nicht eine Folge ihres unterschiedlichen Erziehungsstils, sondern eine Bestätigung dessen, dass sich ein Mädchen »weiblich« und ein Junge »männlich« entwickelt.

Wir können davon ausgehen, dass sich das Kind im Spiel entwickelt und durch das Spiel auf seine spätere Geschlechtsrolle als Frau oder Mann vorbereitet wird. Es besteht eine Wechselwirkung zwischen Spiel und Entwicklung. Deutlich ist die spielerische Übernahme geschlechtsspezifischer Tätigkeiten und Verhaltensweisen beim Rollenspiel zu beobachten, das für das Vorschulalter besonders wichtig ist. Der Sinn des Rollenspiels ist die Wiedergabe einer Handlung, die mit dem Ausdruck »Rolle« bezeichnet wird. Mädchen und Jungen stellen im Rollenspiel die Funktionen und Verhaltensweisen von Frauen und Männern dar, indem sie zugleich die hinter der Rolle verborgene Regel übernehmen (zum Beispiel Vater als Strafinstanz). Ursula Scheu weist auf die besondere Funktion des Rollenspiels hin, das zur Übernahme der bestehenden gesellschaftlichen Hierarchie zwischen Mädchen und Jungen führt.

»Rollenspiele reproduzieren also die mit den geschlechtsspezifischen Funktionen verbundene geschlechtsspezifische Arbeitsteilung und damit auch die geschlechtsspezifischen Arbeitsverhältnisse.

Hier kann also nicht nur von einer »Andersartigkeit« die Rede sein, sondern muss von einer Minderwertigkeit der weiblichen Rolle gesprochen werden. Denn das weibliche Rollenangebot ist gekennzeichnet durch Unterordnung und Abhängigkeit in Relation zum Manne. Die männlichen Rollen zeichnen sich durch eine relative Autonomie und Überordnung in Relation zur Frau aus. Das ist entscheidend.«[19]

Mädchen erfahren von klein an in der Familie, dass sie Jungen gegenüber benachteiligt sind, ja dass sie minderwertiger sind; sie erleben es zusätzlich im Rollenspiel, in dem sie oft untergeordnete und abhängige Rollen zugewiesen bekommen oder selbst wählen. Durch dieses Stabilisieren der Realität durch Spiele müssen sich Mädchen wie Jungen immer mehr in den von ihnen erwarteten Verhaltensweisen bestärkt fühlen, aus denen sie kaum noch ausbrechen können.

Mädchen bekommen noch immer nicht nur Puppen vorgesetzt, sondern auch gezeigt, diese mütterlich wie ein Baby zu wiegen und zu füttern. In Miniaturpuppenstuben versuchen sie, die Mutter bezüglich Ordnung und Sauberkeit zu imitieren. Die Kosmetikindustrie hat den Kleinmädchenmarkt erobert und bietet verschnörkelte und versilberte Spiegel, Haarbürsten und Parfümfläschchen an, damit das kleine Mädchen schon früh lernt, dass es auf sein hübsches Äußeres ankommt. So soll das Mädchen auch hier wieder auf seinen späteren Objektstatus als Frau vorbereitet werden. Durch Spiele mit Puppen als Babyersatz und Miniaturhausrat werden die angeblich angeborenen Eigenschaften und Fähigkeiten zum Ausüben der sozialen Mutterschaft[20] verstärkt, und Wünsche und Sehnsüchte danach bei Frauen geweckt. Diese Wünsche und Sehnsüchte werden durch die Medien und an Frauen delegierte Berufe (z. B. Erzieherin, Arzthelferin, Krankenpflegerin) weiter verfestigt, so dass viele Frauen später selbst zum Beispiel an angeborene Mütterlichkeit glauben.

Eigenschaften und Fähigkeiten, die von klein an immer wieder gefordert werden und für die Frauen immer wieder belohnt werden, stellen sich im Laufe der Zeit auch tatsächlich reflexartig ein, so dass ein gewisser Automatismus entsteht.

Weibliches Handeln orientiert sich heute noch immer an tradierten Mustern von Weiblichkeit und weiblicher Lebensführung, deren Leitbild das der »guten Mutter« ist. Heute orientieren sich junge Frauen nicht mehr ausschließlich an diesem Leitbild. Ehe und Mutterschaft sind nicht mehr die einzige Form weiblicher Selbstverwirklichung, sondern es existiert parallel das Leitbild der »selbständigen

Frau«, die auch danach strebt, sich beruflich zu verwirklichen.[21] Und doch bleibt durch weiterhin bestehende Geschlechterrollenstereotype und der von Frauen erfahrenen Sozialisation der Druck bestehen, als (Ehe-)Partnerin und Mutter »erfolgreich« zu sein. Demgegenüber tritt beruflicher Erfolg in den Hintergrund.

Frauen, die durch Ehe und Mutterschaft enttäuscht, verbittert und krank geworden sind, fühlen sich schuldig, als Partnerin und Mutter versagt zu haben. Sie resignieren und begreifen nicht, dass sie bereits als kleine Mädchen zur Resignation, zum Stillhalten und Aufopfern erzogen wurden.

Es ist bezeichnend, dass immer nur bei kinderlosen Frauen – nie bei kinderlosen Männern – zu den verschiedensten Anlässen von verdrängten Kinderwünschen gesprochen wird. Damit wird immer wieder bestätigt, dass wir schicksalhaft mit unserer Biologie verbunden sein sollen. Frauen, die sich gegen Kinder entschieden haben, werden auch heute noch als nicht vollwertige Frauen, sondern als unnatürlich abqualifiziert.

Elena Gianna Belotti hat in den 1970er Jahren beobachtet, dass kleine Mädchen mit zunehmendem Alter automatisch und selbstverständlich von der Mutter immer mehr vom Spiel im Haushalt in die ernsthafte Teilnahme am Haushalt herangezogen werden. Unbemerkt beginnt sich für ein kleines Mädchen die unbefangene Spielzeit zu reduzieren, da es von der Mutter – im guten Glauben an die spätere weibliche Lebensführung mit Verantwortung belegt wird und nicht mehr ausbrechen kann. Es ist bemerkenswert, dass die Konditionierung des kleinen Mädchens für die alltägliche Sorgearbeit hier sehr früh und perfektioniert über das »Haushaltspielen« und die Identifizierung mit der Mutter beginnen muss, so dass in den seltensten Fällen ein Sich-Widersetzen erfolgt. In dem Alter können sich Mädchen noch nicht bewusst entziehen, zudem werden sie für die Hilfe im Haushalt noch zusätzlich gelobt. Im Laufe der Jahre müssen Mädchen lernen, Hausarbeiten immer mehr als typisch weibliche Tätigkeit zu akzeptieren, der sie wie ihre Mütter nicht entrinnen können. So wachsen sie allmählich durch geschlechtsspezifische Spiele und geschlechtsspezifisches Spielverhalten in das für Frauen vorgesehene Lebensmodell hinein.

Kindern wird meist noch immer nicht erlaubt, aus dem erwarteten geschlechtsspezifischen Spielverhalten auszubrechen. Sollte es trotzdem kurzzeitig einem Mädchen oder Jungen gelingen, ist die Reaktion der Gesellschaft die Widerspiegelung der Machtverhältnisse zwischen den Geschlechtern, das heißt in diesem Falle: »Weibliches« Verhalten ist weniger wert. Mädchen, die Spiele und

Spielverhalten von Jungen annehmen, erfahren in diesem Alter noch einen Prestigegewinn. Dies hat die Psychoanalytikerin Helene Deutsch 1948 wohlwollend zusammengefasst: »Es ist eine Auszeichnung für ein Mädchen, aufgrund ihrer Aktivität zum ›tomboy‹ gemacht zu werden.«[22]

Auf Jungen, die Mädchenspiele und Spielverhalten von Mädchen praktizieren, wird meist mit Peinlichkeit reagiert. Diese Jungen machen auf Eltern und andere Kinder einen schwächlichen, verzogenen Eindruck. Für einen Jungen ist es also abwertend, für ein Mädchen prestigefördernd, sich über Spiele und Spielverhalten mit dem anderen Geschlecht zu identifizieren.

Geschlechtsuntypisches Spielverhalten ist jedoch nur kurze Zeit ohne ernsthafte Folgen gestattet, wie es in meinem Gespräch mit Kerstin F. deutlich wird. Mädchen, die mit zunehmendem Alter weiterhin durch ihre Aktivität aus der weiblichen Rolle herausfallen, werden häufig isoliert. Aus Mädchengruppen werden sie, »weil sie kein richtiges Mädchen sind«, ausgestoßen. Gleichzeitig langweilen sie sich bei den »typischen« Mädchenspielen. In Jungengruppen werden sie jedoch selten aufgenommen, weil es dem Ansehen der Jungen schadet, sich in diesem Alter »mit langweiligen Weibern« abzugeben. Durch diese Isolation fühlt sich das Mädchen bestraft und gerät in einen Konflikt zwischen Schuldgefühlen – da sie nicht so ist wie die anderen Mädchen – und dem Wunsch, darauf zu bestehen, so viele Freiheiten wie ein Junge zu besitzen. Weil diese Außenseiterinnen häufig weder von Erziehungspersonen noch von anderen Mädchen akzeptiert und gefördert werden, wird ihr Widerstand oft gebrochen.

Einer meiner Klientinnen, die wie ein Junge sozialisiert wurde, ist es in ihrer Kindheit gelungen, von einer Jungengruppe akzeptiert zu werden. In ihren Aktivitäten war sie »genauso gut« wie die Jungen, manchen sogar beim Fußballspielen und Radfahren an Ausdauer überlegen. Diese Klientin erlebte sich bis zur Pubertät als »gleichwertig« und fühlte sich von ihren Spielkameraden akzeptiert. Während der Pubertät begannen vereinzelte Jungen der Gruppe, sexuelle Ansprüche an ihre Spielkameradin zu stellen, zum Beispiel versuchten sie, diese zu umarmen oder zu küssen, was meine Klientin als Demütigung erlebte. Von diesem Zeitpunkt an fühlte sich das Mädchen verunsichert, »heimatlos«, enttäuscht und auf eine Weiblichkeit reduziert, die es ablehnte. Es isolierte sich von der Jungengruppe; mit Mädchen, mit denen es sich langweilte und auf deren »weibliche« Aktivitäten es herabsah, hatte es nie Kontakt. Einen Teil dieser Ablehnung verinnerlichte die Klientin als Selbstablehnung: Trotz ihres sportlich durchtrainierten Körpers entwickelte sie sich immer mehr zu einer weiblichen Person, die sie aufgrund der gesellschaftlich beschränkten Möglichkeiten ablehnte. Von diesem Zeitpunkt an existierten für sie keine wirklichen Leitbilder mehr, mit denen sie sich identifizieren konnte. Dass die Identifizierung mit Jungen Mädchen nicht vor Diskriminierungen schützt, wird auch von anderen Untersuchungen bestätigt.[23]

Diese Konfliktsituation, in die aktive und sich ungerecht behandelt fühlende Mädchen geraten, ist typisch für den weiteren Lebenslauf von Frauen. Frauen, die gegen ihre »weibliche Rolle« verstoßen, also sich aktiv, selbstbewusst und aggressiv verhalten, werden dafür isoliert und bestraft. Sie werden erst dann wieder von der Gesellschaft akzeptiert, wenn sie mit Reue und Schuldgefühlen bezahlt haben. Zum Beispiel hatte Gisela K. sich zum ersten Mal in ihrem Leben aktiv um einen Mann bemüht. Dies führte zu einer kurzen, emotional befriedigenden Beziehung, auf die die Umwelt mit Empörung reagierte. Heute sagt Gisela K. dazu schuldbewusst: »Für eine Frau habe ich mich zu aktiv verhalten, das konnte auch nicht gut gehen!«

Interessant finde ich in diesem Zusammenhang neuere biologische Forschungen, die davon ausgehen, dass Hormone zu einem gewissen Grad aufgrund geschlechtsspezifischer Aktivitäten gebildet werden und nicht umgekehrt, wie bisher immer behauptet. Aggressive männliche Auftritte sollen zu einer verstärkten Androgenproduktion führen; Phasen, die aggressionslos verlaufen, bedeuten einen Rückgang der Androgene.[24] Dies lässt vermuten: Extrem »männliche« Männer bzw. »weibliche« Frauen sind nicht mehr der Beweis für angeborene geschlechtsspezifische Eigenschaften und Fähigkeiten, sondern indem sie sich extrem »männlich« bzw. »weiblich« verhalten, produzieren sie verstärkt »männliche« bzw. »weibliche« Hormone. Wenn Menschen sich zum Beispiel selbst einem anderen Geschlecht zuordnen, wie Kerstin F., können aufgrund des veränderten Selbstverständnisses auch physiologische Veränderungen an der eigenen Person auftreten: Kerstin F. hörte auf zu menstruieren. Wenn Mädchen sich extrem sportlich betätigen, geschieht oft das gleiche bei gleichzeitiger Entwicklung der Muskulatur.

Innerhalb des Wettkampfsports passiert es immer wieder, dass das Geschlecht der Wettkampfteilnehmerinnen manchmal nicht sicher festzustellen ist. Obwohl weibliche Teilnehmerinnen alle körperlichen Eigenschaften von Frauen hatten, doch gleichzeitig einige Y-Chromosomen besaßen, wurden sie von den Wettkämpfen als »nicht richtige Frauen« ausgeschlossen. Das Dilemma: Ihnen wurde andererseits auch nicht bestätigt, »richtige Männer« zu sein. Die Feststellung der Biologen, dass genetisches, hormonelles und genitales Geschlecht nicht unbedingt miteinander korrespondieren, kann das bisherige Geschlechterarrangement einschließlich der männlichen Vorherrschaft vollkommen in Frage stellen. Die Geschlechterrollen-Stereotypen und die darauf aufbauende Machtverteilung würden ins Wanken geraten.

Seit der in den 1990er Jahren begonnen Gender-Debatte ist die Kategorie Geschlecht einer Dekonstruktion unterworfen worden, die sie als »rhetorische(n) Eckpfeiler eines patriarchalen Zwangssystems«[25] entlarvt. Es würde allerdings den Rahmen dieses Buches sprengen, hier ausführlicher darauf einzugehen.

Lieber Pfiffigunde als Schneewittchen:
Geschlechtsspezifische Märchen- und Lesebücher

In den meisten heutigen Märchen- und Lesebüchern spiegelt sich die zweitrangige Stellung von Mädchen und Frauen leider noch immer deutlich wider.[26] In der Regel existieren viel zu wenige Identifizierungsmöglichkeiten für Frauen und Mädchen in Texten, die autonome und starke Persönlichkeiten darstellen. Die Welt der Märchen und Geschichten in Märchen- und Lesebüchern vermittelt den Kindern ein »korrektes« Bild von Weiblichkeit und Männlichkeit; anhand der dargestellten Figuren und Handlungsabläufe können sie ihre eigene Positionierung in dieser Gesellschaft »kennenlernen«.

»Die Kindergeschichten stellen ihnen nicht nur die nüchterne Welt der Frau in der Küche vor, sondern auch Phantasiewelten, in denen Frauen der Küche entkommen, schön sind und geliebt werden, deren letztendliche Belohnung allerdings in einer eigenen Küche besteht. Wenn eine Frau aktiv und mächtig ist, kann sie nur akzeptiert werden, wenn ihre Aktivität sich selbstlos auf einen geliebten Mann oder ein geliebtes Kind richtet ... Männern dagegen stehen bedeutend mehr Möglichkeiten offen – ihre Macht wird bewundert und gefeiert, ihre Kraft und Klugheit kann mit negativer oder positiver Macht, ja sogar mit beiden gleichzeitig assoziiert werden, und ihr Recht auf Zugang zum sicheren häuslichen Bereich ist in keinster Weise von ihren Tugenden abhängig.«[27]

Die australische Erziehungssoziologin Bronwyn Davies kritisiert weiter, dass die Texte, mit denen Kinder lesen lernen, den Mann als den aktiv Handelnden in der Außenwelt darstellen und die Frau als die Passive, Unterstützende. Darüber hinaus wird ein »zuckersüßes, mittelschichtorientiertes Bild der Kleinfamilie« als Norm vermittelt. Es ist leider auch heute noch so, dass die Bücher, die für beide Geschlechter bestimmt sind, überwiegend männliche Hauptfiguren haben. Diese nicht gleichwertige Rollenverteilung von weiblichen und männlichen Identifikationsfiguren, diese Muster von Macht und Ohnmacht und die Konstruktion der Wirklichkeit, die sexistisch ist, auf Klassenunterschieden beruht und keine andere Lebensform als die Kleinfamilie anbietet, tragen dazu bei, dass Mädchen generell Schwierigkeiten haben, kühne Träume von einem spannenden, erfüllten Leben außerhalb von Mutterschaft und Ehe/Partnerschaft und einigen frauenspezifischen Berufen zu entwickeln. In der Realität existieren zwar schon vereinzelte Leitbilder autonomer und starker Mädchen und Frauen, in den gängigen Märchen- und Lesebüchern wird jedoch versäumt, diese darzustellen.

»Die in unserer Gesellschaft üblichen Machtverhältnisse zwischen den Geschlechtern bestehen auch hier bzw. werden hier eingeübt. Sie wiederholen und festigen sich tagtäglich – meist unbewusst und unbemerkt – in der geschlechtstypischen und -hierarchischen Arbeitsteilung, in den Rollenzuweisungen und Interaktionen und nicht zuletzt in den männerorientierten Inhalten der Schulbücher und sonstigen Unterrichtsmaterialien.«[28]

Ulrike Fichera kritisiert, dass trotz der Reformansätze in den 1970er Jahren und trotz des demokratischen Selbstanspruchs in den Schulbüchern der 1990er Jahre noch immer sexistische Stereotypen zu finden sind wie: Polare Bilder von Weiblichkeit und Männlichkeit: Mann = aktiv und rational, Frau = passiv und emotional, bloße Ergänzung des Mannes. Damit wird auch heute noch die Arbeitsteilung gerechtfertigt. Die Tätigkeiten und Berufe der Männer werden als gesellschaftlich wichtige Arbeit definiert, bewertet und bezahlt. Tätigkeiten von Frauen wie Kindererziehung, Hausarbeit und Beziehungsarbeit werden abgewertet, nicht oder geringer entlohnt. Frauen sollen für die Familie »aus Liebe« arbeiten. Frauen werden als Anhängsel des Mannes dargestellt, sie haben keine eigenständige Lebensplanung und ökonomische Unabhängigkeit. Obwohl viele frauenbewusste Lehrerinnen sich offensiv gegen dieses hierarchische und frauenfeindliche Bild von Weiblichkeit wehren, wird es den Schülerinnen in gängigen Lesebüchern noch immer offiziell als Identifikationsmodell angeboten.

Wie sollen also Mädchen neben der Realität, in der sie sich schon als abgewertet erleben, über ihre Kindergeschichten und Lesebücher ein Selbstwertgefühl und Achtung für das eigene Geschlecht entwickeln, wie das bei Jungen schon sehr früh der Fall ist?

In der Regel ist nicht vorgesehen, dass Frauen interessante und entscheidende Funktionen in unserer Männergesellschaft anstreben. Die Literatur für Mädchen hat die Funktion, die gesellschaftlich erwarteten weiblichen Eigenschaften und Fähigkeiten wie Unterordnung, Bescheidenheit, Mütterlichkeit, Kinderliebe, Anpassungsfähigkeit und Fürsorge und die dazu gehörende Bewusstseinsentwicklung zu verstärken, damit Mädchen konfliktfreier in die weibliche Rolle hineinwachsen und ihr »weibliches Wesen« entfalten können.

Gefährlich und schmutzig: Die Einschränkung von Bewegung und aktivem Spielverhalten

Es besteht ein eindeutiger Zusammenhang in der Erziehung zwischen der Häufigkeit motorischer Spiele und der Bewusstseinsentwicklung. Ich halte es für wichtig, diesen Zusammenhang unter geschlechtsspezifischen Gesichtspunkten zu untersuchen. Nur so kann nachgewiesen werden, dass die erzwungene Passivität von Mädchen zu psychischen Symptomen führen kann. Wissenschaftler gehen noch immer von einer angeborenen geringeren Aktivität, Rationalität und einem geringeren Reaktionsvermögen bei Frauen aus und liefern somit einen deutlichen Beweis für die Verwechslung von Ursache und Wirkung. Dem Zusammenhang zwischen Bewegung und körperlicher und geistiger Entwicklung hat man erst in den letzten Jahren Aufmerksamkeit geschenkt. So wird inzwischen Depressiven u. a. empfohlen, regelmäßig zu joggen, weil sich dies heilsam auf die Psyche auswirken soll. Der amerikanische Trainer T. Loehr belegte mit einer Untersuchung an Hunderten von aktiven Sportlern den engen Zusammenhang zwischen Sport und Psyche.[29] Ganz besonders störend auf die sportliche Leistung sollen sich umgekehrt negative Selbstbewertungen und Selbstzweifel auswirken.[30] Wenn wir davon ausgehen, dass jedes vierte Mädchen in der Kindheit sexuelle Gewalt erfährt, so ist zu vermuten, dass sich auf diesem Hintergrund in der Regel kein positives Selbst- und Körpergefühl einstellen kann, das eine Voraussetzung für Freude an körperlicher Bewegung ist.

Darüber hinaus werden Mädchen im Gegensatz zu Jungen häufig in ihren körperlichen und geistigen Aktivitäten von klein an systematisch eingeengt und können die Umweltgegebenheiten somit nur beschränkt erfassen. Sie erleben aktive Jungenspiele (Fußball, Hockey usw.) zumeist als Zaungäste. Das Klettern auf Zäune, Mauern und Bäume wird ihnen oft mit dem Hinweis auf ihre Kleidung und die Verletzungsgefahr untersagt. Mädchen spielen häufiger als Jungen in geschlossenen Räumen und werden für stille und keinen Schmutz verursachende Spiele belohnt. Der Preis ist hoch: Körperkräfte und die Lust, sich spielerisch mit der Umwelt auseinanderzusetzen, werden beim Spiel mit Puppen, beim Malen, Stricken und Seilspringen und bei kleinen Dienstleistungen im Haushalt nicht entwickelt. Es scheint so, als ob vom ersten Lebenstag an Mädchen bzw. Jungen zu einer »typischen« Weiblichkeit bzw. Männlichkeit hingebogen werden sollen.

»An unserem biologischen Geschlecht wird das soziale Geschlecht festgemacht. In unserer kapitalistisch-patriarchalen Gesellschaftsordnung heißt das, dass bei den Mädchen Selbständigkeit, Bewegungsdrang und Aktivität so lange unterdrückt, verformt, ausgegrenzt und abgewertet werden, bis sie das »schwache« Geschlecht sind. Bei Jungen werden so lange Aktivität, Unabhängigkeit, Durchsetzungsvermögen und Bewegungsdrang gefördert und ermutigt, aufgewertet, auch überfordert, bis sie das »starke« Geschlecht zu sein scheinen. Ihre bei dieser Erziehung entstehenden Defizite im emotionalen und Reproduktionsbereich sind erst von der Frauenforschung benannt worden.«[31]

Ende der 1960er Jahre beobachtete Charles Bried[32] dass sich Mädchen und Jungen nicht nur in der Wahl der Spiele und Spielsachen, sondern auch im spielerischen Stil unterscheiden. Er hat bei Jungen größere Aggressivität, Muskelanstrengung, die Suche nach intensiver Aktivität, bei Mädchen dagegen verbale, aber ruhige Aggressivität und Stabilität beim Spielen beobachtet. Bei Mädchen hat er ganz deutlich eine besondere Vorliebe für Riten und Zeremonien festgestellt, die er in Zusammenhang bringt mit der später demütigenden und fast gewollten Unterwerfung unter eine erzwungene Monotonie und Formalität.

Ende der 1970er Jahre untersuchte Janet Lever[33] in den USA 181 weiße Mittelschichtskinder im Alter von zehn und elf Jahren, um herauszufinden, ob es Geschlechtsunterschiede in ihren Spielen gebe. Ihr Ergebnis: Jungen spielen öfter im Freien als Mädchen und häufiger in großen Gruppen. Sie spielen häufiger konkurrenzorientierte Spiele, ihre Spiele dauern länger als die der Mädchen, weil sie ein höheres Maß an Geschicklichkeit erfordern und deshalb weniger schnell langweilig werden und weil die Jungen im Spiel entstandene Differenzen besser beilegen können als Mädchen.

Im Gegensatz dazu vollzieht sich das Spiel der Mädchen in der Regel in kleineren, intimeren Gruppen, oft in der Zweierbeziehung mit der besten Freundin und in privaten Räumen. Der wichtigste

Unterschied war, dass der Ausbruch von Streitigkeiten in der Regel das Spiel der Mädchen beendete.

Die typischsten Unterschiede im Spielverhalten von Mädchen und Jungen sind meiner Meinung nach folgende: Mädchen nehmen weniger Raum ein als Jungen, sie spielen in kleinen Gruppen, oft nur zu zweit in geschlossenen Räumen. Es ist anzunehmen, dass es den Mädchen dabei weniger um das Spiel, sondern eher um den harmonischen Kontakt zu den anderen geht. Hierbei lernen sie nicht, sich sportlich zu messen und Ehrgeiz hinsichtlich ihrer Körperkräfte zu entwickeln. Wenn Streit auftritt, also Aggressionen geäußert werden, brechen Mädchen ängstlich das Spiel ab und versäumen zu lernen, konstruktiv mit eigenen bzw. fremden Aggressionen umzugehen.

Die vorher von mir angeführten Untersuchungen zeigten jedoch, dass viele Mädchen lieber ein Junge sein möchten. Deshalb müssen wir davon ausgehen, dass der Zwang zur Einengung von Aktivitäten nicht folgenlos an Mädchen vorübergeht, sondern Enttäuschung und Verbitterung zurücklässt. Diese Frustrationen können aber nicht in Form von aggressivem Verhalten – da Mädchen nicht aggressiv sein dürfen – ausgelebt werden. Elena Belotti geht deshalb davon aus, dass Mädchen diesen Zustand der Enttäuschung nur ertragen können, indem sie ihre Aggressionen sublimieren (umwandeln) und gegen sich selbst richten. Dies sind die idealen Voraussetzungen für spezifische Krankheiten, die Frauen häufig entwickeln (zum Beispiel die bereits erwähnten Zwangsneurosen, Missbrauch von Tabletten oder Alkohol...). So reagieren frustrierte Mädchen: »Aggressionen gegen sich selbst, verbale Angriffe (Beleidigungen, Zynismus, Verklagen, Verleumdungen, Tratsch), wenn nicht gar negative körperliche Reaktionen, wie sich selbst Verbote auferlegen, stereotypes Verhalten (wie zum Beispiel die rituellen Ball- und Seilspiele), angstgetriebener Perfektionismus, Widersprüchlichkeit.«[34]

Auch bei erwachsenen Frauen ist zu beobachten, dass sich ihre Aggressionen auf verbale Angriffe beschränken. Sie haben körperliche Auseinandersetzungen als Mädchen nicht lernen und als erwachsene Frau nicht ausüben dürfen. Dies ist zum Beispiel einer der Gründe, warum Frauen physisch und psychisch ihren Männern fast immer ausgeliefert bleiben.

Bezeichnend ist, dass der Zwang zur Anpassung bei Mädchen nicht nur Passivität, Resignation und Unterordnung zur Folge hat, sondern auch die Möglichkeit von psychischer Krankheit beinhaltet.

Die Geschlechtsdifferenz im Spielverhalten hat sich bis heute erhalten und wird von Ulrike Fichera für die 1990er Jahre bestätigt.

»Die Mädchen spielen überwiegend ruhige Spiele, bei denen sie wenig Raum einnehmen und andere nicht stören. In den favorisierten Ball-, Gummitwist- und Rollenspielen entwickeln sie körperliche Geschicklichkeit und Wendigkeit, Rücksichtnahme, die Fähigkeit, kooperativ und kommunikativ zu handeln, Gespür für Atmosphäre usw. Jungenspiele sind meist ausgelassen, mit körperlichem Einsatz, auch mit Aggressivität verbunden und nehmen Platz in Anspruch. Jungen bilden Banden. Es geht darum, wer der Schnellste, Stärkste, Mutigste ist.«[35]

Ein wesentlicher Aspekt ist hierbei auch das Tragen von Kleidern und Röcken, das inzwischen allerdings flexibler gehandhabt wird. Fest steht jedoch: Mit dem Tragen von weiblichen Kleidungsstücken lernen Kinder sehr früh, auch das dazu passende Verhalten und Bewusstsein von Machtlosigkeit zu entwickeln. Dies bestätigt Bronwyn Davies:

»Im allgemeinen bezeichnen Röcke, Schleifen, Schals, Handtaschen, Kinderwagen und Puppen Weiblichkeit und Gewehre, Hosen, Westen, Mäntel, Superman-Umhänge und Uniformen wie zum Beispiel von Feuerwehrmännern Männlichkeit. Diese vergeschlechtlichten Symbole wurden von den Kindern, mit denen ich arbeitete, so eng mit ihrer Vorstellung davon verbunden, was sie als männliches und weibliches Verhalten definierten, dass sie auch die Kleidung des anderen Geschlechts anzogen, um das entsprechende Verhalten anzunehmen, das sie mit dem Kleidungsstück assoziierten.«[36]

Bronwyn Davies macht zum Beispiel in ihrer Untersuchung die Feststellung, dass sich Jungen nicht wehrten, wenn sie im Spiel ein weibliches Kleidungsstück trugen, und erst massiv körperlich eingriffen, nachdem sie dies ausgezogen hatten. Goldmann und Goldmann[37] berichten von kleinen Jungen, die aus folgendem Grund auf keinen Fall ein Mädchen sein wollten: Jungen tragen jeden Tag Hosen, und Mädchen tragen normalerweise Kleider.

Davies nennt das Tragen von Kleidern, die die Weiblichkeit anzeigen, einen Teil des Prozesses, durch den den Körpern der Mädchen die Weiblichkeit *eingeschrieben* wird. Das heißt, Mädchen erhalten damit so etwas wie eine zweite Haut, die sie nur noch schwer ablegen können. Marianne Wex[38] zeigt in ihrer Untersuchung: Mädchen wird beigebracht, beim Sitzen ziemlich unnatürliche und unterwürfige Haltungen einzunehmen, indem sie die Knie zusammenhalten müssen. Jungen dagegen dürfen sich natürlicher hinsetzen, Raum einnehmen und sehen damit selbstbewusst und dominant aus.

Wie sehr die »Weiblichkeit« die Körper von Mädchen und Frauen dominiert, möchte ich an einer jungen Klientin, die sich für lebensuntüchtig hält, klarmachen. Die junge Frau klagte beim Kauen häufig über extreme Kieferschmerzen, die vom nächtlichen Zähneknirschen herrührten. Dazu verspürte sie Verkrampfungen in den Gliedern, besonders in ihren Händen, die sie unbewusst oft zu Fäusten ballte. Ihre immer wieder unterdrückte Wut auf ihren Vater versuchte sich in diesen körperlichen Verkrampfungen den Weg nach außen zu bahnen. Ihre Symptome sind zurückzuführen auf einen Vater, der sie in ihren Bewegungs- und Willensäußerungen massiv einschränkte. Begleitet von schweren Scham- und Schuldgefühlen, beginnt sie allmählich, ihre kaum mehr zu unterdrückenden Aggressionen zu akzeptieren, ständig verfolgt von der Angst, keine richtige Frau mehr zu sein, wenn sie ihren Aggressionen auf ihren Vater freien Lauf lässt.

Wenn wir davon ausgehen, wie im vorangegangenen Kapitel beschrieben, dass aggressive Männlichkeitsauftritte zu einer verstärkten Androgen-Produktion führen und aggressionsloses Verhalten eine Reduzierung der Androgene bewirkt, dann verfestigt und stabilisiert sich mit diesen geschlechtsspezifischen Bewegungsspielen »Weiblichkeit« bzw. »Männlichkeit« und wird sowohl im Bewusstsein als auch im Verhalten von Frauen und Männern eingeschrieben – mit den dazu gehörenden Konsequenzen.

Anmerkungen

[1] Kessler, S./McKenna, W., 1978
[2] Scheu, U., 1977
[3] Rogers, L. 1975, 1981, 1988
[4] STERN vom 7.5.1992: *Der große Unterschied*, von Siegfried Schober
[5] Hagemann-White, C.,1984; Enders-Dragässer, U. et al., 1986 u.a.
[6] Vaerting, M., 1975; Koedt, A., 1975
[7] Henley, N. M., 1988
[8] Peterson, D. R., 1961 (zit. in: Chesler, P., 1977)
[9] Helga Bilden, 1980, S. 787 ff.
[10] Hagemann-White, 1984, S. 74
[11] Zazzo, R., 1968
[12] Kavemann, B./Lohstöter, I., 1984; BMFSFJ Band 209, 2001
[13] BMFSFJ Band 209, 2001
[14] Römkens, R., 1992
[15] Hilsenbeck, P., 2000
[16] Dannhauer, H. 1973
[17] Erikson, E., 1957
[18] Money, J. /Erhardt, A., 1975
[19] Scheu, U., 1977

[20] Unterschieden wird zwischen biologischer Mutterschaft (Fähigkeit, Kinder zu gebären) und sozialer Mutterschaft (Fähigkeit, Kinder aufzuziehen, die nicht ans Geschlecht gebunden ist, aber heute ausschließlich Frauen zugemutet wird)
[21] Oechsle, M., 1998
[22] Deutsch, H., 1948
[23] Hurrelmann, K. et al., 1986
[24] Kessler, McKenna, 1978; Rose et. al., 1972; Sayers, 1986
[25] Sabina Schröter, 2002
[26] Empfehlenswerte Bilder- und Märchenbücher sind z.B. *Prinzessin Pfiffigunde* von Babette Cole; *Sturm Stina* von Lena Anderson oder *Die wilden Hühner* von Cornelia Funke. Mehr Infos gibt es unter www.gebr.-grimm.de/maed1.htm
[27] Davies, B., 1992
[28] Fichera, U. in: Enders-Dragässer, U./Fuchs, C. (Hrsg.), 1990
[29] T. Loehr, J., 1986, 1991
[30] Hatzelmann, E., 1991
[31] Enders-Dragässer, U./Fuchs, C., 1990
[32] Bried, C., 1968
[33] Lever, J. in: Gilligan, C., 1984
[34] Belotti, E., 1975
[35] Fichera, U. in: Enders-Dragässer, U./Fuchs, C., 1990
[36] Davies, Bronwyn, 1992
[37] Goldmann u. Goldmann, 1982
[38] Wex, M., 1980

KAPITEL 2

Abwertung in Schule, Universität, Familie und Beruf

Wir haben gesehen, dass die unterschiedliche Erziehung eines Mädchens und eines Jungen geschlechtsspezifische Spiele und rollenkonformes Spielverhalten hervorbringt. Kinder werden in dieser Form spielerisch auf die spätere Berufswahl, auf ihre Aufgaben und Pflichten in der Gesellschaft vorbereitet, die vom Geschlecht abhängig sind.

Diese bereits ansatzweise vorhandene geschlechtsspezifische Arbeits- und Funktionsteilung beim Spielen wird durch Kindergarten, Schule, Universität, Ausbildungsstätten und nicht zuletzt in Beziehungen weiter verfestigt. Dies möchte ich beispielhaft an der Schule aufzeigen. Am Beispiel der Universität werde ich verdeutlichen, dass Studentinnen, die es angeblich »geschafft« haben, an den Universitäten häufig als Frauen abgewertet, belästigt und in ihren Chancen benachteiligt werden.

In Partnerschaften und Ehen herrscht oft eine Arbeitsteilung, die ein erhebliches Maß an Ungleichheit aufweist, obwohl bei jungen Frauen heute das Leitbild der partnerschaftlichen Beziehung dominiert. Frauen neigen allerdings dazu, diese Ungleichheit zu übersehen, um Konflikte zu vermeiden.[1]

Der Nährboden für die Entwicklung psychischer Krankheiten sind Monotonie, Isolation und Leere, denen viele nicht berufstätige Frauen und Mütter täglich ausgesetzt sind. Da Berufstätigkeit nicht automatisch befreit, sondern manches Mal sogar tiefer in psychischen und physischen Stress hineintreibt, befinden wir uns alle in einer Falle: Auf der einen Seite die Hausfrau-Mutter-Rolle, auf die viele Frauen mit der Entwicklung eines sogenannten »Hausfrauensyndroms« reagieren, auf der anderen Seite Abwertung und oft auch sexuelle Übergriffe am Arbeitsplatz.

Sozialisation in der Schule

»Die Schule macht die Mädchen dumm« – mit diesem provozierenden Titel beschreibt Franziska Stalmann[2], wie Mädchen auch noch in den 1990er Jahren in der Schule überwiegend in das klassische Rollenstereotyp gedrängt wurden. Sie erhalten auch heute noch häufiger als Jungen das Etikett: ängstlich, zurückhaltend, verschlossen, sensibel, folgsam, höflich und besonders abhängig, rücksichtsvoll, durchaus fleißig, aber unauffällig, zuverlässig und vernünftig, aber weniger begabt (dies, obwohl Mädchen im Durchschnitt bessere Leistungen als Jungen erbringen). Dagegen werden die Jungen überwiegend als auffällig, offen, robust, mutig, rührig, wenig hilfsbereit, wenig rücksichtsvoll, aber begabt beschrieben.

So werden die guten Leistungen der Mädchen in der Regel auf Fleiß und Ausdauer zurückgeführt, die Leistungen der Jungen auf Begabung.

Vorurteile gegenüber Mädchen hat Sabine E. in der Schule durch ihren Lehrer zu spüren bekommen: »Immer mehr Komplexe habe ich von den Lehrern eingeredet bekommen: Du bist zum Tellerwaschen gut genug, du kannst nichts, mit 16 wirst du verheiratet sein, und so weiter.« So wurde Sabine E.'s ohnehin schon kaum vorhandenes Selbstbewusstsein und Selbstvertrauen – zu Hause hörte sie auch nichts anderes – durch die Schule noch weiter zerstört.

An aktuellen Studien wird deutlich, dass Mädchen weder dümmer als Jungen sind, noch an kognitiven Defiziten leiden. Von Mädchen wird allerdings erwartet, dass sie im Französischunterricht glänzen, für Physik und Technik jedoch weder Interesse noch Begabung zeigen – das ist eben Jungensache.[3]

Eine Langzeitstudie der Humboldt-Universität zu Berlin kommt zu dem Ergebnis, dass wesentlich mehr Mädchen als Jungen aufs Gymnasium gehen, was sie als die »Gewinnerinnen« des heutigen Schulsystems ausweist, das noch immer sehr geisteswissenschaftlich orientiert ist. Allerdings wird eingeräumt, dass eine »schulkonformere Einstellung« der Mädchen möglicherweise daran beteiligt sei: Mädchen sind braver als Jungen, passen sich besser an und machen ihren Lehrer/innen weniger Schwierigkeiten.[4]

Bei meinen Klientinnen beobachte ich, dass sie ihre heutigen Erfolge häufig mit Glück erklären. Sie haben in der Regel bereits in der Schule abtrainiert bekommen, ihrer Begabung zu vertrauen. Die Folgen sind häufig extreme Versagensängste bei jeglicher Art von Prüfungen. Dies bestätigen auch Tests[5], die mit Schülerinnen und Schülern bezüglich Schulangst durchgeführt wurden: Bei Mädchen finden sich höhere Angstwerte, bei Jungen dagegen höhere Werte der Angstleugnung. Bedeutend ist dabei, dass die Angstwerte von Mädchen besonders hoch sind, wenn ihre Leistungen überdurchschnittlich gut sind. Bei Jungen sind in diesem Fall die Angstwerte besonders niedrig. Hier werden auch wieder die Erwartungshaltungen an Mädchen bzw. Jungen deutlich: Jungen haben offenbar gelernt, sich wohl zu fühlen, wenn sie viel leisten. Bei Mädchen, die leistungsmäßig besonders positiv auffallen und die Jungen überflügeln, ist so etwas wie »Angst vor dem Erfolg« festgestellt worden.

Da Mädchen schon sehr früh im Elternhaus, durch ihre Spiele und in ihren Märchen- und Lesebüchern erfahren haben, dass sie weniger wert sind als Jungen, bringen sie häufig ihren ebenfalls minderwertigen Mitschülerinnen auch nicht so viel Solidarität und Achtung entgegen, wie das bei Jungen in Jungengruppen der Fall ist. Mädchen sind häufiger bereit, sich bei der Lehrer/in über aggressives Verhalten der Jungen, gegen das sie nicht gelernt haben, sich körperlich zu wehren, zu beklagen. Mädchen sind häufiger bereit, Mitschüler/innen, die sich nicht so angepasst wie sie selbst verhalten, bei der Lehrer/in zu verpetzen. Schließlich sind sie auch häufiger bereit, sich eher mit der Lehrer/in als mit ihren Mitschüler/innen zu solidarisieren. Zum Beispiel glaubte Sabine E. aufgrund ihrer negativen Erfahrungen mit Freundinnen in der Schule, dass Mädchen von Natur aus unsolidarischer seien als Jungen. Von daher wollte sie immer lieber mit Jungen zusammen sein, »weil ich das Verhältnis zwischen Jungen immer besser gefunden habe und heute noch finde«.

An diesen Mythos glauben noch immer viele Frauen. Allerdings hat die Frauenbewegung viel dafür getan, Solidarität unter Frauen zu stärken.

Eine Klientin berichtete mir, dass sie das Gefühl von Stolz und Demütigung nie vergessen kann, das sie nach dem Lösen einer besonders schwierigen Hausaufgabe in Mathematik hatte. Der Lehrer hatte sie und einen Klassenkameraden lobend hervorgehoben. Sie waren die einzigen, die die Aufgabe lösen konnten. Allein das Mädchen wurde freundlich gefragt: »Na, wer hat dir denn zu Hause dabei geholfen?« So ist es kein Wunder, dass Mädchen während ihrer Schulzeit an Selbstwertgefühl und Selbstvertrauen verlieren, Jungen diesbezüglich dazugewinnen. Statt dessen entwickeln sich bei Mädchen häufig Selbstzweifel und Schulängste. Dies bestätigt auch die Längsschnittstudie über »Schule, Geschlecht und Selbstvertrauen« von Marianne Horstkemper.[6] So wird die Situation vieler Schülerinnen sogar als »schizophren« empfunden: »Die Schule, die ihnen Wissen vermitteln soll, ist gleichzeitig an der Vermittlung eines Selbstbildes beteiligt, das es ihnen gerade unmöglich macht, dieses Wissen aufzunehmen.«[7]

Die Benachteiligung von Mädchen in der Schule, vor allem in den Naturwissenschaften, hat inzwischen eine Diskussion um die Abschaffung der Koedukation ausgelöst. Nun erhofft man sich mehr

Chancengleichheit durch eine geschlechtsspezifische Förderung. Ob sich diese Forderung jedoch durchsetzen wird, ist fraglich.

Zusätzlich sind Mädchen in der Schule oft von Gewalt durch Jungen bedroht, die bisher oft verschwiegen oder mit dem biologistischen Ansatz – Jungen sind eben aggressiver, Mädchen friedfertiger – erklärt wird. Wie Mädchen in eine Opfer- und Jungen in eine Täterrolle hineinwachsen, wird an folgendem Beispiel deutlich:

»Erst nach längerem Nachfragen ist das Mädchen fähig, über das, was ihr passiert ist, zu reden. Fünf Jungen hatten sie im Klassenzimmer eingesperrt, die Tür zugehalten, zu Boden gedrückt, sich nacheinander auf sie gelegt und eine Vergewaltigung imitiert. Zur Rede gestellt, bestätigen die Jungen das Geschehene ...«[8]

Dass es sich hierbei nicht nur um Einzelfälle handelt, wird in der Untersuchung von Monika Barz bestätigt. Sie hat herausgefunden, dass körperliche Gewalt gegen Mädchen 20 Prozent aller Schuläußerungen ausmacht. Die daraus resultierende Angst ist ein Thema, das Frauen oft ein Leben lang begleitet:

»Betrachten wir die Beziehung zwischen Jungen und Mädchen einzig und allein aus der Sicht der Mädchen, so ergibt sich ein trauriges Bild: Mehr als ein Viertel aller Mädchenaussagen über Jungen handelt davon, dass Mädchen von Jungen geschlagen, sexuell genötigt oder auf andere Weise körperlich beeinträchtigt werden.«[9]

Hier wird erschreckend deutlich: Die Gewalt zwischen den Geschlechtern beginnt bereits in der Schule und wird von sehr vielen ignoriert, so wie Männergewalt überhaupt erst durch die Frauenbewegung enttabuisiert wurde.[10] Viele meiner Klientinnen erinnern sich an direkte oder indirekte traumatische Erlebnisse während ihrer Schulzeit. Hinzu kommt oft die schmerzliche Erfahrung, dass sie nicht gelernt haben, sich körperlich zu wehren, und von Lehrkräften bzw. anderen Erwachsenen selten dazu ermuntert werden. Im Gegenteil werden Mädchen oft von Erwachsenen »in Schutz genommen«, lernen dadurch noch weniger, ihren eigenen Körperkräften zu vertrauen, und wachsen somit leicht in die Rolle des ergebenen Opfers, des braven Mädchens, das sich nicht schlägt, das früh gelernt hat, viel zu erdulden.

Sexismus in Ausbildung und an Universitäten

Die schulische Allgemeinbildung von Mädchen ist heute durchschnittlich besser als die von Jungen. Dennoch haben Frauen wesentlich öfter als Männer überhaupt keine Berufsausbildung. Doppelt so viele Männer wie Frauen haben eine höhere Berufsausbildung als eine Lehre. Die Berufswahl in den Ausbildungsberufen wie auch im Studium (siehe unten) erfolgt nach wie vor geschlechtsspezifischen Erwartungen entsprechend. Mädchen, die eine Ausbildung beginnen, beschränken sich bei der Wahl auf nur wenige unterschiedliche Berufe: 55% aller Mädchen wählen unter lediglich 10 Ausbildungsberufen, bei den Jungen ist die Anzahl der verschiedenen Berufe wesentlich höher.[11]

Bis Anfang des 20. Jahrhunderts war die Universität ausschließlich Männern vorbehalten, dann wagten es Frauen, in diese männerbeherrschte Institution einzudringen und sie haben noch heute dafür zu zahlen. Die gesellschaftlich geforderten Eigenschaften und Fähigkeiten von Frauen sind an Hochschulen und Universitäten nicht gefragt. Um erfolgreich zu studieren, müssen sich Studentinnen mit erhöhtem Eifer den männlichen Normen anpassen. Das heißt, sie müssen Ehrgeiz, Aktivität, Durchsetzungsvermögen und Selbstbewusstsein entwickeln, also typisch »männliche« Eigenschaften und Fähigkeiten, die bei Frauen nicht unbedingt geschätzt und in der familiären und institutionellen Sozialisation nach wie vor viel zu wenig gefördert werden. Dennoch waren 1998 etwa 44% aller Studierenden in der Bundesrepublik Frauen, in den neuen Bundesländern fast 49%. Den höchsten Frauenanteil haben die Pädagogischen Hochschulen. Fächer mit einem hohen Anteil an Studentinnen sind Veterinärmedizin, Pharmazie, Sprach-, Kunst- und Kulturwissenschaften, während der Prozentsatz in den Fächern Ingenieurwissenschaften und Informatik besonders gering ist.[12]

Studentinnen müssen häufig nicht nur mehr Energie in ihr Studium stecken als Studenten, sondern gleichzeitig gegen die oftmals immer noch vorhandenen Vorurteile von Professoren und männlichen Studierenden gegenüber Frauen ankämpfen. Selbst die Begabung und der Fleiß, den Frauen in ihr Studium stecken, reicht nicht, um dann auch eine akademische Karriere machen zu können. Frauen stellten 1997 in Deutschland zwar etwa die Hälfte der Studierenden, was bedeutet, dass über 8% mehr Frauen als 1980 in der Bundesrepublik studieren. Von diesen scheitern jedoch die ersten schon während des Studiums, denn nur noch etwas mehr als 40% der Studienabschließenden sind weiblich – immerhin 7% mehr als 1980. Frauen stellen ein knappes Drittel der Promovierenden, diese Zahl hat sich gegenüber 1980 um 10% erhöht. Spätestens nach der Promotion jedoch sinkt der Frauenanteil dramatisch. Heute schreiben zwar 11% mehr als 1980 eine Habilitation, insgesamt stellen Frauen jedoch nur 15,7% der Habilitierenden insgesamt. Sie besetzen nach wie vor nur 9% der Professuren. Der Anteil der Frauen an den Universitäten hat sich in fast allen Bereich um 10% erhöht – mit Ausnahme der Schaltstellen der Macht, nämlich bei den Professuren.[13] Dieses Phänomen, dass Frauen sehr gut, oft sogar besser qualifiziert sind als Männer, jedoch über eine bestimmte Stufe hinaus nicht Karriere machen können, weil sie nicht in Positionen an der Spitze vordringen, wird auch als sogenannte »gläserne Decke« bezeichnet. Diffus und ungreifbar – offiziell werden Frauen ja nicht von leitenden Positionen oder Spitzenstellen ausgeschlossen – gibt es dennoch eine unsichtbare, aber undurchlässige Grenze, über die sie nicht hinauskommen. Dafür verantwortlich sind sexistische Strukturen, die sich an den Universitäten ebenso finden wie in der freien Wirtschaft. Vermutet werden kann aber auch, dass Frauen um so stärker in einen Konflikt mit den ihnen zugedachten und oft perfekt von ihnen verinnerlichten Rollen geraten, je höher sie die Karriereleiter hinaufklettern, je erfolgreicher sie im Beruf sind. Dazu kommt, dass es bei verantwortlichen Positionen zunehmend schwieriger wird, Beruf und Kindererziehung zu vereinbaren, da es hier zum Beispiel fast keine Teilzeitstellen gibt.

Während bis in die 1950er Jahre hinein nur vergleichsweise wenig Frauen studierten, stieg ihr Anteil ab den 1960er Jahren an. Mit welcher Aversion und mit wie viel Vorurteilen die Männerinstitution Universität darauf reagierte, wird in einigen Interviews deutlich, die Anger durchführte. Er kam Anfang der 1960er Jahre in seinem Bericht über eine Erhebung unter Professoren und Dozenten zu extrem diskriminierenden, frauenfeindlichen Einstellungen gegenüber Studentinnen. Es fanden sich beispielsweise Aussagen wie: »Wenn sie nicht hübsch genug ist, um mit Sicherheit Heiratsaussichten zu haben, geht sie auf die Uni. Das zeigt sich daran, dass wir nur sehr wenige hübsche Studentinnen haben.«[14] – »Die Studentinnen suchen einen Ehepartner und hören auf zu studieren, wenn sie ihn gefunden haben.«[15]

Auch wenn sich gegenüber der Situation in den 1960er Jahren einiges verändert hat, gelten Studentinnen noch immer nicht in gleichem Maß als Intellektuelle wie Studenten. An diesem Vorurteil und den Erschwernissen, mit denen sie im Studium zu kämpfen haben, leiden viele Studentinnen. Sie reagieren, indem sie viel häufiger als Studenten ihr Studium abbrechen und häufiger psychotherapeutische Beratungsstellen aufsuchen.

Studentinnen befinden sich in einem permanenten Rollenkonflikt. Sie wissen, dass sie sich von dem gesellschaftlich geforderten weiblichen Rollenstereotyp entfernen müssen, um an der Universität bestehen zu können. Um dem Anspruch der Universität und dem ihrer weiblichen Rolle gerecht zu werden, nehmen verheiratete oder in eheähnlichen Beziehungen lebende Studentinnen oftmals eine kaum zu verkraftende Doppelbelastung in Kauf: Sie versorgen, ohne zu klagen, den Haushalt, bedienen den Mann und erfüllen aufopfernd ihre Mutterpflichten. Alles natürlich auf Kosten ihres Studiums, weil sie von ihren Freunden oder Ehemännern kaum unterstützt werden. Universitäten vermitteln oft immer noch den Eindruck, als würden nur Studentinnen Kinder besitzen, die sie während ihres Studiums zu versorgen haben. Studentische Väter können problemlos studieren, ohne ihre Kinder zum Hort zu bringen, sie während der Vorlesungen ruhig zu halten oder wegen kranker Kinder zu Hause bleiben zu müssen.

Möglicherweise hat die alleinige Übernahme dieser traditionellen weiblichen Aufgaben durch die Studentinnen, die dann zur beschriebenen Doppelbelastung führt, oftmals eine Art Alibifunktion. Sie »erkaufen« sich damit das Recht zu studieren, ohne zu sehr als harte Karrierefrau, als egoistische Rabenmutter zu gelten. Um den Preis der doppelten Belastung versuchen Studentinnen, ihre unterschiedlichen Interessen, Bedürfnisse und die von ihnen erwarteten Rollen unter einen Hut zu bringen. Zusätzlich stellt die Hausfrau-Mutter-Rolle eine Rückzugsmöglichkeit für Frauen dar, wenn sie an der Universität versagen. Diese bei Frauen vorhandene Rückzugsmöglichkeit beinhaltet auch die Gefahr, dass Studentinnen – aus berechtigten Gründen – häufig zu schnell an der Universität resignieren und ihr Studium abbrechen.[16]

Hannelore Gestein hat Mitte der 1960er Jahre 40 vorzeitig ausgeschiedene Studentinnen über ihre Erfahrungen beim Studium befragt. Alle stimmten darin überein: Sie fühlten sich nicht ernst genommen, sondern belächelt; sie mussten immer wieder ihre Intelligenz beweisen, um sich gegen Vorurteile zu wehren; sie galten als kuriose Wesen, vor allem, wenn sie ihr Studium ernst nahmen, wenn sie es nicht taten, als fehlplaziert. Wiederum eine schizophrenieähnliche Situation für Frauen.

Die studentischen Beratungsstellen wurden schon damals wesentlich häufiger von Studentinnen als von Studenten in Anspruch genommen. Der hohe Anteil von ratsuchenden Frauen wurde folgendermaßen interpretiert:

»Eine wesentliche Ursache für dieses unterschiedliche Verhalten von Männern und Frauen dürfte darin liegen, dass Frauen in dieser Gesellschaft offenbar für die Anforderungen des Hochschulbereiches schlechter vorbereitet werden (geschlechtsspezifische Sozialisation) und auf eine sie objektiv benachteiligende Realität im Studium stoßen, wo sie weniger Erfolg und Befriedigung erleben als die ihnen in der Konkurrenz überlegenen Männer.«[17]

Mittlerweile hat sich nicht nur der Frauenanteil an den Universitäten stark erhöht, sondern es besteht auch eine viel stärkere Sensibilisierung für frauenspezifische Lebensrealitäten und Probleme. Psychologische Studienberatungen bieten mittlerweile eine Reihe von Veranstaltungen zu Themen wie Selbtsicherheit, soziale Kompetenz und Redeangst und haben häufig auch spezielle Angebote für Frauen, zum Beispiel während der Studienabschlussphase. Noch immer suchen wesentlich mehr Frauen als Männer die Beratungsstellen auf. Der Jahresbericht der Studienberatung an der FU Berlin gibt an, dass in den Einzelberatungen 65-70% der Ratsuchenden weiblich sind. Bei der Inanspruchnahme der Gruppenangebote liegt der Frauenanteil noch höher, teilweise nehmen bis zu achtmal mehr Frauen an den Kursen teil. Dies wird jedoch nicht thematisiert oder interpretiert. Die psychologische Beratung an der FU wird derzeit ausschließlich durch Psychologinnen geleistet.[18]

Mittlerweile gibt es glücklicherweise in vielen Großstädten spezielle Beratungsstellen und psychotherapeutische Angebote ausschließlich für Frauen.

Untersuchungen von Sperling und Jahnke[19] ergaben 1974: »Studentinnen haben ein wesentlich höheres Suizidrisiko als nichtstudierende gleichaltrige Frauen.« Dabei ist wesentlich für die gesellschaftliche Situation aller Frauen, dass Selbstmordversuche generell bei Frauen häufiger vorkommen als geglückte Selbstmorde: Suizidversuche werden zu 60% von Frauen unternommen, registrierte Suizide dagegen zu zwei Drittel von Männern. Ledige und geschiedene Frauen unternehmen häufiger Suizidversuche als verheiratete.[20] Dies entspricht der Voraussage der Psychoanalyse: Männer werden aktiv (sie bringen sich tatsächlich aktiv um) – Frauen begnügen sich mit Andeutungen (missglückte Selbstmordversuche sind verzweifelte Hilferufe, um Aufmerksamkeit und Zuwendung zu bekommen).

Phyllis Chesler nennt Selbstmordversuche »die großen Riten der Feminität«, das heißt, im Idealfall sollen die Frauen »versagen«, um zu »gewinnen«. Frauen, denen es gelingt, sich zu töten, überlisten ihre »weibliche« Rolle oder lehnen sie ab, zu dem einzig möglichen Preis: dem ihres Todes.«[21]

Der hohe Anteil an Klientinnen in psychotherapeutischen Beratungsstellen und das erhöhte Selbstmordrisiko von Studentinnen zeigen deutlich, wie groß die Enttäuschung und der Leistungsdruck bei Frauen an Universitäten sind. Die wenigen Frauen, die es trotz Benachteiligung in der familialen und schulischen Sozialisation bis zur Universität gebracht haben, scheitern zu einem nicht geringen Teil an der extrem männerbeherrschten Wissenschaft und den Vorurteilen von Professoren und Studenten. Die Situation angeblich privilegierter Frauen an Universitäten zeigt, dass die Ausbeutung und Abwertung von Frauen ohne Ausnahme alle Schichten betrifft.

In den letzten 25 Jahren hat sich glücklicherweise durch den Einfluss der Frauenbewegung einiges zugunsten der Studentinnen an den Universitäten verändert. Frauenseminare wurden erstritten, es gibt Lehrstühle für Frauenforschung – und es ist keine Seltenheit mehr, feministische Themen zum Gegenstand von Diplomarbeiten und Dissertationen zu machen. Die meisten Fachbereiche haben Frauenbeauftragte, die an fortschrittlicheren Universitäten zum Beispiel auch in Fragen zur Stellenbesetzung einbezogen werden. Dies ist den Studentinnen nicht geschenkt worden, sondern sie haben es sich mühevoll erstritten.

Die Abwertung von Studentinnen sogar bis hin zu Vergewaltigung und Mord hat sich nicht verändert – verändert hat sich die Haltung der Betroffenen: Studentinnen ertragen nicht mehr schweigend – wie zu Anfang des Jahrhunderts – alle frauenfeindlichen Angriffe, sondern gehen zum Gegenangriff über.

An der Freien Universität in Berlin wurden während des Vorlesungsstreiks im Dezember 1988 mindestens drei Studentinnen von ihren Kommilitonen vergewaltigt. Im April 1990 berichtete eine Studentin, dass sie ihren Vergewaltiger als Teilnehmer an einer feministischen Vorlesung erkannt hatte. Durch ihre öffentliche Benennung des Täters und mit der Unterstützung ihrer Freundin erreichte die Studentin, dass der Vergewaltiger die Veranstaltung verlassen musste.

Viele Männer fühlen sich von Frauen, die sich wehren, provoziert, sie reagieren mit Hass und körperlicher Gewalt auf die Frauen, die es wagen, aus ihrer weiblichen Rolle auszubrechen. Im Dezember 1989 ermordete ein Student 14 Studentinnen an der Montrealer Universität. Mit den Worten »Feministinnenpack« schoss er sie einfach nieder.

Aber auch Professoren benutzen häufig ganz offen ihre Macht[22], um Studentinnen und weibliche Angestellte zu belästigen und zu sexuellen Handlungen zu zwingen. Bei den Ermittlungen der Staatsanwaltschaft Fulda in der sogenannten »Bettschein-Affäre« 1992 an der Fachhochschule Fulda wurde ein Dozent erheblich belastet, denn er hatte das Vergeben der notwendigen Scheine für Prüfungen davon abhängig gemacht, ob die Studentin sich ihm sexuell zur Verfügung stellte. Im Rahmen des Verfahrens sagte u.a. eine Studentin aus, ein Dozent habe ihr für den Fall der »Verweigerung sexuellen Entgegenkommens« Nachteile im Studium angedroht, sie ließ sich dennoch nicht auf die Erpressung ein. Gegen den Dozenten wurde ein Strafverfahren wegen »Nötigung« eingeleitet. Studentinnen, die nicht die Stärke und den Mut haben, sich gegen Belästigungen und Ungleichbehandlung allein aufgrund ihres Geschlechts zur Wehr zu setzen, verzweifeln häufig, resignieren, verlassen vorzeitig die Universität und werden so ihrer beruflichen Möglichkeiten beraubt.

Eine Zwangsjacke für Frauen: Die Instituion Ehe

Die Ehe stellt die straffste Form der geschlechtsspezifischen Arbeits- und Funktionsteilung zwischen Frau und Mann dar. Einerseits gehen noch immer die meisten Frauen eine Ehe ein, weil sie sich dadurch emotionale und ökonomische Sicherheit, gesellschaftliches Ansehen und die Verwirklichung des weiblichen Lebensideals erhoffen. Andererseits bedeutet das Eingehen einer Ehe für Frauen aller Schichten objektiv oft Einschränkung und Unterdrückung, die sich subjektiv mehr oder weniger verschleiert äußern kann.

Die Eheschließungszahlen sinken kontinuierlich. 1996 waren fast 37% der Frauen in der Bundesrepublik unverheiratet, 45% verheiratet, 5,4% geschieden und fast 13% verwitwet. Dennoch heiraten immer noch schätzungsweise 80-90% aller Frauen. Das Heiratsalter ist gestiegen, allein zwischen 1980 und 1998 um über vier Jahre. Einen deutlichen Zusammenhang gibt es zwischen Heiratsverhalten und Bildung: Je höher der Schul- bzw. Bildungsstand der Frauen, desto höher ist der Anteil der Ledigen. Insgesamt etwa ein Drittel aller Ehen wird wieder geschieden. Frauen reichen die Scheidung weitaus häufiger (in 60-70% der Fälle) ein als Männer. Die Mehrzahl (60%) der geschiedenen Frauen heiratet jedoch erneut.[23]

Mittlerweile gibt es die Möglichkeit, auch gleichgeschlechtliche Partnerschaften eintragen zu lassen. Die Regelungen zur Durchführung unterscheiden sich in den einzelnen Bundesländern. Bislang noch keine Gleichstellung gibt es im Steuerrecht (zum Beispiel kein

»Ehegattensplitting« zur Begünstigung des besserverdienenden Partners/Partnerin), im Erbrecht und im Adoptionsrecht. Seit der Einführung des Gesetzes am 1.8.2001 haben vermutlich auch aus diesen Gründen weniger Schwulen- und Lesbenpaare eine Eintragung vornehmen lassen, als zunächst – gemessen an den Anfragen von Interessierten – vermutet worden war. In Berlin ließen sich in den ersten drei Monaten nach der Gesetzesnovelle knapp 400 Paare eintragen.[24]

Das Eingehen einer Ehe bedeutet für Frauen:

• *Sexuelle Verfügbarkeit*
Juristisch existierte bis vor wenigen Jahren die Situation einer Vergewaltigung in der Ehe nicht. Vergewaltigung in der Ehe wird mittlerweile strafrechtlich verfolgt, auch wenn die Erfahrung von Rechtsanwältinnen zeigt, dass meist doch geringfügiger eingestuft und weniger hart bestraft wird als eine Vergewaltigung durch andere Täter.[25]

Frauen und Männer entwickeln ein Bewusstsein analog der Rechtslage. Veränderungen infolge der gesetzlichen Neuregelung zu Vergewaltigungen in der Ehe werden sich erst langsam durchsetzen. Viele Frauen trauen sich nach wie vor nicht, sich sexuell zu verweigern. Umgekehrt riskieren sie damit auch nie, sich als durch den eigenen Mann oder Freund vergewaltigt bezeichnen zu müssen, was die Beziehung, die sie vielleicht nicht verlassen wollen oder können, in Frage stellen würde. Nehmen sie ihr Recht auf körperliche Selbstbestimmung nicht in Anspruch, kann es ihnen auch nicht mit Gewalt genommen werden. Bei diesen Frauen ist die spezifische strukturelle Gewalt, die ihre körperliche Selbstbestimmung verletzt, schon ein Teil ihres Bewusstseins geworden: Indem sie keine Möglichkeit sehen, sich gegen aufgezwungene Sexualität zu wehren, »arrangieren« sie sich mit einer Realitätsleugnung.

• *Alleinige Zuständigkeit für die alltägliche Sorgearbeit*
Erst seit Ende der 1970er Jahre sollen Eheleute »offiziell« gemeinsam entscheiden (früher allein der Ehemann), wie sie die Aufgaben in Ehe und Familie, in Haushalt und Beruf wahrnehmen. Die Kindererziehung und -versorgung ist jedoch nach wie vor bis auf wenige Ausnahmen Aufgabe der Frauen, zum einen, weil sich gesellschaftliche Normen diesbezüglich nur wenig geändert haben, aber auch, weil es zu wenige bezahlbare Einrichtungen wie Krippen und Kindertagesstätten, vor allem für ganz kleine Kinder gibt. Mütter

stellen ihren Beruf für das Kind zurück, Männer dagegen sind dazu fast ausnahmslos nicht bereit. Von den fast 13 Millionen Müttern bis zum Alter von 45 Jahren (Zahlen beziehen sich nur auf die alten Bundesländer) sind 5,7 Millionen Hausfrauen, die entweder nie berufstätig waren oder nach der Geburt der Kinder nicht mehr in den Beruf zurückkehrten. Die komplette Hausarbeit ist immer noch Frauenarbeit: insbesondere Einkaufen, Putzen und Kochen »überlassen« Männer fast vollständig ihren Frauen.[26] Dahinter steht die Ideologie, dass diese Dienstleistungsarbeiten unabänderlich mit dem weiblichen Geschlecht verbunden sind.

• *Doppel- und Dreifachbelastung*
Der Prozentsatz der erwerbstätigen Frauen hat sich in den letzten Jahren erhöht, jedoch arbeiten viele davon auf Teilzeitstellen. Frauen sind auf leitenden Stellen absolut unterrepräsentiert, sowohl in Betrieben, als auch in Verwaltungen oder an den Universitäten (25% der hauptberuflich Tätigen dort sind Frauen, jedoch nur 9% der Professuren, und nur 5,5% der bestbezahlten C4-Professuren sind durch Frauen besetzt). Auch in den typischen Frauenberufen im Bereich Gesundheit und Pflege sind die leitenden Positionen häufig von Männern besetzt, und Frauen bekommen auf der gleichen Hierarchieebene eher die weniger anspruchsvollen Tätigkeiten zugewiesen. Dazu kommt, dass gerade in Führungspositionen die Arbeitszeiten oft extrem hoch sind, was eine Vereinbarkeit von Beruf und Familie erschwert. So waren 1998 nur 44% der weiblichen, jedoch 90% der männlichen Führungskräfte verheiratet und nur 39% der Frauen gegenüber 89% der Männer hatten Kinder.

Frauen verdienen immer noch weniger als Männer in entsprechenden Positionen, sie sind überproportional oft Sozialhilfeempfängerinnen und/oder von Armut betroffen. Besonders stark benachteiligt sind alleinerziehende Mütter.[27]

Erwerbstätige Ehefrauen, sind – mit wenigen Ausnahmen – allein zuständig für den Haushalt und für die Kindererziehung einschließlich Schularbeitenbetreuung. Das bedeutet für sie einen oft 14- bis l6-stündigen Arbeitstag, physische und psychische Erschöpfung. In 60% der Fälle übernehmen Frauen allein die Kinderbetreuung, halten den Kontakt zu Kindergärten und Schulen etc. Zum Spielen mit den Kindern sind die Väter wieder eher bereit. Bei der Pflege von Angehörigen übernehmen Frauen den Hauptteil. Frauen leisten durchschnittlich 5 Stunden unbezahlte Arbeit täglich, doppelt so viel wie Männer. Die typische Erwerbsbiographie von Frauen ist immer noch durch Brüche gekennzeichnet, das heißt die Frauen unterbrechen häufig ihren Beruf, um ihre Kinder großziehen zu können. Zudem werden ihre Biographien in fast allen Lebensphasen von den Erwartungen der Partner, der Kinder und alter, pflegbedürftiger Eltern/Angehöriger bestimmt. Die geschlechtsspezifische familiäre Arbeitsteilung hat sich wenig verändert, noch immer leisten Frauen – selbst in Haushalten, in denen beide erwerbstätig sind – den Hauptteil der unbezahlten Reproduktionsarbeit.[28] Dahinter steht auch: Die Erwerbsarbeit des Mannes wird ernster genommen als die eigene, deshalb wird es (Ehe-)Männern hoch angerechnet, wenn sie trotz ihrer Belastung im Erwerbsleben gelegentliche Mithilfe im Haushalt anbieten, auf die die Frau jedoch keinen Anspruch anmelden kann.

• *Ökonomische Abhängigkeit*
Bei ausschließlicher Tätigkeit als Hausfrau und Mutter hat die Ehefrau kein Recht auf Entlohnung, nur Recht auf Taschengeld wie ein Kind. Dieses aber wird fast nie gezahlt.

• *Physisches und psychisches Ausgeliefertsein an den Ehemann*
Die meisten Probleme der rechtlichen Verfolgung von Gewalt in der Ehe haben sich bislang wenig geändert, da Körperverletzung kein sogenanntes Offizialdelikt ist und somit nur auf Antrag der Betroffenen verfolgt wird. Während bei einer Vergewaltigung nach deren Bekanntwerden der Staat die Verfolgung des Täters übernimmt, ist dies bei Körperverletzung eine Privatsache. Klägerin bleibt die betroffene Frau, die Gefahr läuft, von ihrem Misshandler so unter Druck gesetzt oder massiv bedroht zu werden, dass sie die Anzeige aus Angst wieder zurückzieht. Es fehlt also der Schutz, der durch die Regelung des »Offizialdelikts« besteht – hier kann der Täter die gegen ihn erstattete Anzeige nicht wieder »loswerden«; Drohungen, Einschüchterungen und Druck gegen die betroffene Frau haben zusätzliche negative Konsequenzen für ihn.

• *Namensaufgabe*
Im März 1991 entschied das Bundesverfassungsgericht, dass beide Partner bei der Eheschließung ihre Namen behalten können. Diese Neuregelung ist eine wichtige Entscheidung *für* Frauen auf dem Wege zur Gleichberechtigung in dieser Gesellschaft. Doch wie sieht die Realität aus? Nach Aussagen eines Standesbeamten in Berlin-Schöneberg wagen nur zehn Prozent aller Frauen, bei der Eheschließung ihren Namen zu behalten; ca. 10 bis 20 Prozent entscheiden sich für einen Doppelnamen (dies trifft auf Männer höchst

selten zu). Nach wie vor nehmen über 70 Prozent der Frauen den Namen des Mannes an und legen einen Teil ihrer bis dahin gelebten Identität mit ihrem Namen ab. Mit dem Tag der Eheschließung geben die meisten Frauen ihren Namen, mit dem sie 20 oder 30 Jahre gelebt haben auf und schlüpfen in den Namen des Mannes. Dadurch verschwinden sie in namenlose Abgründe. In Telefonbüchern, Namensregistern, an Haustüren und auf Grabsteinen existieren ihre Namen nicht mehr. Nur in zwei bis drei Prozent aller Fälle übernimmt der Mann den Namen der Frau. Dies wurde mir von dem Standesbeamten mitgeteilt – mit dem Hinweis, dies treffe meist nur zu, wenn die Frau einen Adelstitel habe oder wenn der Mann einen mit negativen Assoziationen verbundenen Namen trage. Ich vermute, dass es sich in anderen deutschen Großstädten ähnlich verhält. In Kleinstädten und ländlichen Regionen werden vermutlich noch weniger Frauen wagen, den Namen des Mannes nicht selbstverständlich zu übernehmen. Eine Klientin berichtete mir, dass ihr Mann nicht bereit gewesen wäre, die Ehe einzugehen, wenn sie sich für einen Doppelnamen entschieden hätte.

In unserem Gespräch sagte Kerstin F. über die Ehe: »Ich konnte mit dem Gedanken schon nichts anfangen, meinen Namen aufgeben zu müssen.« Ältere Frauen, mit denen ich gesprochen hatte, die 20 oder 30 Jahre verheiratet waren, konnten sich nicht mehr an Schwierigkeiten beim Namenswechsel erinnern. Sie hatten ihren Geburtsnamen fast vergessen. Für viele Frauen bedeutete ihr Geburtsname lediglich der Name ihres Vaters, eines Mannes, der Mutter und Kinder tyrannisiert und geschlagen hat.

Besonders im Zusammenhang mit psychischer oder physischer Gewalt ist die Angst, für verrückt gehalten zu werden, vielen (Ehe-)Frauen nicht unbekannt. Diejenigen, die täglich von ihrem Mann hören, dass sie verrückt seien und in die »Klapsmühle« gehörten, entwickeln mit der Zeit eine panische Angst vor einer möglichen Psychiatrie-Einweisung. Diese Angst ist nicht unbegründet. Die amerikanische Psychoanalytikerin Leonore Walker[29] berichtet, dass gerade Frauen aus Misshandlungsbeziehungen besonders gefährdet sind, mit einem psychiatrischen Etikett versehen zu werden.

Selbstmordversuche stellen für physisch misshandelte Frauen häufig den einzigen Ausweg dar. Oberflächliche Psychiater und Therapeuten diagnostizieren diesen suizidgefährdeten Frauen dann Depressionen, Paranoia und Halluzinationen und verschreiben Psychopharmaka, ohne auf die krank machende Realität, die sie immer wieder in den Selbstmord treibt, einzugehen.

Die meisten Fälle von Gewaltanwendung gegenüber (Ehe-)Frauen spielen sich hinter verschlossenen Türen ab. Frauen haben mit den bekannten »weiblichen Tugenden« wie Geduld, Verständnis und Aufopfern gelernt, auch die gröbsten Misshandlungen zu ertragen. Zusätzlich haben sie die Erfahrung gemacht, dass das praktizierte Recht immer noch zu oft auf Seiten der Männer ist. Dennoch hat sich die öffentliche, gesellschaftliche Sensibilität in bezug auf Gewalt gegen Frauen dank der jahrelangen Arbeit vieler Frauenprojekte verstärkt. Richter können es sich nicht mehr so einfach leisten, die Misshandlung der Frau zu ignorieren, nicht als Scheidungsgrund zu akzeptieren oder gar zu unterstellen, die Frau sei »selbst schuld« oder habe »es doch eigentlich gewollt.« In einigen bundesdeutschen Städten gibt es mittlerweile Fortbildungen für PolizeibeamtInnen, RichterInnen, ÄrztInnen, Sonderdezernate für »häusliche Gewalt« oder sogar staatlich initiierte Interventionsprojekte gegen Gewalt gegen Frauen und Kinder. Das AusländerInnenrecht ist mittlerweile dahingehend geändert worden, dass es für ausländische EhepartnerInnen ein unabhängiges Aufenthaltsrecht nach bereits zwei Jahren gibt. Dies bedeutet für gewaltbetroffene Migrantinnen eine erhebliche Verbesserung, denn nach diesem Zeitraum können sie sich endlich von ihrem gewalttätigen Partner trennen, ohne dadurch ihr Aufenthaltsrecht einzubüßen. Vorgesehen ist nun auch eine Härtefallregelung, nach der gewaltbetroffene Frauen auch schon vor Ablauf der zwei Jahre ein eigenständiges Aufenthaltsrecht bekommen können. Nach Erfahrungen von Rechtsanwältinnen wird dieses bei Vergewaltigung, sexualisierter Gewalt gegen die Kinder und schwerer Körperverletzung erteilt, wobei der Nachweis, dass der Partner gewalttätig war/ist, zum Teil nicht so einfach ist.

Dennoch hat diese erhöhte Sensibilisierung bislang das Ausmaß der Gewalt nicht verringert. Nach Schätzungen der Bundesregierung suchen jährlich etwa 45.000 Frauen Zuflucht in Frauenhäusern, dazu kommen noch all die Frauen, die den Mut zu einem solchen Schritt nicht finden oder auf anderen Wegen versuchen, der Gewalt in ihrer Ehe zu entfliehen.

Das Phänomen, dass Frauen sich die Misshandlung oft jahrelang gefallen lassen und nicht trauen, sich zu wehren, bleibt jedoch bestehen. Selbst Frauen, die ihren Männern an Körperkraft ebenbürtig oder sogar überlegen sind, haben eine psychologische Sperre, zurückzuschlagen. So perfekt sind sie von klein an darauf konditioniert worden, sich nicht gegen Väter, Freunde oder Brüder zu wehren. Viele mussten sich schon als Kind mit einer Mutter identifizieren, die ebenfalls vom Vater geschlagen wurde.

Das physische und psychische Ausgeliefertsein der Ehefrau an den Ehemann wird im klinischen Bereich besonders deutlich: Wesentlich mehr Frauen (Beispiel Hildegard B.) werden durch ihre Ehemänner als Männer durch ihre Ehefrauen in psychiatrische Kliniken abgeschoben. Phyllis Chesler sagt dazu: »Verheiratete Männer suchen seltener einen Psychiater auf und verbringen weniger Zeit in psychiatrischen Anstalten als verheiratete Frauen oder ledige Männer.«[30]

Dass die Ehe ein wirksamer Schutz allein für Männer ist, wurde vor nicht allzu langer Zeit von britischen Wissenschaftlern bestätigt. In ihrer »Rangliste der Resistenz gegenüber psychischen Störungen« stehen verheiratete berufstätige Männer als die seelisch gesündesten an oberster Stelle, demgegenüber stehen an letzter Stelle die nicht erwerbstätige Hausfrauen mit mehreren Kindern.[31]

Verheiratete Frauen haben jedoch das Gegenteil zu erwarten, das bestätigte die Neurologin und Psychiaterin Elisabeth Pahl: »Verheiratet zu sein hat für Frauen ganz eindeutig nachteilige Wirkung und führt bei Frauen häufiger zu psychischen Störungen als bei Männern.«[32]

Männer können weitaus mehr als Frauen von ihrem Rollenstereotyp (aggressiv, dominant, rational, aktiv) abweichen, ohne sofort als »krank« bezeichnet zu werden. Dagegen sind Ehefrauen, die von ihrem Rollenstereotyp abweichen und entweder aggressiv, unabhängig oder zu stark depressiv werden, für Männer nicht mehr »brauchbar«. Wenn Ehefrauen Haushalt, Mann und Kinder nicht mehr in gewohnter Weise versorgen, riskieren sie, von ihrem Mann verlassen und verstoßen zu werden.

Die Frage bleibt nach dieser Aufzählung negativer Seiten einer Ehe, warum Frauen dennoch – oftmals freiwillig und voller Hoffnung – in eine Ehe einwilligen, mit der sie oft den letzten Rest ihrer Selbständigkeit einbüßen. Drei Gründe sind vorwiegend dafür anzuführen:

1. Frauen werden auch heute noch von klein an darauf gedrillt, sich ihr Leben an der Seite eines Mannes, in der Regel mit Kindern vorzustellen.
2. Frauen haben schlechtere Ausbildungs-, Berufs- und Verdienstmöglichkeiten, so dass sich viele von einer Ehe außer der gesellschaftlichen Anerkennung auch eine ökonomische Sicherheit erhoffen.
3. Frauen wird eingeredet, dass emotionale und sexuelle Bedürfnisse nur durch einen Partner befriedigt werden können.

Frauen müssen aufgrund ihrer Sozialisation gerade solche Eigenschaften und Fähigkeiten entwickeln, die in einer Ehe besonders gut zum Einsatz kommen. Unverheiratete, kinderlose Frauen werden in dieser Gesellschaft mit Skepsis betrachtet. Ihnen wird unterstellt, sie seien egoistisch, oder ihnen müsse doch etwas fehlen. Diese Vorbehalte werden dagegen unverheirateten, kinderlosen Männern nicht entgegengebracht.

Hier wird die Zerrissenheit in einer männerbeherrschten Gesellschaft wieder deutlich: Eine verheiratete Frau zum Beispiel nimmt Doppel- bis Dreifachbelastung (Haushalt, Kinder, Erwerbstätigkeit) in Kauf. Als Gegenleistung wird ihr eine Scheinidentität über den Partner gestattet und eine gesellschaftliche Anerkennung als sogenannte »vollwertige Frau« zuteil, weil sie einen Mann »abbekommen« hat. Die unverheiratete Frau gilt immer noch oft als eine, die keinen »abgekriegt« hat, oder eine, die Karriere machen will. Auf jeden Fall stellt sie tendenziell eher eine negative Ausnahme dar. Dennoch hat sich auch hier in den letzten dreißig Jahren nicht zuletzt durch die Frauenbewegung viel verändert. Sogar die Anerkennung gleichgeschlechtlicher Lebensweisen geht heute so weit, dass sie auch gesetzlich verankert ist. Eine Gleichberechtigung diesbezüglich ist jedoch noch lange nicht erreicht und die Gesetzesänderungen bedeuten auch nicht, dass lesbische Frauen nicht mehr angefeindet oder diskriminiert werden.

Die amerikanische Psychoanalytikerin und Psychiaterin Jean Baker Miller[33] hat in den 1970er Jahren Phobien im Zusammenhang mit Heirat bei Frauen in jahrelanger praktischer Arbeit untersucht (Baker Millers Erklärung von Phobien bezieht sich in diesen Fällen auf die Angst vor dem Verlust der Kontrolle über die eigene Persönlichkeit oder über Impulse von außen). Sie behandelte viele junge Frauen, die vor der Ehe offensichtlich relativ unabhängig, selbständig und energisch waren, seit ihrer Heirat jedoch schwere Phobien entwickelt hatten. Diese Phobien beschrieb Baker Miller folgendermaßen: Die Frauen hatten Angst, ohne ihren Mann auszugehen, Auto zu fahren oder irgendeine Entscheidung ohne ihn zu treffen (was vor der Ehe selbstverständlich war). Die jungen Frauen kamen fast alle aus der Mittelschicht und besaßen eine gute Berufsausbildung, einige hatten sogar einen Doktortitel erworben. Sie gingen mit großen Erwartungen Ehen mit überwiegend sanften, rücksichtsvollen Männern ein. Nach der Heirat gaben die jungen Frauen zum Teil ihre Berufstätigkeit auf oder schränkten diese auf halbe Tage ein – wegen der Hausarbeit. Erschwerend kam hinzu, dass alle Frauen ihre offensichtliche Frustration über Ehe und Mann sich selbst nicht eingestehen konnten. Ihre Männer waren angeblich rücksichtsvoll und verständnisvoll und unterdrückten sie »nur« mit sanften Methoden. Zum Beispiel lasen sie ihren Frauen alle Wünsche von den Augen ab, wenn diese nur bereit waren, ausschließlich für Mann, Haushalt und Kinder zur Verfügung zu stehen. So empfanden alle Frauen ihre kurz nach der Heirat beginnenden Ängste und Depressionen als Undankbarkeit gegenüber ihrem Ehemann. Also mussten sie zusätzlich zu ihren Ängsten auch mit ihren Schuldgefühlen, als Ehefrau versagt zu haben, fertig werden. Jean Baker Miller fand im Laufe der Gespräche heraus, dass die Frauen die Ehe als eine »Deklaration der Abhängigkeit« erlebten, dies aber nicht zugeben wollten. Die Frauen beschrieben ihre Symptome als Angst vor dem Eingeschlossensein, das Gefühl zu haben, in einer Falle zu sitzen, Hilflosigkeit zu verspüren und ohne Kontrolle und Einfluss zu sein.

Dass sich an dieser Situation einiges geändert hat, zeigt sich daran, dass Frauen seltener und später heiraten (siehe oben) und es ihnen viel selbstverständlicher und wichtiger ist, nicht allein Hausfrau und Mutter zu sein. Wie stark die jeweiligen gesellschaftlichen Normen und Werte die Biographien von Frauen beeinflussen, wird auch daran deutlich, dass zum Beispiel in der DDR die Erwerbstätigkeit von Frauen eine gesellschaftliche Selbstverständlichkeit war. Auch wenn die sozialistische Ideologie an der realen Verteilung der reproduktiven Tätigkeiten wenig änderte, hatte doch die Normalität der Erwerbstätigkeit auch Einfluss auf das Selbstbild der Frauen in der ehemaligen DDR. Die staatliche Propagierung des Frauenleitbildes der berufstätigen Mutter war gerade bei Frauen äußerst erfolgreich und hat innerhalb von zwei Generationen das traditionelle Leitbild der nicht berufstätigen Mutter außer Kraft gesetzt.[34] Noch heute sind trotz der wesentlich höheren Arbeitslosenquote in den neuen Bundesländern über 10% mehr Frauen erwerbstätig als in den alten.

Selbst erwerbstätig zu sein, eigenes Geld zu verdienen und außerhalb von Ehe und Haushalt erfahren zu können, dass man etwas kann, hat naheliegender Weise erheblichen Einfluss auf das Selbstwertgefühl von Frauen.

Die Zuständigkeit der Frauen für die alltägliche Sorgearbeit

Inzwischen gibt es einige Untersuchungen, die den Kausalzusammenhang zwischen Unterdrückung und Benachteiligung von Frauen und ihrer Hausfrau-Mutter-Rolle aufzeigen. Ich möchte noch einen Schritt weitergehen und den direkten Zusammenhang zwischen der von Frauen erwarteten Hausfrau-Mutter-Rolle und der Entwicklung und Verfestigung psychischer Krankheiten zeigen.

Die Arbeit einer nicht erwerbstätigen Hausfrau und Mutter ist eine nicht entlohnte, in der Regel monotone, isolierte Tätigkeit, die die ökonomische Abhängigkeit der Frau vom Mann in der Ehe garantiert. Hildegard B. war vor der Ehe berufstätig. Mit der Eheschließung musste sie ihren Beruf aufgeben, um die kranke Schwiegermutter zu pflegen und den Haushalt zu versorgen. Es scheint unvorstellbar, das gleiche von einem Mann bei der Eheschließung zu erwarten.[35]

»Die Beziehungsorientierung von Frauen ist zugleich Ausdruck ihrer Machtlosigkeit. Aufgrund des gesellschaftlichen Ausschlusses sind Frauen gezwungen, mit und durch andere am Leben teilzuhaben. Insofern hat die Moral der Fürsorge immer auch sklavische Aspekte. Oder, wie Jean Baker Miller (1980) ausführt, ist Empathie, die Einfühlung in die anderen, immer notwendige Überlebensstrategie machtloser Gruppen gewesen, um sich auf die Launen der Herrschenden einstellen zu können. Die anderen stehen im Vordergrund. Das eigene Selbst ist nicht so wichtig zu nehmen. Selbstlosigkeit ist auch Bedeutungslosigkeit. Aus der Not verweigerter Lebensmöglichkeiten wird dann die Tugend der Fürsorge.[36]

In meinen Gesprächen mit Frauen unterschiedlicher Schichten und unterschiedlichen Alters stellte sich immer wieder »das Typische« an der Hausarbeit heraus: Hausarbeiten sind vorwiegend persönliche Serviceleistungen einer Frau für Mann und Kinder. Aus meinem Interview mit Sabine E. geht deutlich hervor, wie kleine Mädchen zu Dienstleistungen an Vätern und Brüdern ausgenutzt werden: Wenn Sabine – im Alter von zehn Jahren – vergaß, die Schuhe für ihren Vater und ihre Brüder zu putzen, wurde sie vom Vater geschlagen.

Frauen, die Haushalt und Kinder versorgen, erfahren keine wirkliche Anerkennung, keine angemessene Auseinandersetzung, keine Anregung und haben keine Perspektive. Simone de Beauvoir beschreibt sehr eindringlich, wie Frauen durch die Sisyphusqual der Hausarbeit in ihrer Persönlichkeitsentwicklung stagnieren können:

»Waschen, bügeln, fegen, die Staubflöckchen unter den Möbeln hervorkehren, damit hält man zwar den Tod nicht auf, kommt aber nicht zum Leben; denn mit der gleichen Bewegung schafft und zerstört die man Zeit.«[37]

Kinder können zwar eine augenblickliche Perspektive darstellen, sie nehmen jedoch nur eine Phase im Leben einer Frau ein, da sie auch einmal erwachsen werden. Außerdem darf nicht allgemein vorausgesetzt werden, dass die Erziehung von Kindern, die eine gesellschaftlich wichtige Aufgabe ist und auch bereichernd sein kann, Frauen automatisch Befriedigung und Selbstverwirklichung verschafft. Dies wird aber von allen Frauen erwartet. Frauen und Männer, die Lust und Neigung zur Erziehung von Kindern haben, können dies auch in einem Beruf als Erzieher/in oder Lehrer/in verwirklichen, für den sie dann aber bezahlt werden. Mütter haben jedoch nicht die Wahl, sich nach der Geburt eines Kindes für den Beruf oder für die Erziehung des Kindes zu entscheiden. Frauen müssen für ihre Fähigkeit, Kinder gebären zu können, einen hohen Preis zahlen:

»Die Mutterschaft ist – so wie sie heute verstanden wird – das stabilste Glied in der Fessel der Frauen. Im Namen dieser an sich zweifelsohne positiven Fähigkeit, gebären zu können, werden Frauen dazu verurteilt, ihr Leben lang für andere zu kochen, zu putzen, zu waschen und zu trösten. Aus der Fähigkeit zur biologischen Mutterschaft folgert unsere Gesellschaft die Pflicht zur sozialen Mutterschaft! Und das im Namen des »Mutterinstinktes«, der uns angeblich nicht nur zum Kindergebären, sondern auch zum Kinderaufziehen besonders prädestiniert.«[38]

Den Zwang zur Mütterlichkeit haben die meisten Frauen so sehr verinnerlicht, dass viele meiner Klientinnen davon überzeugt sind, sich nur durch Beziehung und Mutterschaft verwirklichen zu können, selbst dann, wenn sie sich überhaupt nicht für Kinder interessieren. So wird Frauen, bei denen der Zwang zur Mütterlichkeit nicht funktioniert hat, die Verdrängung ihrer angeblich angeborenen Kinderwünsche unterstellt. Männer, die ihrer Rolle, Vater zu werden, nicht nachkommen, werden dagegen nicht negativ beurteilt.

Wie wirkt sich nun diese aufgezwungene Mutterschaft und die monotone, isolierte, abgewertete Haushaltstätigkeit auf die physische und psychische Persönlichkeit von Frauen aus?

Je stärker Frauen durch gesellschaftliche Zwänge in die Hausfrau-Mutter-Rolle gedrängt werden, desto automatischer müssen sich die als weiblich ausgewiesenen Eigenschaften und Fähigkeiten einstellen. Frauen können so zu Opfern der ihnen aufgezwungenen Mütterlichkeit, Selbstlosigkeit, Unterwürfigkeit, übertriebenen Ordnung und Sauberkeit werden. Dies habe ich schon von sehr jungen Frauen in Gesprächen bestätigt bekommen. Viele haben eine Zwangsstruktur von übertriebener Ordnung und Sauberkeit im Haushalt entwickelt, für den sie sich aufgrund des frühkindlichen

Drills und der Forderung des Partners allein zuständig fühlen – und der auch inzwischen oft ihre einzige Existenzberechtigung darstellt. Auf meine Frage an die 21-jährige Sabine E., die wöchentlich nach Hause fährt: »Was erwartet Sie in Ihrem Elternhaus?«, antwortet sie: »Gar nichts. Da kann ich wienern, Betten ausschütteln und so weiter. Ich muss da heute zwar nicht mehr arbeiten, aber ich komme da einfach nicht mehr raus.« Die 19-jährige Kerstin F., deren Ablehnung der weiblichen Rolle in ihrer Verweigerung der äußeren Weiblichkeit gipfelt (Magersucht), fühlt sich durch die emotionale Bindung an die Mutter doch wieder – im Gegensatz zu ihrem Bruder – zur Hausarbeit verpflichtet. Obwohl sie Hausarbeiten immer abgelehnt hat, sagt sie heute: »Jetzt mach' ich's meist freiwillig, weil ich sehe, dass meine Mutter wirklich Freizeit braucht und die Arbeit nicht mehr allein schafft!«

Außer diesen Zwangsstrukturen können sich bei Frauen, die sich ausschließlich um Haushalt und Kinder kümmern, durch die Isolation im Hause, durch das ständige Arbeiten ohne Feierabend, auch an Wochenenden und ohne jemals wirkliche Anerkennung zu erfahren, psychisch bedingte somatische Symptome einstellen. Diese werden unter dem sogenannten »Hausfrauensyndrom« zusammengefasst. Der holländische Professor van der Velden[39] beschreibt die Symptome dieser Frauen als emotionale Störungen wie Niedergeschlagenheit, Unruhe, Reizbarkeit, Gleichgültigkeit, Schlaflosigkeit und Ermüdung. Sie treten in Verbindung mit somatischen Beschwerden wie Muskelschmerzen, arthritischen Beschwerden, Neuralgien (Nervenschmerzen) und Störungen im Bereich des Unterleibs oder des Kreislaufs auf.

Die Psychologin Irmgard Vogt spricht in diesem Zusammenhang vom »Frauensyndrom«.[40] Ärzte sprechen häufig von »vegetativer Dystymie« oder seit neuestem vom »prämenstruellem Syndrom«. »Befindlichkeitsstörungen« dieser Art werden bei Frauen viel zu oft mit ihrer Weiblichkeit, also mit ihren Hormonen, und kaum mit ihren krank machenden Lebensrealitäten in Verbindung gebracht.

Frauen mit diesen Symptomen wagen in den seltensten Fällen, offen über ihre häusliche Ausbeutung und Isolation zu klagen, sondern schlucken und verdrängen. Häufiger suchen sie die Schuld für Unzufriedenheit und Resignation bei sich selbst und haben Angst, für undankbar gehalten zu werden. Schon als kleine Mädchen haben Frauen gelernt, schweigend zu ertragen, ihre Aggressionen umzuwandeln und gegen sich selbst zu richten. Diese gegen sich selbst gerichtete Aggression wird bei auf die Hausarbeit reduzierten

Frauen besonders durch den zunehmenden Alkohol- und Tablettenmissbrauch deutlich. Durch übermäßigen Alkoholgenuß und Tablettenmissbrauch versuchen viele Frauen, ihre perspektivlose Situation besser ertragen zu können – zu dem Preis, dass sie sich täglich physisch und psychisch noch kränker machen und gleichzeitig süchtig werden können.

Viele nicht erwerbstätige Frauen und Mütter haben Angst vor der Infantilisierung (Zurückfallen in kindliche Sprache und Verhaltensweisen) durch den alleinigen Umgang mit ihren Kindern. Frauen, deren Gesprächsmöglichkeiten sich mit dem Kind und um das Kind erschöpfen, sehen selbst bei freizügiger Arbeitszeitgestaltung keine Möglichkeit, sich als relativ eigenständige Person unabhängig von Kindern zu verwirklichen. Dazu kommt die ständige Angst zu versagen. Nicht jede Frau eignet sich zur umsichtigen Pädagogin, phantasiereichen Köchin und einfühlsamen Gesprächspartnerin. Sie weiß aber, was von ihr erwartet wird und wird zerrissen zwischen ihrem Wunsch, auszubrechen aus dem täglichen Einerlei, und ihren Schuldgefühlen, unfähig und undankbar gegen Mann und Kinder zu sein.

Durch die Isolation und Einsamkeit im Hause erfahren Frauen eine spezifische Ausrichtung ihres Denkens und Handelns und einen ständigen Mangel an sinnlichen Eindrücken und Anregungen (sensorische Deprivation). Dies kann zu Verfolgungsängsten, Selbstgesprächen und Wahnvorstellungen führen. So entwickelte die vor der Ehe berufstätige 22-jährige Angelika M., nachdem sie von ihrem Ehemann dazu gebracht wurde, sich tagsüber allein in ihrem gemeinsamen Haus aufzuhalten, Angst und Wahnvorstellungen. Diese führten sehr schnell zu einem Nervenzusammenbruch.

Angelika M. konnte ihren Beruf, der ihr Spaß gemacht hatte, nicht mehr ausüben, durch die zusätzliche Hausarbeit und die Anforderungen des Ehemannes war sie physisch und psychisch überlastet. Seit der Aufgabe ihres Berufes verrichtete sie täglich sich ständig wiederholende Handgriffe im Haushalt, die ihr sinnlos vorkamen, aber von ihrem Mann verlangt wurden. Den Rest des Tages wartete sie in totaler Einsamkeit auf den Ehemann, dem sie das Essen zubereiten musste. Danach fand kein gemeinsames Gespräch statt, meistens wurde ferngesehen. Die Folgen dieses monotonen Daseins waren deutliche Depersonalisationserscheinungen bei Angelika M. In unserem Gespräch stellte sie resigniert fest: »Im Moment ist meine ganze Persönlichkeit dahin, ich habe überhaupt keine Persönlichkeit mehr. Ich fühle mich irgendwie unwohl, am liebsten würde ich überhaupt nicht mehr leben.«

Isolierten, angepassten und überarbeiteten Hausfrauen werden ihre Erschöpfungszustände, ihre Ängste, oft auch ihre Halluzinationen und Depersonalisationserscheinungen keineswegs als Folge einer krankmachenden Realität erklärt. Das bedeutet, dass Hausfrauen in diesen Fällen häufig als psychisch krank bezeichnet werden und sich aufgrund ihrer Symptome auch als psychisch krank empfinden. Ihnen wird verschwiegen, dass jeder in einer vergleichbaren Situation ähnliche Symptome wie sie selbst entwickeln könnte.

Immer mehr Hausfrauen und Mütter müssen psychotherapeutische und psychiatrische Einrichtungen in Anspruch nehmen. Kuren können sich Mütter mehrerer Kinder kaum – meistens erst nach dem ersten Nervenzusammenbruch – leisten, weil niemand in ihrer Abwesenheit die Kinder betreut.

Das »Hausfrauensyndrom« lässt sich zusammenfassend folgendermaßen beschreiben:

Physische und psychische Überbelastung von Hausfrauen mit mehreren Kindern, die täglich 14 bis 16 Stunden ohne Feierabend und Wochenende arbeiten. Hausarbeit wird von allen Familienangehörigen so selbstverständlich von den Frauen/Müttern erwartet, dass sie nicht mehr anerkannt oder überhaupt als Arbeit wahrgenommen wird.

Inzwischen ist wissenschaftlich erwiesen, dass Hausarbeit viele schädigende Faktoren hat. Aus dem Bereich der Arbeitspsychologie ist bekannt, dass Isolation, wenig zeitliche Spielräume, viel Routinetätigkeiten, ständige Verfügbarkeit und materielle Abhängigkeit gesundheitlich schädlich sind, da sie Stress auslösen, wenig Erfolgserlebnisse aber viel Fremdbestimmtheit vereinen und körperlich einseitig belastend sind. Befragte Frauen nannten jedoch auch bestimmte als positiv erlebte Eigenschaften der Hausarbeit: Autonomie, selbstbestimmte Freiräume in der Arbeitsgestaltung und die Erfahrung ganzheitlicher Arbeitsvollzüge wurden hervorgehoben.[41] Aber auch Frauen, die sich aktiv gegen die Ausbeutung im Haushalt zur Wehr setzen, können in der Psychiatrie landen. Hausfrauen, die zu aktiven und aggressiven Verhaltensweisen greifen, können von ihren Partnern dafür bestraft werden, weil sie von der von ihnen erwarteten weiblichen Rolle abweichen.

Shirley Angrist und andere[42] haben das Phänomen der Schizophrenie unter dem Aspekt der »Entfremdung von der Geschlechterrolle« bzw. deren Ablehnung untersucht. Bereits 1961 verglichen sie in den USA wieder eingewiesene Psychiatriepatientinnen mit nicht wieder eingewiesenen. Die wieder eingewiesenen Frauen hatten sich geweigert, typische Hausarbeiten wie Saubermachen, Kochen und Kinderpflege zu übernehmen. Statt dessen neigten sie zu Schimpfen, Fluchen und Zornesausbrüchen über ihre häusliche Ausbeutung. Bezüglich ihrer Bereitschaft, an Freizeitbeschäftigungen wie Reisen, Geselligkeit und Vergnügungen teilzunehmen, unterschieden sie sich nicht von den zu Hause verbliebenen Patientinnen. Bezeichnend an dieser Untersuchung ist, dass fast alle wieder eingewiesenen Frauen aus der Mittelschicht stammten und überwiegend verheiratet waren. So wurden sie auch erneut von ihren Ehemännern in die Psychiatrie eingeliefert. Diese Ehemänner machten sich kaum noch Hoffnungen, dass ihre Frauen wieder vollwertige Menschen würden, dass sie wieder waschen, kochen, spülen und die Kinder versorgen würden, ohne zu murren. Da diese Hausfrauen »männliche« Eigenschaften (Aggressivität, Schimpfen, Fluchen) angenommen hatten, ohne über tatsächliche männliche Macht zu verfügen, waren sie »unbrauchbare« Ehefrauen geworden.

Weibliche Erwerbstätigkeit:
Alternative oder zusätzlich krank machend?

Die Erwerbsquote von Frauen lag 1999 in den alten Bundesländern bei 63% (im Gegensatz zu 80,2% der Männer). Frauen sind im Dienstleistungssektor überrepräsentiert und besonders häufig auf schlecht bezahlten Stellen tätig: so sind 87% aller Teilzeitstellen und 75% aller geringfügigen Stellen mit Frauen besetzt.[43]

Das heißt: Frauen werden nicht nur durch die Hausfrau-Mutter-Rolle ausgebeutet und abgewertet, sondern können aufgrund ihres Geschlechts eine ähnliche Ausbeutung und Entwertung im Erwerbsleben erfahren. Ihnen werden im Erwerbsleben bestimmte frauenspezifische Tätigkeiten zugeschoben, deren Berufsbilder sich überwiegend durch Unterordnung auszeichnen. Die Ausbeutung und Diskriminierung erwerbstätiger Frauen wird auch an folgenden Punkten deutlich:

1. Meist untergeordnete Tätigkeiten, vorwiegend im Dienstleistungs- oder Sozialbereich ohne Aufstiegschancen.
2. Bis zu einem Drittel schlechtere Entlohnung als Männer.
3. Behandlung als Sexualobjekt am Arbeitsplatz.

Zwei Argumente dienen als Vorwand für diese ungleiche Arbeitsteilung im Beruf:

a) Aufgrund des »weiblichen Wesens« sollen Frauen sich besonders für alle Dienstleistungs- und Pflegeberufe eignen, die auf der untersten Stufe der gesellschaftlichen Hierarchie stehen. Sekretärinnen, Krankenschwestern und Arzthelferinnen sollen generell umsichtig, verständnisvoll, bescheiden und hilfsbereit sein und müssen im richtigen Augenblick schweigen können, um den Chef nicht zu verärgern.

b) Die geringeren Körperkräfte werden als Vorwand benutzt, Frauen monotone und schlechter bezahlte (Leichtlohngruppen) Tätigkeiten zuzuteilen.[44] Dieses Argument wird selbst heute trotz zunehmender Mechanisierung noch aufrechterhalten. (Entsprechend der These von Vaerting, Scheu und anderen, dass auch Muskelkraft Resultat der geschlechtsspezifischen Arbeitsteilung ist, ist bei ausschließlich geistig arbeitenden Männern eine Rückentwicklung ihrer Muskelkraft und bei schwer körperlich arbeitenden Frauen eine Zunahme ihrer Körperkraft zu verzeichnen.)[45]

Wie sieht es mit der gesellschaftlichen Bewertung und der Anerkennung dieser frauenspezifischen Tätigkeiten aus, und welche Bedeutung haben sie für die Persönlichkeitsentwicklung von Frauen?

Die Bewertung aller Tätigkeiten erfolgt nach männlichen Normen und Kriterien. Da die von Frauen verrichteten Sorgetätigkeiten für minderwertig gehalten werden (jedoch emotional durch das Leitbild der guten Mutter aufgewertet werden), muss konsequenterweise die weibliche Erwerbstätigkeit ebenfalls als minderwertig eingestuft werden – ebenso die Personen, die diese Tätigkeiten ausführen.

Die Zuweisung spezifisch weiblicher Berufe geschieht aufgrund derselben weiblichen Eigenschaften und Fähigkeiten, die für die Sorgearbeit entscheidend sind. Wir haben gesehen, dass diese als weiblich bezeichneten Eigenschaften und Fähigkeiten schon früh in unseren Sozialisationsprozess eingehen, damit wir für die späteren Sorgearbeiten und gleichzeitig für Frauenberufe qualifiziert werden. Da diese spezifisch weibliche Qualifikation bei Frauen generell vorausgesetzt wird, wird sie nicht besonders anerkannt oder entlohnt. Dahinter steht der Gedanke: Weibliche Fähigkeiten müssen nicht erworben werden, sondern sie schlummern im »Wesen der Frau«.

Doch selbst wenn Frauen eine akademische Ausbildung erwerben, werden sie primär auch dann noch auf ihr »weibliches Wesen« reduziert: Auch bei Akademikerinnen wird angenommen, dass sie neben ihrem Beruf in erster Linie für Haushalt und Kinder verantwortlich sein werden.

Nicht zuletzt deshalb haben akademisch ausgebildete Frauen wesentlich schlechtere Möglichkeiten, eine anspruchsvolle Anstellung zu finden als Männer mit Hochschulabschluss. Falls sie einen relativen Erfolg im Erwerbsleben anstreben, müssen sie bereit sein, das Doppelte wie ihre männlichen Kollegen zu leisten. Nur so können sie ihr »Schicksal«, zum weiblichen Geschlecht zu gehören, ein wenig korrigieren, so dass ihre Leistungen als Frau eventuell anerkannt werden. Häufig werden Akademikerinnen mit uninteressanten Halbtagsjobs unter ihrer Qualifikation abgespeist. Frauen erhalten nicht nur minderwertige Arbeitsplätze, weil sie schlechter qualifiziert sind, sondern bestens qualifizierte Frauen erhalten ebenfalls minderwertigere Arbeitsplätze als Männer aufgrund ihres Geschlechts.

Zusätzlich sind erwerbstätige Frauen speziellen Demütigungen durch Vorgesetzte und männliche Kollegen ausgesetzt, indem sie am Arbeitsplatz als Sexualobjekt behandelt werden. Eine aktuelle Studie des Bundesministeriums für Frauen hat ergeben, dass 70% aller befragten Frauen in irgendeiner Form am Arbeitsplatz belästigt wurden, 56% mit anzüglichen Bemerkungen und sexuellem Verhalten im Privatleben konfrontiert waren, 33% pornographischen Bildern am Arbeitsplatz ausgesetzt waren und 15% Küsse aufgedrängt bekamen. Überdurchschnittlich häufig betroffen sind unverheiratete Frauen zwischen 20 und 30, die noch keine gefestigte Position im Beruf haben. In »Männerberufen« ist sexuelle Belästigung extrem häufig, die höchsten Zahlen fanden sich bei der Polizei.[46] »Die Belästigung fängt dort an, wo Frauen sich genötigt sehen, sexuelle Handlungen oder Gespräche erdulden zu müssen, die sie nicht wünschen. Frauen, die eine sexuelle Belästigung aushalten, ertragen sie wegen des Drucks, der mit ihr einhergeht, und der Ohnmacht, die sie gegenüber der unerwünschten Situation empfinden. Die Belästigung führt zu einer Zerstörung des Bewusstseins der Belästigten. Donna Lenhoff vom amerikanischen Women's Legal Defense Fund hat in diesem Zusammenhang von einer Ermordung des Charakters der Belästigten gesprochen (character assasination).«[47]

Vom »Klaps auf den Po« bis zum »eindeutigen Antrag« – in der Regel gibt es kaum Zeugen der Belästigung und Frauen, die sich wehren, finden oft wenig Unterstützung. Ihre Reaktionen auf Zudringlichkeiten entscheiden darüber, ob sie befördert, in eine schlechtere Position versetzt oder entlassen werden. Wagen Frauen es, sich zu wehren, kann eine »falsche Reaktion« wirtschaftliche, psychische oder gesundheitlichen Folgen (zum Beispiel psychosomatische Krankheiten) nach sich ziehen. Schlucken Frauen ihre Wut über ihre ausgelieferte Situation herunter, können sie ebenfalls psychisch und physisch krank werden.

Am 31.12.1990 trat auf Initiative engagierter Frauen ein Anti-Diskriminierungsgesetz in Kraft. Seitdem gab es schon viele Fälle, in denen die Belästiger strafversetzt oder ihres Amtes enthoben wurden, wie zum Beispiel schon 1984 in der Partei der Grünen. Dies waren erste Erfolge für Frauen, die auf Dauer einen größeren Schutz vor sexueller Belästigung am Arbeitsplatz garantieren können.

So entstehen für Frauen Diskriminierungen im Erwerbsleben, die nichts mit der inhaltlichen Arbeit, sondern mit ihrer gesellschaftlichen Stellung als Frau zu tun haben. Sabine E. hat dies während ihrer Lehre zu spüren bekommen. Ihr 50-jähriger Chef, vor dem sie Angst hatte wie vor ihrem Vater, versuchte Sabines Unsicherheit und Abhängigkeit auf brutale Art und Weise auszunutzen. »Er trieb mich immer in den Heizungskeller (sie sollte Ablage für das Büro machen) und wollte sich an mich ranmachen. Er hat versucht, mich zu umarmen, und mir auf den Hintern geklopft. Wenn ich den anderen davon erzählte, hörte ich immer: Das liegt nur an dir, du kannst nichts, aus dir wird nie etwas und so weiter.«

Die oft noch immer gering ausgeprägte Solidarität unter Frauen, die schon früh gelernt haben, sich mit stärkeren Personen zu solidarisieren, kommt am Arbeitsplatz den Männern zugute, wodurch Frauen in noch größere Isolation und Abhängigkeit geraten.

Für ältere berufstätige Frauen reduzieren sich im Gegensatz zu gleichaltrigen Männern zusätzlich die Berufschancen. Sie können dem Idealbild »weiblicher Attraktivität« nicht mehr gerecht werden und dadurch verstärkt von ihrer »Wertlosigkeit« überzeugt werden. Natürliches Altern birgt für Frauen an bestimmten Arbeitsplätzen ein zusätzliches Existenzrisiko, das nicht wenige Frauen durch eine Ehe aufzuheben versuchen.

Wenn wir davon ausgehen, dass sich die Persönlichkeit eines jeden Menschen im Arbeitsprozess entwickelt, wird deutlich, dass Frauen in ihrer Persönlichkeitsentwicklung nicht nur gesellschaftlich benachteiligt, sondern stark gefährdet sind.

Die Gefährdung von Frauen liegt in ihrer konkreten Arbeitstätigkeit, die oft unter folgenden Bedingungen stattfindet: Isoliertheit, Monotonie, Abhängigkeit, Erniedrigung und Abwertung. Dadurch können sich spezielle Eigenschaften bei Frauen wie Dienen, Dukken, Stillhalten und passives Funktionieren entwickeln, die sich nicht nur negativ, sondern krank machend auf ihre Persönlichkeit auswirken. Dass die überwiegend untergeordnete und benachteiligte Position von Frauen im Erwerbsleben mit der Entwicklung psychischer Krankheiten zusammenhängt, ist insofern schwer nachzuweisen, weil Frauen im Arbeitsprozess in den häufigsten Fällen erst dann ausfallen, wenn sich körperliche Symptome eingestellt haben. In wie weit diese körperlichen Symptome psychisch verursacht sind durch die Bedingungen der Erwerbstätigkeit oder Hausarbeit, ist kaum untersucht worden.

Etwa zwei Drittel der verheirateten Frauen gehen einer außerhäuslichen Vollzeitbeschäftigung nach. Das bedeutet, dass diese Frauen überwiegend unter verstärkten Stressfaktoren infolge der Zwei- und Dreifachbelastung stehen. Dieser Stress kann zum Teil zu ähnlichen Symptomen wie bei nicht erwerbstätigen Hausfrauen mit mehreren Kindern führen, das heißt, auch berufstätige Frauen klagen verstärkt über Erschöpfung, Reizbarkeit, Schlaflosigkeit und Kreislaufbeschwerden. Außerdem können sich bestimmte monotone Fließbandarbeiten in ähnlicher Weise wie die monotone Hausarbeit auf die Persönlichkeit von Frauen auswirken.

Interessanterweise haben erwerbstätige Frauen deutlich weniger Berufsunfälle und seltener Berufskrankheiten als Männer. Die Vermutung liegt nahe, dass Frauen dazu tendieren, Unfälle und Erkrankungen eher persönlichen Lebensumständen zuzuschreiben, als sie mit der Erwerbstätigkeit in Verbindung zu bringen. Der höchste Anteil von Frauen mit Berufserkrankungen entfällt auf die Gesundheitsdienstberufe, die häufigsten Arbeitsunfälle erleiden Frauen in Reinigungsberufen. Die häufigsten Berufserkrankungen von Frauen sind Infektions- und Hautkrankheiten bzw. allergische Atemwegserkrankungen (vor allem bei Verkäuferinnen). Eine Ausnahme bilden Frauen in Büroberufen, bei denen die Erkrankungen insgesamt am geringsten sind, hier aber häufig auch Sehnenscheidenerkrankungen umfassen. Pflege- und Gesundheitsberufe – die typischen Berufsfelder von Frauen – erfordern ein hohes Maß an Verantwortung, was als belastend erlebt werden kann. Büroberufe zeichnen sich durch Zeitdruck sowie häufige Unterbrechungen und Störungen aus. Verkäuferinnen leiden außer unter dem hohen Arbeitstempo teilweise auch unter körperlicher Beanspruchung, während die schädigenden Faktoren bei Frauen in Reinigungsberufen vor allem in der Gleichförmigkeit, ätzenden Reinigungsmitteln sowie Hitze/Kälte und Nässe, die körperlich belastend sind, liegen.[48]

Zu all den aufgeführten Nachteilen, die berufstätige Frauen unter Umständen in Kauf nehmen müssen, können auch die eigenen

Schuldgefühle hinzukommen. Viele berufstätige Hausfrauen und Mütter haben die Rolle, die von ihnen gesellschaftlich noch immer erwartet wird, so sehr verinnerlicht, dass sie Partner und Kindern gegenüber permanent ein schlechtes Gewissen haben, weil sie nicht ausschließlich für die Familie zur Verfügung stehen können. Sie fühlen sich als »Rabenmütter« – ein Gewissenskonflikt, den offenbar berufstätige Männer nicht für sich erleben. Obwohl die Berufstätigkeit der Frau kaum die geschlechtsspezifische Arbeits- und Funktionsteilung in Frage stellt und die Gefahr besteht, dass Frauen oft sowohl im Haushalt als auch im Erwerbsleben mit latenter bis offener Geringschätzung zu kämpfen haben, ist die Erwerbstätigkeit trotzdem eine wesentliche Chance für Frauen. Sie können durch ihre Berufstätigkeit die ökonomische Abhängigkeit überwinden und ein Gegengewicht zur Isolation und den häufig unbefriedigenden, monotonen, nie endenden Reproduktionstätigkeiten im Haushalt finden. Dadurch wird sowohl eine Trennung vom Ehepartner als auch die Entscheidung, sich allein finanziell versorgen zu können, für Frauen vorstellbarer. Darüber hinaus liegt die Erkrankungsrate berufstätiger Frauen entsprechend niedriger als die vergleichbarer Frauen, die zu Hause bleiben.[49]

Die Beziehungsfalle: Eine double-bind-ähnliche Situation für Frauen

Ich gehe davon aus, dass das Leben sehr vieler Frauen durch eine double-bind-ähnliche Situation gekennzeichnet ist. »Double-bind« (Doppelbeziehung) bezeichnet in der Schizophrenie-Theorie eine Beziehungsfalle, in der eine Person gefangen ist. Dieser Person werden verschiedene Aussagen und Handlungsweisen übermittelt, die sich gegenseitig widersprechen, wie zum Beispiel: Frauen sollen attraktiv und verführerisch, aber gleichzeitig monogam auf einen Mann bezogen sein; sie sollen die Sorgearbeit für Kinder, Mann und Haushalt leisten, aber gleichzeitig erwerbstätig sein, sie sollen weiblich hilflos, aber trotzdem zäh und belastbar sein ... Um diesen verwirrenden, paradoxen Anforderungen gerecht zu werden, reagieren manche Frauen mit einer Spaltung von Körper und Bewusstsein, was als Entwicklung weiblicher Schizophrenie beschrieben wird. Diese Frauen glauben, mit einer Spaltung nur ihren Körper auf den Objektstatus zu reduzieren, durch den sie vielfach benutzt und ausgebeutet werden. Ihren Geist, ihr Bewusstsein versuchen sie als »wirkliches Selbst« zu retten und ziehen sich immer mehr in sich

selbst zurück. In »Schizophrenie und Familie«[50], einem der ersten »Klassiker« zur Thematik der Schizophrenie, wird die klassische ausweglose Double-bind-Situation beschrieben. Weakland u.a. definieren Double-bind wie folgt:
»Wir haben unsere Auffassung des Double-bind als die einer Situation beschrieben, in der
1. sich jemand mit widersprüchlichen Botschaften sieht, die
2. aufgrund von Verschleierung oder Verleugnung oder auch deshalb, weil die Botschaften auf verschiedenen Ebenen gegeben werden, nicht leicht als solche erkennbar wird, und der er
3. nicht entrinnen kann, und in der er auch nicht die Widersprüche feststellen und wirklich kommentieren kann.«[51]

Auf die gesellschaftliche Situation von Frauen übertragen, bedeutet das:

Zu 1: Wir sind ständig widersprüchlichen Botschaften ausgesetzt. Die traditionelle Botschaft lautet: Eine Frau muss »Frau« bleiben, das heißt, sie soll Hausarbeit und biologische und soziale Mutterschaft freudig bejahen und aus Liebe für Mann und Kinder auf Karriere verzichten.
Die Botschaft der modernen Realität lautet anders:
In vielen Familien ist die Mitarbeit von Ehefrauen und Müttern schon allein ökonomisch notwendig. Je nach Wirtschaftslage werden Frauen vermehrt aufgefordert, ins Erwerbsleben zu gehen oder aber zurück an den Herd geschickt. In den Medien wird ein neues Leitbild der modernen Frau propagiert, die auch im Beruf »ihren Mann steht« und daneben noch ganz locker den Haushalt hinkriegt. Die beiden Anforderungen lassen sich nicht wirklich vereinen, denn die notwendige Hausarbeit bedeutet in Wirklichkeit häufig isolierte, anstrengende, oft unbefriedigende und sich ständig wiederholende Gratisarbeit. Im tatsächlichen Erwerbsleben werden Frauen oft in die frauenspezifischen, schlechtbezahlten, auf der untersten Stufe der Hierarchie stehenden Tätigkeiten gedrängt. Und auch die Vereinbarkeit von Beruf und Familie ist keineswegs so einfach wie die Werbewelt es vorgaukelt, sondern läuft allzu oft auf ein erzwungenes Entweder- oder hinaus oder ist nur um den Preis des schlechten Gewissens gegenüber der Familie zu haben.
Zu 2.: Die machtlose gesellschaftliche Stellung als Hausfrau und Mutter wie als Erwerbstätige wird verschleiert und geleugnet. Die positiven Seiten der Mutterschaft werden gepriesen, ohne die Schmerzen einer Geburt und die Monotonie der Sorgearbeit zu er-

wähnen. Zu der meistens daraus folgenden Doppel- bis Dreifachbelastung kommen häufig die Schuldgefühle, den Aufgaben und Pflichten als Hausfrau und Mutter nicht mehr ausreichend nachkommen zu können.

Zu 3.: Gleichgültig wie Frauen sich entscheiden, sie können in der Regel der Ausbeutung und Abwertung, die sie aufgrund ihres Geschlechtes erfahren, nicht entrinnen. Gleichzeitig wird diese reale, gesellschaftlich bedingte Geringschätzung geleugnet und Frauen als individuelles Versagen vorgeworfen. Der Einblick in die eigene Situation wird ihnen erschwert bzw. diese wird schlichtweg ausgeblendet. Frauen soll so die Möglichkeit genommen werden, ihre gesellschaftliche Abwertung als Hausfrau und Mutter und als untergeordnete Erwerbstätige zu erkennen und zu verändern. Die Folge ist, dass Frauen subjektiv an einer Situation leiden, die es angeblich objektiv gar nicht gibt, was potenziell verrücktmachend ist. Sich gegen etwas zu wehren und aufzulehnen, was verschwiegen und verleugnet wird, ist sehr schwer.

Nach einer Untersuchung, die Birgit Geissler und Mechthild Oechsle Mitte der 1990er Jahre durchführten, hat das Geschlechterverhältnis für viele junge Frauen zwei Dimensionen – eine öffentliche und eine eher private. Ungleichheit und Diskriminierung im Beruf scheint für Frauen eher thematisierbar zu sein, da das weniger bedrohlich ist als sich mit Ungleichheit und Hierarchie in persönlichen Beziehungen auseinander zu setzen.[52]

Wagen Frauen es trotzdem, über die große Leere und Unausgefülltheit im Haushalt zu klagen, müssen sie den Mut aufbringen, sich gegen die Rolle zu stellen, die die Gesellschaft und häufig auch ihr Partner erwarten, sie sind häufig und schnell genug mit dem Vorwurf konfrontiert, schlechte Mütter und egoistische Partnerinnen zu sein. Wehren Frauen sich im Beruf gegen zusätzliche Dienstleistungen und gegen die Ausbeutung als Sexualobjekt, wird dies als unfreundlich, unzutreffend und übertrieben empfindlich dargestellt und sie gelten damit oft als lästige Mitarbeiterinnen, die man vielleicht lieber wieder los wird. Da im Interesse der Erhaltung ungleicher Machtverhältnisse eine objektive Analyse der Unterdrückung und doppelten Ausbeutung von Frauen nicht erwünscht ist, und die Realität oft schlicht verleugnet wird, erleben viele Frauen ihre Unzufriedenheit, ihre psychische und physische Erschöpfung, ihre Hilflosigkeit und ihr Ausgeliefertsein als subjektives Versagen, eigene Schwäche und Minderwertigkeit. Hinzu kommt der Einfluss der Medien, die uns das Leitbild der Superfrau, der perfekten Partnerin, Ehefrau, Hausfrau, Mutter und Geliebten vorgaukeln. Die bittere Realität vieler Frauen – Zusammenbrüche, Klinikeinweisungen, Selbstmordversuche, Misshandlungen und Vergewaltigungen – wird verschwiegen oder verzerrt für reißerische Schlagzeilen ausgeschlachtet. So kann das allgemeine Leid von Frauen immer als unglückliche Ausnahme beschrieben und dadurch in seiner ganzen Tragweite verschleiert werden.

Die US-Amerikanerin Inge K. Brovermann und andere haben schon in den 1970er Jahren die Einstellungen von Klinikern zu ihren Patientinnen untersucht und kamen zu dem Ergebnis, dass an einem »Doppelstandard« seelischer Gesundheit festgehalten wird. 79 Kliniker/innen (46 männliche und 33 weibliche Psychiater, Psychologen und Sozialarbeiter) sollten in einem Fragebogen 122 gegensätzliche Begriffspaare Frauen und Männern zuschreiben:

»Alle Kliniker gingen von verschiedenen Gesundheitsbegriffen für Männer und Frauen aus. Ihre Vorstellungen vom gesunden erwachsenen Mann wichen nicht signifikant von ihren Vorstellungen vom gesunden Erwachsenen im allgemeinen ab, aber ihre Vorstellungen von der gesunden Frau unterschieden sich signifikant von den beiden übrigen Kategorien. Sie vertraten überwiegend die Ansicht, gesunde Frauen neigten im Gegensatz zu gesunden Männern zur Unterordnung, seien weniger aggressiv, weniger dem Konkurrenzkampf zugeneigt, leichter erregbar bei kleineren Krisen, leichter gekränkt, emotionaler, eitler in bezug auf ihr Aussehen, weniger objektiv und weniger an Mathematik und Naturwissenschaft interessiert.«[53]

Dieses Frauenbild hat sich bis heute erhalten. Das bedeutet, Frauen müssen, um in den Augen der Gesellschaft als gesund zu gelten, Verhaltensweisen übernehmen, die gesellschaftlich geringer bewertet und in Relation zu männlichen Verhaltensweisen als krank bezeichnet werden. Von klein an werden Frauen Verhaltensweisen aufgedrängt, die nicht zur Definition eines gesunden Menschen (Mannes) gehören. Das heißt, nur Männer können aufgrund ihrer gesellschaftlich akzeptierten Verhaltensweisen als seelisch gesund bezeichnet werden.

Dass dieser Doppelstandard seelischer Gesundheit auch in Deutschland weiterhin angewandt wird, beweist die Tatsache, dass Experten Frauen eindeutig häufiger als Männer als psychisch gestört einorden.

»Frauen werden fast doppelt so häufig als psychisch krank oder psychisch beeinträchtigt diagnostiziert wie Männer. Eine Beratung oder ambulante Psychotherapie wird bei Frauen drei- bis viermal so häufig durchgeführt wie bei Männern. Die Verordnung von Psychopharmaka liegt bei Frauen doppelt so hoch wie bei Männern.«[54] Die höhere Krankheitsanfälligkeit von Frauen ist mit dem Familienstand, Arbeit und gesellschaftlicher Rolle eng verbunden. Bei Frauen werden häufiger Depressionen und Phobien diagnostiziert, bei Männern häufiger »antisoziale Persönlichkeit« und Alkoholismus. Die Diagnosen Schlafstörung, Depression, Neurose, Psychose oder Schizophrenie werden Frauen bis zu dreimal so häufig gestellt wie Männern.[55]

Das Beispiel aus der amerikanischen Psychiatrie müsste konsequenterweise einen Vorteil für Frauen bedeuten: Da Frauen im gesellschaftlich gesunden Zustand bereits krankhafte Verhaltensweisen in Relation zu Männern zugestanden bekommen, müssten sie einen größeren Spielraum als Männer haben, bis sie gesellschaftlich als krank bezeichnet werden. Weil Frauen zum Beispiel schon im »normalen« Zustand als leichter erregbar gelten, müssten sie, um als krank bezeichnet zu werden, diese Verhaltensweise bei weitem überziehen dürfen. Jedoch das Gegenteil ist der Fall: Frauen bekommen generell häufiger psychiatrische Diagnosen als Männer. In der Forensik, der Gerichtspsychiatrie, sitzen zwar weniger Frauen als Männer ein, jedoch werden Frauen, die unter emotionaler Beteiligung Verbrechen begehen, siebenmal häufiger als Männer als »psychiatrische Fälle« diagnostiziert und in Hochsicherheitsanstalten geschickt. Frauen, die einen Prozess vor einem Kriminalgericht haben, bekommen doppelt so oft eine psychiatrische Behandlung verordnet wie Männer.[56]

Da wir gesellschaftlich weniger akzeptierte und eingeschränkte Verhaltensweisen zugestanden bekommen, müssen wir auch häufiger vom vorgeschriebenen weiblichen Verhalten abweichen. Verhaltensabweichungen werden jedoch bei Frauen grundsätzlich stärker bestraft als bei Männern. Männer haben zum einen die Macht, Bestrafungen zu verhängen, und zum anderen profitieren sie nur von Frauen, die sich angepasst verhalten.

Phyllis Chesler unterscheidet zwei Möglichkeiten, die Frauen haben, gegen das aufgezwungene weibliche Rollenstereotyp zu rebellieren: den passiven und den aktiven Protest. Es ist unwesentlich, ob Frauen passiv oder aktiv gegen ihre Rolle opponieren, in beiden Fällen können sie – wie Chesler zeigt – als psychisch krank bezeichnet werden. Frauen, denen die Möglichkeit verweigert wird, ihr wertloses Dasein zu überwinden, versuchen beim passiven Protest die abgewertete weibliche Rolle auszuleben. Dazu Phyllis Chesler:

»Frauen, die voll die konditionierte weibliche Rolle ausleben, werden klinisch als ›neurotisch‹ oder ›psychotisch‹ eingestuft. Falls sie in eine Anstalt eingewiesen werden, dann ist es aufgrund vorwiegend ›weiblicher‹ Syndrome wie ›Depressionen‹, ›Suizidversuche‹, ›Angstneurosen‹, ›Paranoia‹ oder ›Promiskuität‹.«[57]

Beim aktiven Protest versuchen Frauen sich total oder nur teilweise gegen das weibliche Rollenstereotyp aufzulehnen. Dazu Phyllis Chesler:

»Frauen, die die weibliche Rolle ablehnen oder sich ambivalent zu ihr verhalten, verunsichern die Umwelt und sich selbst so sehr, dass ihre Disqualifizierung und ihre Selbstzerstörung wahrscheinlich sehr früh einsetzen. Solchen Frauen ist ebenso ein psychiatrisches Etikett sicher, und wenn sie hospitalisiert werden, dann aufgrund weniger ›weiblicher‹ Syndrome wie ›Schizophrenie‹, ›Homosexualität‹ oder ›Promiskuität‹.«[58] (›Promiskuität‹ kann sowohl eine Flucht in die – wie eine Flucht aus der Weiblichkeit bedeuten.)

Diese double-bind-ähnliche Situation in einer sexistisch ausgerichteten Psychiatrie macht deutlich: Gleichgültig wie sich Frauen verhalten, sie riskieren immer, für nicht angepasstes Verhalten wie ein Kind bestraft zu werden.

Männern dagegen werden stärkere Abweichungen von einem sowieso schon größeren männlichen Verhaltensrepertoire gestattet, außer der, sich betont weiblich zu geben. Doch selbst wenn Männer den vorrangig von ihnen geforderten ökonomischen Erfolg nicht erreichen, sind sie keinesfalls unnatürlich. Frauen, die ihr »weibliches Wesen« nicht verwirklichen, werden deswegen häufig abgewertet und als unnatürlich oder unweiblich bezeichnet. Ein sozial gescheiterter Mann findet meist immer noch eine verständnisvolle Frau, die ihn als unverstandenen Idealisten unterstützt und an ihn glaubt. So braucht das Selbstwertgefühl und Selbstbewusstsein von Männern auch dann nicht erschüttert zu werden, wenn sie wie Frauen wesentlich von dem erwarteten Rollenverhalten abweichen. Das mindert gleichzeitig die Gefahr für Männer, als psychisch krank bezeichnet zu werden und in die Mühle der Psychiatrie zu geraten.

Anmerkungen

[1] Oechsle, M., 1998
[2] Stalmann, F., 1991
[3] Renninger, Dr. Suzann-Viola, 1999
[4] Sabine Etzold, 2001

[5] Krohne, K. W., 1976
[6] Horstkemper, M., 1987
[7] Hurrelmann, K. et al. 1986
[8] Pfister, G., 1988
[9] a.a.O.
[10] In Berlin laufen seit den 1990er Jahren Programme, die Selbstbehauptungstraining für Mädchen und ein De-Eskalationstraining für Jungen anbieten. Auch viele Mädchenprojekte bieten mittlerweile Selbstverteidigungskurse an.
[11] BMFSFJ Band 209, 2001
[12] a.a.O.
[13] a.a.O.
[14] Anger, H., 1960, Interview Nr. 122
[15] Anger, H., a.a.O., Interview Nr. 213
[16] Gerstein, H., 1965
[17] FU Berlin, 1975
[18] FU Berlin, 2001
[19] Sperling/Jahnke, 1974
[20] BMFSFJ Band 209, 2001
[21] Chesler, P., 1977
[22] Sexuelle Diskriminierung kann auch subtiler ablaufen. So geschehen an der Freien Universität am Institut für Psychologie in Berlin: Ein progressiver Professor bot ein Seminar zu »Sexuellen Funktionsstörungen« an mit der Aufforderung in der ersten Stunde: Die Studentinnen sollten sich detailliert über ihren letzten Geschlechtsverkehr und ihre Masturbationstechniken in einem Rollenspiel befragen. Ausschließlich Literatur zur männlichen Sexualität wurde angeboten. Aus diesem Grunde konnte der Professor auch nicht wissen, dass etwa jede vierte Frau in ihrer Kindheit sexuell missbraucht wird und viele deshalb Schwierigkeiten haben, sich abzugrenzen. Eine Studentin berichtete in BLATTGOLD 1/1993 (Berlin) über dieses Seminar und wagte es aufgrund der Abhängigkeiten nicht, den Artikel mit ihrem Namen zu unterzeichnen.
[23] BMFSFJ Band 209, 2001
[24] Telefonische Auskunft der Senatverwaltung für Inneres in Berlin. Bundesweite Statistiken werden im Gegensatz zu heterosexuellen Eheschließungen bislang nicht geführt.
[25] Telefonische Auskunft einer Berliner Rechtsanwältin mit dem Schwerpunkt Nebenklage und Familienrecht
[26] alle Zahlenangaben aus BMFSFJ Band 209, 2001
[27] a.a.O.
[28] a.a.O.
[29] Walker, L., 1979
[30] Chesler, P., 1977
[31] Ernst, A./Füller, I., 1989
[32] Pahl, E., 1991
[33] Baker Miller, J., 1973
[34] Schenk, Schlegel, 1993
[35] Anfang der 90er Jahre forderte die damalige österreichische Frauenministerin Johanna Dohnal »Zwangsarbeit« für Männer im Haushalt. Sie wollte eine gesetzliche Verpflichtung für die Mitarbeit von Männern im Haushalt und bei der Kindererziehung erreichen. (TAZ vom 18.1.1993) Männer bringen täglich durchschnittlich maximal zweieinhalb Stunden für die Arbeit im Haushalt und für Kindererziehung auf, Frauen mehr als doppelt soviel (siehe oben).

[36] Rommelspacher, B., 1991
[37] de Beauvoir, S., 1973
[38] Schwarzer, A., 1975
[39] Foets/van der Velden, 1990
[40] Vogt, I. in: Franke, A./Jost, L.,1985
[41] BMFSFJ Band 209, 2001
[42] Angrist, S. et al., 1961; Angrist, S., 1968
[43] BMFSFJ Band 209, 2001
[44] Diese angeblich leichteren Tätigkeiten fordern eine erhöhte Nervenbelastung, die sich zum Beispiel bei Akkord- und Fließbandarbeiterinnen in zunehmenden psychosomatischen Erkrankungen niederschlägt.
[45] Entsprechend der Empfehlung des Bundesarbeitsministers sollen Frauen höchstens 15 Kilogramm tragen. Aber gerade Krankenschwestern müssen ständig schwer heben. Und sie leiden dementsprechend häufig an Rückenschmerzen, Ischias und Hexenschuss. (vgl. Eisner, G.)
[46] BMFSFJ Band 209, 2001
[47] Plogstedt, S./Bode, K., 1984
[48] BMFSFJ Band 209, 2001
[49] Böhm, N. in: Rommelspacher, B., 1987
[50] Bateson et al., 1969
[51] Weakland, J. H., 1969
[52] Geissler, Oechsle, 1996
[53] Brovermann, I.K. et al., 1970
[54] Pahl, E., in Hoffmann, D., 1991
[55] BMFSFJ Band 209, 2001
[56] Lehmann, P., 1996
[57] Chesler, P., 1977
[58] a.a.O.

Kapitel 3

Persönlichkeitsverlust

Er nimmt sich »sein Recht«
Die sexuelle Verfügbarkeit von Frauen

Die gesellschaftlichen Herrschaftsverhältnisse spiegeln sich im sexuellen Verhältnis der Geschlechter wieder. In sexuellen Beziehungen wird uns täglich subtil oder mit Gewalt die männliche Macht und die eigene Ohnmacht demonstriert. Ich fasse unter den folgenden acht Punkten kurz die Fakten zusammen, an denen die sexuelle Verfügbarkeit von Frauen deutlich wird.

1. Männliche Normen und Praktiken im Sexualverhalten
Lange Zeit wurden nur sexuelle Normen und Praktiken gesellschaftlich gebilligt, die Männern Macht und ein relatives Maß an Befriedigung garantierten. Das heißt, Penetration durch den Penis wurde als die einzige befriedigende Form von Sexualität proklamiert. Faktisch bedeutete diese jedoch oft nur für Männer Lust und für viele Frauen eine Last. Denn neben der Unmöglichkeit für viele Frauen, einen vaginalen Orgasmus zu bekommen, ist diese Art von Sexualität automatisch mit Verhütungsproblemen und Angst vor ungewollten Schwangerschaften und sexuell übertragbaren Krankheiten verbunden.

Frauen haben viele andere Befriedigungsmöglichkeiten. Doch nach wie vor wird der Möglichkeit, über die Klitoris Lust zu empfinden und einen Orgasmus zu bekommen, geringere Beachtung geschenkt. Einerseits wird mittlerweile eine allgemeine sexuelle Freiheit der unbegrenzten Lustmöglichkeiten proklamiert, die umgekehrt in einen Druck umschlagen kann, ständig eine ausgefallene, »tabulose« Sexualität zu praktizieren, wenn man nicht altmodisch erscheinen will. Dem gegenüber steht – wirft man zum Beispiel einen Blick in die heutigen »Aufklärungsartikel« auf der Dr. Sommer-Seite der Jugendzeitschrift *BRAVO* – immer noch die Darstellung von Sexualität als klassisch heterosexueller Geschlechtsverkehr. Thematisiert wird in den Jugendzeitschriften zwar, dass Mädchen sich nicht auf »das erste Mal« einlassen sollen, wenn sie es nicht wirklich wollen und ihrem Freund vertrauen. Gleichzeitig vermittelt aber die

Vielzahl der Texte, Ratgeberbriefe und Artikel zu der Thematik, wie wichtig diese Form von Sexualität ist. Andere Formen von Sexualität werden wenig und zum Beispiel in bezug auf Homosexualität in einer Form dargestellt, die klar macht, dass es sich dabei um »ganz andere« Menschen handelt und andere Arten von Sexualität keine Option für die normalen Leser/innen sind. In den meisten Filmen wird Sexualität ebenfalls nur als Penetration dargestellt und das Bild vermittelt, als sei dies für Frauen die befriedigende, ja die einzig wahre Form von Sexualität.

Seit den 1970er Jahren ist der »Mythos vom vaginalen Orgasmus«[1] von der Wissenschaft zerstört worden. Kinsey[2] und Masters und Johnson[3] haben bereits in den 1950er Jahren festgestellt, dass der Hauptteil der Vagina ohne Betäubung operiert werden kann, dass also fast keine Nerven in der Vagina vorhanden sind! Wozu also weiterhin eine angstbesetzte und unbefriedigende Sexualität durch ausschließliche Penetration für Frauen? Dazu Alice Schwarzer: »Der Koitus, der bis heute als unentbehrliche und zentrale Praxis in der Heterosexualität gilt, ist zwar unentbehrlich für die natürliche Zeugung von Kindern, aber durchaus entbehrlich zur Zeugung von Lust.«[4]

Das bedeutet nicht, dass alle Frauen beim Koitus nichts empfinden. Sexuelles Lustempfinden ist sowohl bei Frauen als auch bei Männern nicht nur auf einen geglückten Orgasmus beschränkt. Deshalb gibt es durchaus Frauen, denen das Eindringen des Penis in die Vagina Spaß macht. Daraus kann und darf jedoch nicht geschlossen werden, dass sexueller Kontakt zwischen Frau und Mann automatisch und ausschließlich mit Penetration verbunden sein muss. Aus unserem gesellschaftlichen Zwang zur Penetration folgt, dass andere Bedürfnisse oder Praktiken nicht nur abgewertet, sondern auch als pervers dargestellt werden. Denn der Koitus ist tatsächlich unentbehrlich für die Aufrechterhaltung der Macht des Mannes über die Frau. Mit Hilfe der Psychoanalyse wurde die männliche Form der Sexualität lange Zeit als normale (= reife) Sexualität wissenschaftlich legitimiert und die sexuelle Befriedigung der Frau über die Klitoris als infantile (= unreife) Sexualität abgewertet. Frauen wurden beim Verweigern der Penetration für neurotisch, »frigide« und hysterisch gehalten und oft genug letztlich durch diese Stigmatisierung tatsächlich dazu gemacht. Das beste Beispiel bilden lesbische Frauen. Weil sie den Mann als Sexualpartner so offensichtlich ablehnen, greifen sie aufs radikalste den männlichen Herrschaftsanspruch an. Deshalb werden trotz der mittlerweile erfolgten rechtlichen Gleichstellung bzw. Anerkennung (siehe oben) lesbische Frauen von der Gesellschaft oft immer noch als unnatürlich diskriminiert. Während Frauen einerseits Sexualobjekt für den Mann sein sollen und gerade in der Werbung völlig auf den sexuell attraktiven Körper reduziert werden, wird ihnen andererseits nach wie vor keine eigene Sexualität zugestanden. Sie werden als sexuelle Wesen fast ausschließlich über den Mann und seine Sexualität definiert. Dieses Phänomen spiegelt sich auch darin, dass viele Menschen sich nicht vorstellen können, wie eigentlich lesbische Sexualität »funktioniert«, wo doch dabei angeblich das wesentliche – der Penis – fehlt.

2. Es existieren keine unschädlichen Verhütungsmittel

Weibliche Sexualität wird in unserer Männergesellschaft vorwiegend mit Gebärfähigkeit in Verbindung gebracht. Die Stärke einer Frau, gebären zu können, wird hier zu ihrem Fluch. Die Angst vor ungewollter Schwangerschaft hat durch die Angst vor den Nebenwirkungen von Pille, Mini-Pille, Dreimonatsspritze und Spirale eine andere Dimension bekommen. Zwar wurde in den letzten Jahren eine Vielzahl von Verhütungsmitteln entwickelt, die eine Familienplanung ermöglichen, aber die Gesundheit von Frauen gefährden. Gewichtszunahme, Kreislaufstörungen, Thrombosen, Herzbeschwerden und Lähmungen, die bis zum Tod führen können, sind als Folgen der Verhütungsmittel inzwischen bekannt. Trotzdem dürfen wir nicht vergessen, dass die existierenden Verhütungsmittel mit ihren Nebenwirkungen für viele Frauen noch immer humaner sind als aufgezwungene Schwangerschaften und häufige Abtreibungen. Doch die viel zitierte Befreiung in der Sexualität hat in den letzten 30 Jahren fast nur für Männer ihren Sinn erfüllt. Für Frauen haben sich lediglich die Risiken verschoben.

3. Abtreibungsverbot

Die existierenden Gesetze über das weltweite Verbot bzw. die Einschränkung der Abtreibung sind ein deutlicher Beweis für den Objektstatus und die Diskriminierung von Frauen.

Der § 218, der den Schwangerschaftsabbruch in Deutschland regelt, wurde in den letzten 30 Jahren mehrfach verändert. Heute ist gesetzlich festgelegt, dass ein Abbruch zwar rechtswidrig ist, aber straffrei bleibt, wenn die Frau sich vor dem Eingriff einer (Zwangs-)Beratung unterzogen hat. Rechtmäßig ist eine Abtreibung bei der sogenannten medizinischen (Gefahr für das Leben der Frau) oder kriminologischen (Schwangerschaft nach Vergewaltigung) Indikation. Die Kosten für einen Abbruch übernimmt die Krankenkasse nur zum Teil, auf die Frau entfallen je nach Arzt/Ärztin zwischen 250 und 750 Euro, abhängig davon, ob der Eingriff ambulant oder stationär erfolgt. Kann die Frau die Kosten selbst nicht aufbringen, kann sie einen Zuschuss beantragen. In den neuen Bundesländern lassen erheblich mehr Frauen einen Abbruch vornehmen als in den alten. Die Hälfte der Frauen, die einen Abbruch vornehmen lassen, sind zwischen 25 und 34 Jahre alt. Die Wahrscheinlichkeit, dass eine Frau sich für einen Abbruch entscheidet, ist etwa 4,5 mal höher, wenn sie nicht verheiratet ist.[5]

Frauen wird durch das Abtreibungsverbot drastisch das Recht auf Selbstbestimmung über den eigenen Körper verweigert. Darüber hinaus besteht auch kein Interesse, schonende Abtreibungsmethoden zu entwickeln oder zu propagieren (beispielsweise die »Abtreibungspille«).

Als zum Beispiel Hildegard B. bei der aufgezwungenen vierten Schwangerschaft allen Mut zusammennimmt und ihren Psychiater um Befürwortung einer Unterbrechung bittet, schreit dieser sie an: »Wie denken Sie darüber, das ist doch Mord!« Nach wie vor gilt, dass Männer sich das Recht anmaßen, darüber entscheiden zu wollen, ob eine Frau ein Kind, was sie nicht möchte, austragen muss oder abtreiben darf.

4. Sexuelle Gewalt

Jede dritte bis vierte Frau hat als Kind Erfahrungen mit sexueller Ausbeutung bzw. sexueller Gewalt durch nahe männliche Familienangehörige gemacht. Kleine Mädchen lernen dadurch sehr früh, dass ihnen kein Recht über ihren eigenen Körper zugestanden wird, sondern dass Männer darüber verfügen können, wann immer sie wollen. Das Bundesfamilienministerium teilt mit, dass in den alten Bundesländern jährlich 200.000 bis 300.000 Kinder, davon sind 80-90% Mädchen, sexuell ausgebeutet werden. Die Gewalt wird in etwa 98% von Männern, vor allem aus dem familiären Umfeld ausgeübt.[6] »Bei der Beurteilung angeblicher Verführungstendenzen des Inzest-Opfers und des Opfers sexuellen Missbrauchs überhaupt ist gerade von seiten der Psychologen der Versuch gemacht worden, die Täter-Opfer-Beziehung umzukehren, also den Täter zum Opfer der Verführung durch das Kind zu machen.«[7] Das »sexualisierte« Verhalten junger Mädchen soll angeblich den Täter zum Missbrauch provozieren. In Wirklichkeit wird das natürliche Bedürfnis eines Kindes nach Körperkontakt und Wärme von einem Erwachsenen zu sexuellen Handlungen missbraucht.

Ich habe die Erfahrung gemacht, dass sich die mit sexueller Gewalt einhergehenden Schuld- und Schamgefühle noch stärker manifestieren, wenn Frauen sich durch Phantasien während der Übergriffe sexuell erregt fühlten. Dies ist für viele Klientinnen häufig der Beweis ihrer eigenen Schuldhaftigkeit (»sie hat es nicht anders gewollt«), die sie ängstlich verschweigen müssen. In Wirklichkeit bedeutet dies vielfach, dass Frauen die Phantasien des Täters als ihre eigenen verinnerlicht haben.

Auch Vergewaltigungen »passieren« in der Regel nicht durch fremde Männer auf dunklen Straßen, sondern allabendlich in vielen Ehebetten. Wenn wir davon ausgehen, dass in jeder vierten Beziehung »Gewalt im Spiel« ist, so ist zu vermuten, dass es auch in jeder vierten Beziehung zu Vergewaltigungen kommen kann. Ehemänner nehmen sich auf diese Weise »ihr Recht«, das ihnen allerdings inzwischen juristisch nicht mehr zugestanden wird.

Regelrechte Massenvergewaltigungen werden auch als Kriegsstrategie – wie im zerfallenden Jugoslawien – eingesetzt. Damit soll u. a. der politische Gegner demoralisiert werden, indem sein »Besitz« mit Gewalt genommen und geschändet wird. Frauen und Mädchen werden zu einem leblosen Ding, zu einem seelenlosen Objekt degradiert, um sich am Gegner zu rächen. Die Zuspitzung dessen: Aufgrund des kulturellen Hintergrunds werden die Vergewaltigungsopfer mitschuldig gesprochen, weil sie ihre weibliche Ehre, die per männlicher Definition aus Keuschheit und Monogamie besteht, verloren haben.

Auch Hildegard B. gebar drei ihrer vier Kinder nach ehelichen Vergewaltigungen. Ihr Mann weigerte sich, Verhütungsmittel zu benutzen, und zwang seine Frau trotzdem regelmäßig zum Geschlechtsverkehr. Nach jeder weiteren Schwangerschaft war Hildegard B. ein erneuter Fall für die Psychiatrie.

Die Mutter von Sabine E. wurde fast jeden Abend von ihrem Ehemann gegen ihren Willen zu Sex gezwungen. Sabine, die als Kind im Zimmer ihrer Eltern schlafen musste, hat die brutale Sexualität zwischen ihren Eltern miterleben müssen und ist heute besonders in ihren sexuellen Empfindungen gestört.

Häufige seelische Störungen als Folge von erlebter Gewalt sind Angst, Panik, Selbstverletzung und Selbstbeschädigung bis hin zum Suizid, Beziehungs- und Kommunikationsstörungen. Der eigene Körper wird häufig mit viel Misstrauen oder Ablehnung betrachtet und erlebt und deshalb zum Ziel von Autoaggressionen. Opfer von Vergewaltigungen unternehmen neunmal häufiger Suizidversuche und leiden doppelt so oft unter schweren Depressionen wie Frauen, die keine Vergewaltigung erlitten.[8] Zu den Überlebensstrategien, die Frauen entwickeln, gehören auch Verhaltensweisen wie Alkohol- oder Drogenmissbrauch. Dass es einen Zusammenhang zwischen Drogenkonsum und erlebten Gewalterfahrungen gibt, ist inzwischen wissenschaftlich nachgewiesen.[9] Frauen oder Kinder, die sexualisierte Übergriffe erleben, entwikkeln manchmal auch die Fähigkeit, ihren Körper und/oder ihre Gefühle abzuspalten – ein Phänomen, das als Dissoziation bezeichnet wird. Dies hilft ihnen einerseits oft, die unerträglichen Situationen, denen sie ausgesetzt sind, zu überleben und schützt sie davor, den Schmerz und die Demütigung, die (Todes-)Angst spüren zu müssen, aber es schneidet sie andererseits genauso von angenehmen Gefühlen und vom vollen Zugang zu sich selbst ab.[10]

5. Prostitution
Ein besonderer Ausdruck allgemeiner Frauenverachtung ist die weltweite Existenz der Prostitution. Mit Hilfe der Prostitution können Frauen für alle sichtbar in gute und schlechte Objekte gespalten und offen verachtet werden. Frauen wachsen in dem Bewusstsein auf, dass Prostituierte unmoralische und minderwertige Geschöpfe seien, die zu Recht verachtet werden. Dagegen bleiben Männer, die sich die Körper von Prostituierten kaufen, unbehelligt, ihre Form von Sexualität wird nicht in Frage gestellt. Prostituierte kämpfen seit Jahren dafür, dass sie als »Sexarbeiterinnen« endlich zu Versicherungen zugelassen werden, ihr Beruf anerkannt wird und sie mehr Rechte erhalten (zum Beispiel wenn Freier sie um ihren Lohn prellen oder gewalttätig werden). Unter der rot-grünen Regierungskoalition wurde ein entsprechender Gesetzentwurf eingebracht, dieser war jedoch bis zum Ende des Jahres 2001 noch immer nicht verabschiedet.

Die Professorin Trube-Becker weist darauf hin, dass es sich bei 80 bis 90 Prozent der Prostituierten um in der Kindheit sexuell missbrauchte Mädchen handelt, die nie gelernt haben, ihren Körper als ihren Besitz zu betrachten. In den ärmeren Ländern des Südens werden besonders reichen Touristen aus dem Westen sogar Kinder angeboten. »In einem geschlossenen Bordell, das vor kurzem ausgehoben worden ist, sind neunjährige Mädchen gefunden worden. In Hongkong »arbeiten« Fünfjährige im Bordell – vor allem Mädchen –, ebenfalls von den Eltern verkauft oder auch aus ihren Dörfern entführt.«[11]

6. Pornographie
Beängstigend zugenommen hat in den letzten Jahren die Verbreitung von Gewalt-, von Sadomaso-Videos in der Pornoproduktion.

Hier werden ausschließlich Frauen zunehmend als Objekte dargestellt, deren Körper und Seelen grenzenlos verachtet und verletzt werden dürfen – zur Steigerung männlicher Machtlust. Dass diese Gewaltpornos Auswirkungen auf Bewusstsein und Verhalten von Männern haben können, haben zahlreiche Untersuchungen bewiesen. Manche Freier kaufen sich mit Vorliebe »Sklavinnen«, mit denen sie dann die in den Gewaltpornos konsumierten Folterszenen nachstellen.[12] Wie Prostituierte diese mutwillige Zerstörung und Verachtung ihrer Person verkraften, zeigt folgende Aussage:

»Ich weiß von Frauen, die halten als Sklavinnen hin, aus einer extremen finanziellen Notlage heraus. Die, die ich kenne, haben eine deutlich herabgesetzte Schmerzgrenze, sind aber nach einer Foltersession über Stunden hinweg völlig unansprechbar. Ich weiß von Salons, in denen die Behandlung mit Kerzenwachs, mit Nadeln und auch das Zunähen von Schamlippen angeboten wird. Natürlich verdienen die Mädchen überdurchschnittlich gut - 1000 Mark aufwärts für eine Session.«[13]

Frauen arbeiten aus vielen unterschiedlichen Gründen als Prostituierte. Je schlechter ihre soziale Situation ist – zum Beispiel Drogenabhängigkeit oder fehlender Aufenthaltsstatus – desto ausgelieferter sind sie den Männern, die sie ausbeuten. Demgegenüber gibt es auch Frauen, die zum Beispiel als »Callgirls« wesentlich bessere Arbeitsbedingungen und Einkünfte haben und sich entscheiden, als Prostituierte zu arbeiten, weil sie dabei viel Geld verdienen können. Progressive Prostituiertenprojekte beraten mittlerweile Frauen, die aus der Sexbranche aussteigen wollen zu ihren Möglichkeiten. Sie informieren andererseits auch Frauen, die überlegen, als Prostituierte zu arbeiten, über die realen Arbeitsbedingungen und Gefahren.

7. Sextourismus

Weil inzwischen einheimische Frauen vieles an Demütigungen und Erniedrigungen im sexuellen Bereich nicht mehr so widerspruchslos über sich ergehen lassen, bedienen sich europäische Männer des sehr verbreiteten Sextourismus: Männer, die hier keine Frau mehr finden – aus welchen Gründen auch immer – reisen zur Befriedigung ihrer Bedürfnisse in arme Länder des Südens oder kaufen sich »anschmiegsame, willige Exotinnen« oder Frauen, die aus den verarmten ehemaligen Ostblockländern stammen. Diese ausgelieferten Frauen werden häufig unter falschen Versprechungen von skrupellosen Geschäftemachern per Katalog ihren Käufern angeboten und sind extremen Zumutungen ausgesetzt: Sie werden als Arbeitskräfte und Sexualobjekte ausgebeutet, sie werden im 21. Jahrhundert wie Sklavinnen erworben und häufig isoliert und abhängig gehalten. Durch die Änderungen im Ausländerrecht (siehe oben) haben sie heute immerhin nach zwei Jahren die Möglichkeit, sich von ihren Ehemännern scheiden zu lassen, ohne sofort abgeschoben zu werden.

8. AIDS

Durch die Möglichkeit, über heterosexuellen Verkehr AIDS zu bekommen, hat sich seit den 1980er Jahren die Situation vieler Frauen lebensbedrohlich verschärft. Auch dies ist eine Machtfrage. Da Männer die Verhütung in der Regel Frauen überlassen und sich nicht dafür zuständig fühlen, halten viele Männer die Benutzung von Kondomen noch immer für eine Zumutung. Damit nehmen sie in Kauf, sowohl ihre Partnerinnen als auch Prostituierte extrem zu gefährden, sich mit dem AIDS-Virus zu infizieren. Viele abhängige Frauen besitzen in der Regel nicht die Macht und die Stärke, bei Männern auf dem Gebrauch von unschädlichen Präservativen zu bestehen. Weltweit sind inzwischen 30 Prozent Frauen HIV-infiziert.[14]

Der Anteil der Frauen, bei denen eine neue HIV-Infektion diagnostiziert wird, steigt an. Waren 1989 in der damaligen Bundesrepublik von den Neuinfizierten noch 15,5% weiblich, so sind es 1998 bereits 22%. Die größte Gruppe unter den Frauen stellen zwar nach wie vor die Fixerinnen dar. Allerdings geht die Bedeutung der Übertragung durch Spritzentausch zurück, die Übertragung durch heterosexuelle Kontakte nimmt dagegen dramatisch zu. 1996 haben sich in der Bundesrepublik erstmals mehr Frauen durch heterosexuelle Kontakte als über Drogenabhängigkeit infiziert. Etwa 11% der bis 1996 gemeldeten AIDS-Fälle betreffen Frauen. Während bei Männern die Zahl der neu an AIDS Erkrankten tendenziell zurückgeht, steigen die Zahlen bei Frauen. Zwischen 1988 und 1996 hat sich der Anteil an AIDS erkrankter Frauen auf 16,6% erhöht. Frauen erhalten ihren positiven HIV-Befund bzw. ihre AIDS-Diagnose im Alter von durchschnittlich 35,3 Jahren, etwa vier Jahre früher bzw. jünger als Männer, was Konsequenzen für ihre psychosoziale Situaion hat, zum Beispiel was eventuelle Schwangerschaften betrifft (hier beträgt das Übertragungsrisiko Mutter-Fötus etwa 5%).[15]

AIDS-kranke Frauen sind in der Regel verstärkter Diskriminierung und Isolation ausgesetzt, da eine HIV-Infektion häufig als Folge von Promiskuität angesehen wird, die bei Frauen mit Wertlosigkeit (»Flittchen, Hure«) gleichgesetzt wird. Dass viele Frauen von ihren Ehemännern bzw. Partnern infiziert werden, wird tabuisiert bzw. ist nach wie vor wenig bekannt. Frauen wird somit entgegen der gesellschaftlichen Realität die alleinige Verantwortung für ihre Infektion zugeschoben. Die AIDS-Hilfen bieten mittlerweile auch spezielle Beratung und Information für infizierte Frauen an. Im Gegensatz zur Schwulen Community existiert ein organisierter Zusammenschluss von betroffenen Frauen nur ansatzweise.

Was bedeuten die oben genannten Faktoren nun für den sexuellen Status von Frauen? Während in den 1980er Jahren Frauen vermehrt begannen, ihre Benachteiligung und Unterdrückung auf strukturell-gesellschaftlicher Ebene sowie im Privatleben in Frage zu stellen und mehr Gleichberechtigung und ein anderes Verhalten von Männern forderten, gibt es seit etwa Mitte der 1990er Jahre auch rückläufige Trends. Mit dem Begriff des »backlash« wird beschrieben, wie von der Frauenbewegung erkämpfte Positionen – zum Beispiel die Benennung von sexueller Gewalt als gesellschaftlichem Skandal, die Ablehnung von sexistischer Werbung, Mode etc. zurückgedrängt oder verdreht werden. So hat zum Beispiel die Bewegung, die einen angeblichen »Missbrauch mit dem Missbrauch« proklamiert, und behauptet, die Problematik der sexuellen Gewalt gegen Mädchen werde von hysterischen, unprofessionellen Feministinnen, die in erster Linie ihre Arbeitsplätze in den Anti-Gewalt-Projekten sichern wollten, aufgeblasen und übertrieben dargestellt, die Arbeit von engagierten Projekten sehr erschwert. Die mühselige Sensibilisierungsarbeit zum Beispiel bei Richtern wurde teilweise zerstört. Mittlerweile ist die Bezeichnung »Feministin« schon wieder fast ein Schimpfwort geworden, Feminismus gilt als altmodisch und überflüssig, da Frauen heute doch angeblich nicht mehr diskriminiert werden. Die Folge davon ist auch, dass der Status als Sexualobjekt, den Frauen in dieser Gesellschaft nach wie vor haben, verschleiert und unsichtbar gemacht wird. Dass es wichtig ist, für Männer sexy zu sein, ihnen zu gefallen, zu anderen Frauen in Konkurrenz zu gehen, statt sich zu solidarisieren und weibliche Attraktivität nicht durch zu viel kritisches, widerständiges Selbstbewusstsein zu vermindern, gilt schon wieder als normal. Attraktiv und sexy für Männer zu sein wird im Gegensatz zu früher als neues Selbstbewusstsein verkauft, angeblich haben Frauen es nicht mehr nötig, gegen Unterdrückung zu kämpfen. Die Gewalt und die sexuelle Ausbeutung von Frauen geht jedoch unvermindert weiter und ob sich in den Liebesbeziehungen tatsächlich so viel geändert hat, wie vermittelt wird, ist eine ganz andere Frage.

Auch wenn sich einiges verändert hat, lernen Frauen immer noch, die Bedürfnisse anderer, also auch die sexuellen Bedürfnisse ihrer Partner, möglichst gut zu erfüllen und höher zu bewerten als ihre eigenen Wünsche. Frauen sind heute durchschnittlich von Männern weniger ökonomisch abhängig als vor zwanzig oder dreißig Jahren. Ohne Partner gelten sie jedoch nach wie vor für viele als unvollständig und Heterosexualität stellt immer noch die weitgehend unhinterfragte Norm dar. Für viele Frauen sind keine Alternativen dazu denkbar, Partnerschaften mit Männern einzugehen, die unter Umständen ihre Bedürfnisse nicht genügend respektieren oder ernst nehmen: »Lieber einen Mann, mit dem man nicht ganz glücklich ist als gar keinen Mann« oder »Männer sind eben so«. Durch die nach wie vor bestehenden gesellschaftlichen Machtverhältnisse, die sich auch in die Psyche der meisten Frauen eingeschrieben haben, fühlen sich viele Frauen täglich dazu gedrängt, ihre Fähigkeit, Männern sexuelle Lust zu ermöglichen, gegen scheinbares soziales Ansehen einzutauschen. Darüber hinaus suchen Frauen oft verzweifelt nach einem »Lebenspartner«, der ihre Bedürfnisse nach Zärtlichkeit, Körperkontakt und geistiger Übereinstimmung befriedigen könnte, dem sie all ihre Fürsorge und Zuwendung zukommen lassen könnten.

Sabine E. versucht es zum Beispiel immer wieder mit häufig wechselnden Beziehungen zu Männern und zahlt dafür mit Verfolgungsängsten und Wahnvorstellungen. »Dem ersten Freund hat's wohl Spaß gemacht, aber der hat sich immer nur draufgelegt und sich abreagiert. Ich bin bei ihm geblieben, weil ich mich mit ihm unterhalten konnte und er mir ein paar gute Worte gegeben hat und mich mal umarmt hat und so, und dann habe ich nur aus Gutmütigkeit mit ihm gepennt.«

Oder die 23-jährige Angelika M., für die Sexualität nach einem Ehejahr »irgendwie widerlich« geworden war. Sie hatte jedoch Angst, sich ihrem Mann zu verweigern. »Wenn ich nicht mit ihm schlafe, befürchte ich, dass er sauer werden könnte.« So haben Frauen im Zuge der »sexuellen Befreiung« durch Pille und Spirale auch nicht mehr die Möglichkeit, sich zu verweigern, ohne als verklemmt und frustriert bezeichnet zu werden. Ein Teil der Männer hat mittlerweile zumindest ansatzweise eingesehen, dass Frauen eigene, unter Umständen andere körperliche und sexuelle Bedürfnisse haben. Mit der Thematik der Gewalt gegen Frauen setzen sich inzwischen auch ein paar wenige engagierte Männerprojekte auseinander. Insgesamt ist auch das Selbstbewusstsein der Frauen größer als früher und an Männer werden mehr Ansprüche gestellt, damit sie als gute Liebhaber und angenehme, attraktive Beziehungspartner akzeptiert werden. Während früher Frauen, die die praktizierte, häufig frauenfeindliche Sexualität, unangenehm fanden, als »frigide« und therapiebedürftig abgestempelt und in Therapieprogramme abgeschoben wurden, in denen man zum Teil mit Zwang arbeitete, wird in der Sexualtherapie heute mit einem ganzheitlichen Ansatz gearbeitet. Statt Frauen mit den Begriffen »Frigidität« oder »Vaginismus« zu pathologisieren, hat auch hier eine Sensibilisierung zum Beispiel für die Folgen von erlebter Gewalt stattgefunden.

Phyllis Chesler stellte in den 1970er Jahren die These auf, dass viele Frauen auf die totale sexuelle Unterdrückung von Kindheit an durch Verrücktwerden reagieren bzw. dass sie sich der Unterdrückung auf diese Weise zu entziehen suchen. Angelika M. ist ein typisches Beispiel dafür. Durch ihre Flucht in die Krankheit (Abfall des gesamten Vitalitätsniveaus, schwere motorische und vegetative Störungen) erhofft sie sich, dass ihr Mann nicht mehr in der gleichen Weise auf sexuellem Verkehr besteht.

Die sexuelle Unterdrückung von Frauen setzt sich leider manchmal sogar in Psychiatrie und Psychotherapie fort. Einige Psychotherapeuten verbrämen es als Verstärkung der therapeutischen Wirkung, wenn sie abhängige Klientinnen zum Sexualverkehr auf der Couch überreden, den diese teilweise teuer bezahlen müssen. In einer von der Frauenzeitschrift *Petra* beauftragten Untersuchung durch ein Institut in München im Jahr 1990 gaben 8,3% der befragten Frauen an, dass es zu Missbrauch in der Therapie gekommen sei. Unter Einbeziehung der Dunkelziffer vermuten die Autoren, dass insgesamt 20% der Menschen, die eine Therapie machen, Übergriffe erleben – zwei Drittel von ihnen sind Frauen.[16]

Wie sehr sexuell ausgebeutete Frauen es seit ihrer Kindheit verinnerlicht haben, die eigenen Bedürfnisse zu verleugnen und sich ausschließlich für die Bedürfnisse des Mannes zur Verfügung zu stellen, zeigen auch die vielen Fälle von sexuellen Übergriffen in Therapien. Überdurchschnittlich viele Frauen, die von ihrem Therapeuten sexuell ausgebeutet werden, hatten bereits Erfahrungen sexueller Gewalt in der Kindheit.[17]

Diese Erfahrungen sind nicht dahingehend aufgearbeitet worden, dass die Klientin gelernt hat, sich gegen spätere Übergriffe zu wehren, sondern eher dahingehend – wenn überhaupt – dass es sich um einen »Zufall«, um eine »Ausnahme« gehandelt hat, dass diese Frau einfach nur »Pech« gehabt hat. Der Therapeut profitiert davon, die offenkundige Systematik von Männergewalt zu verleugnen und hat dadurch ebenfalls ein leichtes Spiel, die Klientin – die ihm vertraut wie damals ihrem Vater – sexuell auszubeuten.

Im Jahr 1995 erschien erstmals eine vom Bundesministerium für Frauen finanzierte Studie, in der öffentlich dokumentiert wurde, dass, in welchem Umfang und mit welchen Folgen für die Betroffenen es »sexuelle Übergriffe in Psychotherapie und Psychiatrie« gibt. Die AutorInnen gehen davon aus, dass mindestens 600 PatientInnen in Psychiatrien oder Psychotherapien jährlich sexualisierte Übergriffe erleben.[18] Drei Jahre nach diesem Bericht wurden auch gesetzlich die Konsequenzen gezogen und sexuelle Handlungen an Personen im Rahmen einer Therapie unter Ausnutzung des Behandlungsverhältnisses unter Strafe gestellt, was für betroffene Frauen (und Männer) eine ernorme Verbesserung bedeutet. Da sexuelle Übergriffe im Rahmen eines therapeutischen Verhältnisses häufig nicht durch Gewalt oder Zwang, sondern durch Abhängigkeit und Manipulation zustande kommen, ließen sich die bereits vorher bestehenden Gesetze gegen sexuelle Gewalt hier nicht anwenden. Dies bedeutete, dass vor dem Inkrafttreten der gesetzlichen Neuregelungen betroffene Frauen meist keine Möglichkeit hatten, juristisch gegen übergriffige Ärzt/innen und Therapeut/innen vorzugehen, sondern nur versuchen konnten, sie standesrechtlich zu belangen. Sie konnten lediglich versuchen, dass die entsprechenden Institutionen den Ärzt/innen und TherapeutInnen zum Beispiel eine Geldbuße auferlegten, ihnen die Kassenzulassung oder sogar die Approbation als Arzt oder Therapeut entzogen. Letztgenannte Möglichkeiten bestehen weiterhin, aber nun können die Täter/innen auch verklagt werden und Betroffene können Schmerzensgeld oder die Finanzierung von Folgetherapien einklagen. Übergriffe finden offenbar recht häufig durch immer wieder die gleichen »Professionellen« statt: Untersuchungen belegen, dass 5-17% der männlichen und 1-4% der weiblichen Psycholog/innen und Psychiater/innen ihre Patientinnen sexuell ausbeuten. 16,8% des männlichen und 10,5% des weiblichen Personals in den untersuchten Kliniken gaben sexuelle Kontakte zu PatientInnen zu.[19]

Vorgehensweisen, Tatabläufe und Folgeerscheinungen stimmen zum größten Teil mit den Erfahrungen überein, die in der Kindheit sexuell ausgebeutete Frauen gemacht haben: Es finden sich zum Beispiel Manipulationen in die Richtung, sie seien »etwas ganz besonderes« und auch das Schweigegebot wird den Betroffenen von den Tätern häufig auferlegt. Für viele Frauen handelt es sich um eine Wiederholungssituation, die ihr früheres Trauma stabilisiert und »verrücktmachend« sein kann.

Nur Busen, Beine, Po? Schönheitswahn und Körperkult

Die Reduzierung von Frauen auf ihren Körper und ihr Dasein als Sexualobjekt stehen in direktem Zusammenhang: Die eine Objektform bedingt die andere.

Lange Zeit wurde der Bereich der körperlichen Schönheit ausschließlich Frauen zugeordnet, für Männer war und ist es häufig immer noch unwichtig, körperlich attraktiv zu sein, um anerkannt zu werden. Mittlerweile werden auch für Männer bestimmte Schönheitsideale propagiert, jedoch zählen für ihre Anerkennung in erster Linie andere Faktoren wie zum Beispiel Macht, Geld, Erfolg. Durch das Überbetonen des Körpers werden Frauen als Sexualobjekt für den Mann attraktiver, und gleichzeitig wird Männern in ihrer Herrschaft über Frauen geschmeichelt. Sollte eine Frau das Unglück haben, nicht den von Männern genormten gesellschaftlichen Ansprüchen von weiblicher Attraktivität zu entsprechen, kann es oft zu einer Stigmatisierung für ihr ganzes Leben kommen. Wendy Chapkis[20] beschreibt in ihrem Buch *Schönheitsgeheimnisse, Schönheitspolitik* wie es möglich ist, sich patriarchalisch geprägten Schönheitsnormen zu verweigern, eigene Definitionen und ein neues Selbstbewusstsein zu entwickeln.

Noch heute ist die Lebensaufgabe vieler Frauen, Männern zu gefallen. Erst durch das wohlwollende Akzeptiertwerden von Männeraugen können Frauen sich anerkannt und bestätigt fühlen, Komplimente und Anerkennungen von anderen Frauen zählen dagegen wenig. Frauen sollen ausschließlich auf die männliche Bestätigung angewiesen bleiben, weil nur diese in unserer Gesellschaft eine maßgebliche Instanz über existent oder nichtexistent sein soll. Die Anerkennung von Frauen haben wir all zu lange als wertlos vermittelt bekommen. Stattdessen lernen Frauen, andere Frauen immer als potenzielle Konkurrentinnen – um die Männer natürlich – zu betrachten. In den 1970er Jahren formulierte ein Frauenkollektiv den Zwang zur Schönheit mit drastischen Worten:

»Denn eine Frau ist entweder ein (in Stein verwandeltes) Objekt, das irgendeinem Mann gehört, und nur über ihre Beziehung zu ihm gewinnt sie Geld, Status, Freunde, das, was sie überhaupt an Identität hat, oder sie ist ein Garnichts, etwas Verschwindendes, das ins Nichts taumelt, ohne Aufgabe und ohne jedes Gefühl einer eigenen Identität.«[21]

Die gängigen Schönheitsnormen gehen an den realen Körperformen und Körpergrößen von Frauen meist völlig vorbei – Frauen, die etwa 1,70 groß sind und nicht an starkem Untergewicht leiden, passen im allgemeinen nicht in Kleidergröße 38 wie die Models in den Hochglanzmagazinen. Frauen, die »zu dick« oder »zu groß/klein« sind, bekommen bei der Suche nach passenden Kleidungsstücken allein durch die Tatsache, dass ihnen nichts passt, vermittelt, dass sie nicht »normal«, nicht in Ordnung sind. Darüber hinaus verändern sich die Schönheitsideale regelmäßig – mit Ausnahme davon, dass Frauen grundsätzlich schlank und langhaarig sein sollen. Mal sollen Frauen große, mal kleine Brüste haben, mal schmale und mal volle Lippen ... Frauen, die versuchen, den Schönheitsnormen zu entsprechen, müssen dafür viel Energie aufbringen. Auch in Deutschland konsultieren Frauen mittlerweile in zunehmendem Maß Schönheitschirurgen, um sich zum Beispiel ein der männlichen Norm entsprechendes Äußeres zu erkaufen. Zum Preis der Selbstverstümmelung lassen sie sich beispielsweise die Brüste oder die Nase verkleinern oder vergrößern, um für den jeweiligen Partner attraktiver zu werden.

Die Beschränkung von Frauen auf ihre körperliche Erscheinung ist eine Machtfrage. Mathilde Vaerting, die die gleichen Tendenzen des Schmückens und Körperbetonens bei Männern im Matriarchat nachgewiesen hat, sagt:

»Das Schönheitsideal ist ferner bei eingeschlechtlicher Vorherrschaft nur bei einem Geschlecht, und zwar stets bei dem beherrschten, geschlechtsbetont. Das Schönheitsideal, welches das herrschende Geschlecht von sich selbst gestaltet, ist stets durch sexuelle Neutralität gekennzeichnet.«[22]

Das heißt, Männer, die die Macht in unserer Gesellschaft haben, würden es nie zulassen, sich zu einem reinen Objekt für Frauen degradieren zu lassen. So ist der Bereich der körperlichen Schönheit, der Frauen zugewiesen wird, gleichzeitig eine ständige Bestätigung ihrer Machtlosigkeit und Abhängigkeit.

Ausschließlich auf diese Art von Körperlichkeit beschränkt, haben viele Frauen auch nicht lernen können, ein positives Körpergefühl zu entwickeln und den eigenen Körper zu lieben. Zum Beispiel hatte Kerstin F. ihren Körper als wollüstig und aufreizend empfunden, weil sie begriffen hatte, dass sie durch weibliche Körperformen sichtbarer zum Objekt von Männern wurde. Sie konnte es nicht ertragen, von Männeraugen angestarrt, ausgezogen und gedemütigt zu werden. Der geforderte Objektcharakter von Frauen treibt diese oft so weit, dass sie einen ausgesprochenen Hass auf den eigenen Körper entwickeln, wie Kerstin F. – weil sie ihren Körper als das sichtbarste Instrument ihrer Beherrschung und Demütigung erlebt.

Gerade auch Frauen, die sexualisierte Gewalterfahrungen gemacht haben, haben oft ein schwieriges oder ablehnendes Verhältnis zu ihrem Körper. So sozialisiert, dass sie gelernt haben, Aggressionen und Wut gegen sich selbst statt nach außen zu richten, lehnen manche ihren Körper ab, weil er »schuld« ist, dass ihnen Gewalt angetan wurde oder sie »verraten« hat. Dies wird durch die Stereotypen und Klischees, die es zu Missbrauch und Vergewaltigung gibt – die Frauen seien aufreizend, hätten es provoziert und doch eigentlich selbst gewollt – noch verstärkt. Häufig ist eine im Kopf vorgenommene Spaltung zwischen ungeliebtem Körper bzw. den erlebten unangenehmen Gefühlen und Bewusstsein die Folge. Frauen oder Kinder, die sexualisierte Übergriffe erleben, entwickeln manchmal die Fähigkeit, ihren Körper und/oder ihre Gefühle völlig von sich abzuspalten – ein Phänomen, was als Dissoziation bezeichnet wird. In letzter Konsequenz kann eine solche Spaltung zu einer dissoziativen Persönlichkeitsstörung (MPS) oder auf weibliche »Schizophrenie« hinauslaufen.

Da Frauen häufig aufgrund ihrer gesellschaftlich abhängigen Position für sich selbst keine wirkliche Liebe empfinden können, stehen sie auch ihrem eigenen Geschlecht oft mit Ablehnung gegenüber. Zur Konkurrenz um den Mann erzogen, wittern sie häufig in jeder »attraktiveren« Frau eine neue Norm für weibliche Schönheit. So sind viele von uns ständig auf der Suche nach der Vollendung eines von Männern vorgeprägten Schönheitsideals, um scheinbare Ruhe und Sicherheit zu finden. Männer und Konsumindustrie sind die Profiteure.

»Frauen haben nicht die Freiheit, über ihre Kleidung zu entscheiden oder darüber, wie sie bei der Arbeit oder im sozialen Leben aussehen wollen. Wir werden beurteilt nach den Kleidern, die wir tragen – gemessen an der Schaufensterkleidung, von deren ungeheurer Wichtigkeit wir überzeugt werden. Wir werden gedrängt, nicht das zu kaufen, was wir brauchen, sondern das, von dem sie wollen, dass wir uns einbilden, es zu brauchen.«[23]

Den Preis, den viele Frauen für die übertriebene Pflege und Zurschaustellung ihres Körpers zahlen, ist eine allmähliche Depersonalisierung und die Jagd nach ewiger Jugend. »Ein Mann darf Falten haben, eine Frau nicht«, heißt es nicht nur in einer Werbung für Schönheitscremes, sondern das ist eine Forderung dieser Männergesellschaft. Die Angst vieler Frauen, zu altern und ins Nichts zu versinken, treibt sie zu Selbstmordversuchen und zum Psychiater, was sich in meinen Interviews bestätigte. Hildegard B.: »Jetzt, wo ich auf die Fünfzig zugehe und dick und plump werde, habe ich gar nichts mehr vom Leben. Durch die Medikamente habe ich zwanzig

Pfund zugenommen.« (Die Medikamente soll sie täglich nehmen, damit sie nicht aggressiv gegen den Ehemann wird.)

Bezeichnend waren auch die Antworten von Frauen auf meine Frage: »Was verstehen Sie unter besonders weiblich?« Sie gingen, unabhängig vom Alter, außer auf die häuslichen Qualitäten von Frauen fast alle auf die äußere Erscheinung ein:

»Eine Frau sollte einen kleinen festen Busen und schöne schlanke Hände haben.« (Sabine E., 22 Jahre)

»Besonders weiblich ist für mich eine nette, hübsche Frau.« (Gisela K., 45 Jahre)

Viele Frauen haben die Forderung, alles in ihr Aussehen zu investieren, so sehr verinnerlicht, dass sie auf meine Frage: »Sind Sie in Ihrer Kindheit beim Spielen als Mädchen von Jungen akzeptiert worden?« antworten:

»Im Gegenteil, ich hatte nie Schwierigkeiten mit Jungen. Wir wollen mal sagen, ich habe gut ausgesehen, ich war schlank, und ich war immer beliebt.« (Hildegard B., 47 Jahre)

Unvorstellbar, dass ein Mann in seinen Kindheitserinnerungen äußerliche Schönheit mit Beliebtheit gleichgesetzt hätte. Bei Männern zählen schon als Kind Leistungsbeweise wie Körperkraft, Mut und Führungsqualitäten.

Das Selbstwertgefühl von uns allen, die wir uns täglich in entwürdigenden Darstellungen auf zahlreichen Zeitschriften an Kiosken begegnen, ist wie eine verkümmerte Pflanze, die mit angemessener Maskerade um die Zwanzig kurz zum Schein erblüht. Unser einziger Triumph soll in unserem attraktiven Aussehen liegen, das wiederum unsere schizophrenieähnliche Situation mit verursacht. Durch diese aufgezwungene Schönheit lassen wir uns zu einem verletzlichen und käuflichen Objekt für Männer machen. Schönheit und Mütterlichkeit ist alles, was uns von Männern neidlos zugestanden wird, weil Männer Profiteure von schönen und mütterlichen Frauen sind.

Durch den Kampf der Frauenbewegung in den letzten dreißig Jahren gibt es inzwischen immer mehr Frauen, die diese Reduzierung auf ihr weibliches Äußeres boykottieren. Manche Frauen verzichten bewusst auf betont »weibliche« Attribute und kleiden sich eher geschlechtsneutral bzw. androgyn. Diese Frauen verletzen bewusst und sichtbar die von Männern aufgestellten Spielregeln, mit Hilfe derer die Welt in machtvolle Männer und machtlose Frauen aufgeteilt wird. Viele Männer reagieren darauf verunsichert und versuchen, sie als Mannweiber, Emanzen oder Lesben zu diffamieren.

Anmerkungen

[1] Koedt, A. in: Vaerting, M., 1975
[2] Kinsey, C., 1954
[3] Masters, W. H./Johnson, V. O., 1967
[4] Schwarzer, A., 1975
[5] BMFSFJ Band 209, 2001
[6] BMFSFJ Band 209, 2001
[7] Trube-Becker, E., 1992
[8] Wieners, K./Hellbernd, H. in: EWHNET, 2000
[9] BMFSFJ Band 209, 2001
[10] BMFSFJ Band 153, 1998
[11] Trube-Becker, Elisabeth, a.a.O., S. 71
[12] SPIEGEL-Interview mit der Prostituierten Brigitte Obrist: »Freier sind heimliche Sadisten«, Spiegel 31/1992
[13] »Freier sind heimliche Sadisten«, a.a.O., S. 170
[14] BMFSFJ Bd. 209, 2001
[15] BMFSFJ Band 209, 2001
[16] Ertel, H. zitiert in BMFSFJ Band 107, 1995
[17] Heyne, Claudia, 1991
[18] BMFSFJ Band 107, 1995
[19] Hilsenbeck, P., 2000
[20] Chapkis, W., 1995
[21] Arbeitskollektiv der sozialistischen Frauen, 1972
[22] Vaerting, M., 1975
[23] Arbeitskollektiv der sozialistischen Frauen, 1972

Kapitel 4

Frauen sind anders, Frauen sind kränker: Geschlechtsspezifische Psychiatrie

Die Untersuchungen von Inge K. Brovermann und anderen haben gezeigt, dass Frauen als Gesunde schon als kränker gelten als Männer. Kehrt man diese Erkenntnis um, so können nach dieser Definition sowieso nur Männer seelisch gesund sein. Denn Frauen müssen gemäß der von ihnen verlangten Geschlechtsrolle Verhaltensweisen entwickeln, die nicht zur Definition eines gesunden Menschen gehören. Weichen sie von diesem typisch weiblichen, aber nicht sonderlich erstrebenswerten Verhalten ab, riskieren sie, als psychisch krank bezeichnet zu werden. Beim Ausagieren der weiblichen Rolle werden sie unter Umständen als »neurotisch« oder »psychotisch« bezeichnet, beim Auflehnen gegen die weibliche Rolle als »schizophren« oder »homosexuell« diffamiert. Frauen sind bei jeglicher Art von Verhaltensabweichung stärker als Männer gefährdet, psychiatrisiert zu werden.

Es hängt mit dem »Doppelstandard seelischer Gesundheit« zusammen, dass Frauen wesentlich häufiger als psychisch krank oder psychisch beeinträchtigt diagnostiziert werden als Männer. Frauen leiden bis zu dreimal häufiger als Männer an Depressionen, sie stellen den größten Anteil der MPS-Patient/innen (Multiple Persönlichkeitsstörung). Frauen entwickeln häufiger Phobien. Die Diagnosen Schlafstörung, Neurose, Psychose oder Schizophrenie werden Frauen bis zu dreimal so häufig gestellt wie Männern.[1] Ich erinnere noch einmal: Frauen nehmen drei- bis viermal so häufig eine Beratung oder ambulante Psychotherapie wie Männer in Anspruch; Psychopharmaka – sowohl Antidepressiva als auch Neuroleptika und Tranquilizer (zu Wirkung und Gefahren von Psychopharmaka siehe S. 190) – werden zu über 70% Frauen verschrieben – je älter sie sind, desto mehr. Das typischste »Frauenmedikament« sind Antidepressiva, diese werden außerhalb der stationären Psychiatrie fast ausschließlich Frauen verschrieben. Generell boomt die Pharmabranche, mit Ausnahme von Tranquilizern steigen die Verschreibungszahlen sämtlicher Psychopharmaka kontinuierlich an.[2] Es gibt deutliche Hinweise auf Zusammenhänge zwischen Eheproblemen und/oder physischer und sexualisierter Gewalt und einer erhöhten Verordnung von Beruhigungs- und Schlafmitteln.[3] Mädchen und Frauen werden ab dem zwölften Lebensjahr nicht nur als »kränker« eingestuft, sondern durch Diagnosen – die in der Regel von männlichen Experten stammen – und durch Behandlungen tatsächlich im Laufe der Zeit krank gemacht und bleiben oft ein Leben lang von fremder Hilfe abhängig. Dass Psychopharmaka eingesetzt werden, um Frauen ruhig zu stellen und sie klein zu halten, wird auch an folgendem Zitat deutlich: »Den Tranquilizern konnte damit neben der angst-, spannungs- und krampflösenden Wirkung auch eine zähmende und antiaggressiv wirkende Komponente attestiert werden.«[4]

Das Ausmaß des individuellen Ausgeliefertseins von Frauen an Ehemänner oder Partner (auch Väter, Brüder, Söhne) wurde mir während meiner Tätigkeit in einer großen Berliner Nervenklinik bewusst. In den Krankenprotokollen stieß ich wiederholt auf Aussagen von Ehemännern, die ihre Ehefrauen in die Psychiatrie mit unter anderem folgenden Argumenten einliefern konnten: »Sie wurde häufig aggressiv«, »Der Haushalt war verwahrlost«, »Sie putzte nicht mehr regelmäßig«, »Wenn ich von der Arbeit nach Hause kam, stand das Essen nicht wie gewohnt auf dem Tisch«. Diese Aussagen gingen dann, als Krankheitssymptome zusammengefasst –(»Frau A. kam ihren Haushaltspflichten nicht mehr nach und zeigte eine unangemessene Aggressivität«), in die Diagnosestellung ein.

Psychisch und physisch geschädigte Frauen werden häufig immer noch von ihren Partnern in psychiatrische Kliniken abgeschoben. Diese Frauen besitzen für ihre Männer keine körperliche Attraktivität mehr (die meisten sind aufgeschwemmt durch Medikamente) und funktionieren auch nicht mehr optimal im Haushalt. Viele dieser meist isolierten Frauen werden als chronisch Kranke eingestuft und bleiben häufig für immer in geschlossenen Abteilungen der Psychiatrie ihrem Schicksal überlassen. Fast immer werden sie mit sogenannter Beschäftigungstherapie in ihrer weiblichen Rolle bestätigt.

Von den 1999 in Deutschland ambulant praktizierenden Psychiater/innen sind 45% weiblich, ihre Zahl hat sich in den letzten 10 Jahren stark erhöht. Sieht man sich die Situation von Frauen in den Psychiatrien bzw. von ambulant behandelten Frauen an, so ist zu vermuten, dass sich auch diese »Expertinnen« häufig nicht in die spezifische Situation der Frauen hineinversetzen können und oft offenbar auch kein Interesse daran haben. In den meisten Fällen versuchen männliche wie weibliche Psychiater/innen, unzufriedene und unglückliche Frauen mit Hilfe von Pillen mit ihrer weiblichen Rolle wieder auszusöhnen, da sie das gesellschaftliche Ungleichgewicht nicht in Frage stellen. Ob zum Beispiel das Zerschlagen eines

Stuhles von einer wütenden 18-jährigen Schülerin als harmloser Pubertätskonflikt oder Anzeichen einer abnormen Persönlichkeitsentwicklung ausgelegt wird, hängt allein von dem gesellschaftlichen Bewusstsein des Psychiaters/der Psychiaterin oder des Therapeuten/der Therapeutin ab. Sie entscheiden mit ihrer Diagnose darüber, ob sie einem Mädchen zugestehen, in einer derartig aktiven Form gegen jahrelange Benachteiligung gegenüber dem Bruder zu protestieren. So hat die 18-jährige Schülerin Glück gehabt, die ich in einer psychiatrischen Praxis kennenlernte: Nach einem kurzen Gespräch mit einer verständnisvollen Psychiaterin wurde sie mit dem Bewusstsein aus der Praxis verabschiedet, sich mit ihrem Wutausbruch durchaus »normal« verhalten zu haben.

Ältere amerikanische Untersuchungen[5] zeigen, dass die Wahrscheinlichkeit, in psychiatrische Behandlung zu kommen, um so größer ist, je mehr Kinder eine Frau hat. Am stärksten gefährdet wiesen diese Studien nichterwerbstätige, verheiratete Frauen zwischen 45 und 55 Jahren aus[6]. Dies ist kein Wunder, denn Frauen fühlen sich oft noch wertloser und überflüssiger, wenn ihre Kinder aus dem Haus gehen und sie sich nur noch auf den Mann beziehen können; für ihre spezifische depressive Symptomatik gibt es mittlerweile den Begriff des »empty nest«-Syndroms (Leeres-Nest-Syndrom).

Bei Männern besteht bezeichnenderweise keine Verbindung zwischen der Anzahl der Kinder und der Häufigkeit von psychiatrischer Behandlung. Männer fühlen sich für die Erziehung und Pflege von Kindern nicht verantwortlich und werden von der Gesellschaft auch nicht verantwortlich dafür gemacht. Darüber hinaus haben Männer durch die Ehe sogar einen erheblichen Vorteil, was eine Psychiatrisierung betrifft. Die Ehe schützt Männer im Gegensatz zu Frauen eher davor, einen Psychiater aufzusuchen oder Zeit in psychiatrischen Anstalten zu verbringen. Das ist verständlich, weil ein Mann – auch als Kranker – noch von seiner Ehefrau profitiert. Die ansozialisierten weiblichen Eigenschaften wie Fürsorge, Pflegen und immer für andere da sein kommen in einer Ehe besonders gut zum Einsatz. So ist es für viele von uns selbstverständlich, einen Mann, der als Frau mit den gleichen Symptomen schon lange in der Psychiatrie gelandet wäre, zu Hause zu pflegen. Ist dagegen eine Frau nicht mehr »funktionsfähig«, das heißt, verrichtet sie nicht mehr die Hausarbeiten wie bisher, hat ihr Ehemann aufgrund seiner gesellschaftlichen Stellung die Macht, seine Frau abzuschieben.

So haben Männer nicht nur einen größeren Spielraum in ihren Verhaltensweisen (mit einer Ausnahme, sich betont weiblich zu geben), sondern sie dürfen auch eher von den ihnen vorgeschriebenen männlichen Eigenschaften und Fähigkeiten abweichen ohne dafür Sanktionen zu erfahren. Sie haben häufig immer noch eine Partnerin, die es als ihre Aufgabe ansieht, einen Mann mit abweichendem Verhalten zu akzeptieren und zu pflegen.

Frauen pflegen nicht nur, sondern sie sind auch therapeutisch in der Familie tätig, sie sind für die Stimmungen und für die Atmosphäre der Familienmitglieder verantwortlich ohne durch Supervision oder Selbsterfahrungsgruppen entlastet zu werden.

Was mit Ehefrauen geschieht, die sich von ihrer Geschlechterrolle entfernen und aktiv und aggressiv werden, zeigt die Untersuchung von Shirley Angrist und anderen: Frauen, die bereits einmal in der Klinik waren und sich geweigert hatten, weiterhin typische Hausarbeiten wie Saubermachen, Kochen und Kinderpflege zu verrichten, und statt dessen zu offenen Aggressionen neigten, konnten ohne Schwierigkeiten von ihren Ehemännern wieder in die Psychiatrie eingewiesen werden. Das Beispiel zeigt auch: Frauen, die einmal mit der Psychiatrie in Berührung kommen, sind doppelt gefährdet – besonders von ihren Ehemännern –, wieder eingeliefert zu werden. Diesen Frauen kann zu jedem noch so geringen Anlass mit der Psychiatrie gedroht werden (mit dem Argument, dass sie ja schon einmal in der »Klapsmühle« waren, wo sie im Grunde hingehören, wie Hildegard B. mir versicherte). Wenn Hildegard B. sich ihrem Mann widersetzt, drohen nicht nur Schläge, sondern es besteht auch die Gefahr einer Zwangseinweisung, die sie bereits einmal erlebt hat. Dass insbesondere Frauen, die in einer gewalttätigen Beziehung leben, ein hohes Risiko haben, in die Psychiatrie zu kommen, ist mittlerweile durch Untersuchungen belegt (siehe auch die Fallgeschichte von Sabina D.).

Bereits 1975 zeigte Phyllis Chesler in ihrem Buch, dass die meisten Frauen (in den USA) geschlechtsspezifische Symptome aufweisen. Es ist sicher kein Zufall, dass auch heute bei Frauen über die Diagnose Schizophrenie hinaus überwiegend Depressionen, Neurosen, Psychosen, Suizidversuche und Ängste diagnostiziert werden. Männliche Patienten neigen mehr zu Alkoholismus, Drogenabhängigkeit, psychopathischen Störungen und hirnorganischen Erkrankungen. Frauen reagieren häufiger mit Depression als mit Aggression. Depressive Frauen entsprechen noch immer dem erwarteten weiblichen Rollenverhalten und können sich des Mitleids der Gesellschaft sicher sein. Dagegen erfahren aggressive Frauen oft die Missbilligung der Gesellschaft, weil sie angeblich unweiblich sind.

Dies wird bestätigt von Christa Damkowski:

»Anfang der 70er Jahre stellten Vertreter des »Labeling-Ansatzes« fest, dass Frauen nicht häufiger als Männer an Depressionen erkranken, sondern dass sie nur häufiger als »depressiv« etikettiert werden, und zwar besonders dann, wenn sie ihren Hausfrauenpflichten nicht mehr in gewünschter Weise nachkommen.«[7]

Frauen haben zwar aufgrund ihrer »Weiblichkeit« das Recht, über mehr Emotionalität zu verfügen, aber nicht die Möglichkeit, diese auszuleben. Die Folge dieser nicht befriedigten und nicht ausgelebten Emotionen sind häufig Frustration, Resignation und zum Beispiel Flucht in irgendwelche Süchte, um den Mangel besser ertragen zu können. Den Überschuss an Emotionalität konzentrieren Mütter oft auf ihre Kinder, deren Selbständigwerden sie später erschweren, weil sie Angst vor dem Verlust ihres einzigen Liebesobjektes haben, wie es in meinem Gespräch mit Gisela K. deutlich wird.

Suizidversuche sind – wie Phyllis Chesler sagt – »die großen Riten der ›Feminität‹«. Sie sind das äußerste, immer wieder angewandte Mittel von Frauen, sich mit diesem Verzweiflungsschrei Aufmerksamkeit, Zuwendung und Verständnis zu erkaufen. Die Folgen sind jedoch meist noch stärkere Abwertung und die Einweisung in eine psychiatrische Klinik.

Frauen unternehmen fast doppelt so häufig wie Männer einen Selbstmordversuch.[8] Ledige und geschiedene Frauen unternehmen häufiger Suizidversuche als verheiratete. Dass körperliche und sexualisierte Gewalterfahrungen für selbstdestruktive Akte eine Bedeutung haben, wurde in mehreren Studien belegt. Dies ist eine wichtige Erkenntnis angesichts der Tatsache, dass mindestens 8,5% aller Frauen nach ihrem 18. Lebensjahr vergewaltigt worden sind und zwei Drittel dieser Übergriffe im familiären Nahbereich stattfanden.[9] »Geglückte« Suizide kommen insgesamt seltener vor und werden fast zweimal so häufig von Männern verübt.

Angst ist *das* typisch weibliche Symptom. Wir leben in ständiger Angst: nicht den männlichen Normen von »weiblicher« Schönheit zu entsprechen, nicht geheiratet zu werden, (nicht) schwanger zu werden, alt und verstoßen zu werden, gedemütigt, geschlagen und vergewaltigt zu werden. Angst und Misstrauen bestimmen sehr häufig das Leben von Frauen, die bereits in ihrer Kindheit sexuelle Gewalt erfahren haben. Um dieses frühkindliche Trauma überhaupt einigermaßen überleben zu können, greifen viele sexuell ausgebeutete Mädchen zu Überlebensstrategien, die zusätzlich zu schweren psychischen Beeinträchtigungen führen können: 75 Prozent der Frauen mit Essstörungen und 80 Prozent der Frauen, die Drogen spritzen, wurden als Kind sexuell missbraucht.[10] Viele der Symptome, die Frauen entwickeln, können im Zusammenhang mit Gewalterfahrungen gesehen werden. Nachweislich haben zum Beispiel bis zu 70% der Frauen in der stationären Psychiatrie sexuelle oder physische Gewalterfahrungen in der Kindheit gemacht. Häufige seelische Störungen als Folge von erlebter Gewalt sind Angst, Panik, Selbstverletzung und Selbstbeschädigung bis hin zum Suizid, Beziehungs- und Kommunikationsstörungen oder die Abspaltung von Körperempfinden und Emotionen.[11]

Die Anerkennung der posttraumatischen Belastungsstörung (PTSD) ist inzwischen weit verbreitet, noch nicht so bekannt und teilweise auch mit Skepsis bedacht ist die dissoziative Persönlichkeitsstörung (MPS). Sowohl in bezug auf PTSD als auch MPS in Abgrenzung zur »echten« Psychose bzw. Schizophrenie kommt mittlerweile von Seiten betroffener Frauen aus der Antipsychiatriebewegung die Kritik bzw. Warnung, nicht eine Spaltung in Frauen, die »begründet verrückt« und therapierbar sind und solche, die eben »wirklich schizophren« sind und denen nicht geholfen werden kann, vorzunehmen.[12] Hingewiesen wird auch darauf, dass Diagnosen – ob sie nun feministisch-therapeutisch oder männlich-psychiatrisch sind, grundsätzlich auch immer einen stigmatisierenden Charakter haben.[13] Einerseits kann es für Betroffene unglaublich entlastend sein, ihren schmerzlichen und verwirrenden Gefühlen endlich einen Namen geben zu können und zu erfahren, dass sie nicht die einzigen sind, denen es »so« geht. Andererseits sind Diagnosen immer eine Zuschreibung von außen, ein Akt der Definitionsmacht. Zudem können sie allzu leicht den Blick auf die individuelle Situation, Problematik und Geschichte der einzelnen verstellen. Denn Diagnosen erwecken den Eindruck, als könne mit einem einzelnen Begriff alles treffend, verständlich und umfassend auf den Punkt gebracht werden. Frauen, die eine psychiatrische »Diagnose« bekommen haben, machen zudem oft die Erfahrung, dass ihre Umwelt sie bei deren Bekanntwerden darauf reduziert und »zu ihrem eigenen Besten« mit den entsprechenden Vorurteilen behandelt.

Frauen haben ihre Angst vor männlichen Übergriffen und Demütigungen teilweise so sehr verinnerlicht, dass sie sich selbst bei relativer Sicherheit bis zur Paranoia steigern kann. Zum Beispiel fühlt sich Sabine E. in ihren Träumen von den Freunden ihrer Freundin verfolgt, die ihr noch nie zu nahe getreten sind. Sie hat allerdings Erfahrungen mit anderen Männern gehabt, die sie ausschließlich als Sexualobjekt benutzten.

Die im nächsten Kapitel folgenden Gespräche haben selbstverständlich nicht den Anspruch, repräsentativ zu sein. Sie belegen jedoch meine These: Es besteht ein direkter Zusammenhang zwischen weiblicher Unterdrückung sowie sexueller Ausbeutung in unserer Gesellschaft und der Entwicklung von spezifischen psychischen Krankheiten bei Frauen.

Die ersten fünf Gespräche sind alle auf Band aufgenommen worden. Vor und nach den Gesprächen hatte ich ausführliche Diskussionen mit der Psychiaterin der Patientinnen, für die meine anschließend aufgezeichneten Gespräche eine große Erleichterung darstellten. Durch die Überbeanspruchung der Psychiaterin konnten noch nie vergleichbar ausführliche Anamnesen gemacht werden.

Neu hinzugekommen sind die Biografien von Sabina D. und meiner Freundin Paula. Am Beispiel von Sabina zeige ich die ökonomischen, sozialen, seelischen und körperlichen Langzeitfolgen von konzentrierter Männergewalt. Anhand der Leidensgeschichte meiner Freundin Paula zeige ich, wie sich psychiatrische Diagnosen und Zwangseinweisungen zu einer Bedrohung zuspitzten, der Paula nur durch Weglaufen entfliehen konnte.

Ich möchte anhand meiner Gesprächsprotokolle nicht nur die Phänomene richtig beschreiben, durch die Frauen psychisch auffällig werden, sondern psychische Krankheiten von Frauen in direktem Zusammenhang mit weiblicher Abwertung und sexueller Ausbeutung zeigen.

Angelika M., 23 Jahre, Arzthelferin

Diagnose: »Zerfahrenheit, Angst- und Unruhezustände, Aggressivität gegenüber dem Ehemann, Selbstüberschätzung.«

Angelika M. heiratete mit 19 Jahren einen zwölf Jahre älteren Mann. Nach einem Jahr Ehe musste sie einen Psychiater aufsuchen. Kurz darauf hatte sie einen Nervenzusammenbruch. Aus einer aktiven, berufstätigen Frau ist seit der Ehe ein ängstliches, depressives und abhängiges Wesen geworden.
Angelika ist eine zierliche, fast kindliche Erscheinung. Auffallend sind ihre ängstlichen großen Augen, die ihr blasses, schmales Gesicht beherrschen. Sie macht auf mich einen scheuen, unsicheren Eindruck; mir fallen ihre statische Körperhaltung und ihre marionettenhaften Bewegungen auf, die auf die Einnahme starker Psychopharmaka zurückzuführen sind. Während unseres Gesprächs wird immer deutlicher, dass sie bei der Schilderung ihrer Situation sehr hilflos und oft dem Weinen nahe ist.
Angelika M. befindet sich seit fast drei Jahren in psychiatrischer Behandlung, davon einmal stationär in der Psychiatrie wegen eines Nervenzusammenbruchs. Bevor sie durch ihre Mutter zu ihrer jetzigen Psychiaterin kam, war sie bei einem männlichen Psychiater in Behandlung, der kaum mit ihr Gespräche führte, ihr jedoch hohe Dosierungen von Beruhigungsmitteln und Antidepressiva verabreichte.

Heute bekommt sie täglich Beruhigungsmittel, Antidepressiva und Antipsychotika:
2 ml Imap pro Woche,
1 Insidon morgens und abends,
1 Valium, 5 mg abends.

Angelika M. kommt aus einer kleinbürgerlichen Familie. Der Vater ist mittlere Führungskraft, die Mutter war früher als Sachbearbeiterin tätig und seit der Ehe allein für den Haushalt und die beiden Töchter (Angelika und ihre drei Jahre ältere Schwester) zuständig. Die Mutter befindet sich übrigens bei der gleichen Psychiaterin in Behandlung, zu der sie auch ihre Tochter mitgenommen hat. Die Schwierigkeiten der Mutter sind in der Familie tabuisiert, sie ist »sehr nervös und unzufrieden im Haushalt«, sagt Angelika. Ich habe den Eindruck, dass die Mutter nicht mit ihren Töchtern über ihre Probleme spricht, zum einen, um die Töchter nicht zu belasten, und zum anderen, weil sie ihre Schwierigkeiten – was typisch ist bei Frauen – für ihr individuelles Problem hält. Es zeigt sich, dass Angelika später mit ihren Problemen ebenso umgeht.

Die beiden Mädchen müssen nicht im Haushalt helfen. Angelika hat ein zärtliches Verhältnis zu den Eltern, sie spielt viel mit Puppen aber auch viel Jungenspiele mit Jungen. Im Kindergarten hat sie gute Kontakte, obwohl sie sich anfangs mit Tränen gegen den Kindergarten wehrte. Sie wollte früher lieber ein Junge sein, »weil Jungen es leichter haben«. Sie führt es auf die vielen Freiheiten beim Spielen zurück. In der Schule geht sie nach der mittleren Reife ab, weil sie mit Freundinnen viel unternimmt, die nicht mehr zur Schule gehen und sie auch nicht für die Schule motivieren. Wie sich später herausstellt, traut sie sich als Mädchen das Abitur zu diesem Zeitpunkt noch nicht zu. Ihre Eltern hätten gerne gesehen, dass sie das Abitur macht. Die Mutter, die eine wichtige Identifikationsperson für Angelika darstellt, kann aufgrund ihrer Realität als Hausfrau ihre Tochter ebenfalls nicht zur Weiterbildung anregen. In unserem Gespräch sagt Angelika: »Wenn ich ein Mann wäre, hätte ich gern Medizin studiert, aber als Mädchen habe ich mir das nicht zugetraut.« Die Hierarchie der Geschlechter hat sie durch das Elternhaus, durch Kindergarten und Schule so perfekt mitbekommen, dass sie von ihrem geringeren Wert als Frau überzeugt ist. An ihrem Selbstbewusstsein konnte auch nicht das elterliche Angebot, das Abitur zu machen, etwas ändern.

Angelika M. entscheidet sich für einen typischen Frauenberuf. Sie wird Arzthelferin und bleibt somit in der Nähe ihres ursprünglichen Berufswunsches, aber in einer untergeordneten, typisch weiblichen Position. Die Ausbildung zur Arzthelferin macht ihr sehr viel Spaß, sie schafft das Examen mit einer Eins. »Da hatte ich richtig so einen Aufschwung. Auch als ich später gearbeitet habe, hat es mir Spaß gemacht, weil ich richtig akzeptiert wurde, und ich hatte endlich mal ein Selbstbestätigungsgefühl, dass ich irgend jemand bin.«

Durch das gute Examen hat Angelika so viel Auftrieb und Selbstvertrauen bekommen, dass sie sofort im Anschluss an die Ausbildung eine Schule für medizinisch-technische Assistentinnen besucht. Zusätzlich will sie an der Volkshochschule das Abitur nachmachen, »weil ich es mir jetzt doch wieder nach dem guten Examen zutraute und ich dadurch eine bessere berufliche Möglichkeit bekomme«.

Angelika M.'s Ausbildungsweg ist in gewisser Weise typisch für Frauen, die in den 1970er Jahren aufwuchsen: Die meisten Mädchen haben im Elternhaus nicht die Möglichkeit zur Weiterbildung wie die Brüder: »Die Mädchen heiraten ja doch.« Wenn es ihnen trotzdem – wie im Falle von Angelika – ermöglicht wird, scheuen sie häufig davor zurück. Sie haben Angst und trauen es sich nicht zu, intellektuell mit den Jungen zu konkurrieren. In beiden Fällen wird dann der mühsame sogenannte »zweite Bildungsweg« eingeschlagen, der viel Ausdauer erfordert und in zunehmendem Maß von Frauen genutzt wird.

Mit 19 Jahren lernt Angelika ihren zwölf Jahre älteren Mann kennen. Er ist Autoverkäufer und will gerade seine mittlere Reife an der Volkshochschule nachmachen. »Ich wollte früher erst immer so mit 30 heiraten. Ich hatte mich aber so sehr verliebt in meinen Mann, dass ich ja sagte, als er mich fragte. Richtige Vorstellungen hatte ich mir keine gemacht von der Ehe. Ich wollte nur noch keine Kinder haben.«

Sie gibt zu, vor der auf Drängen ihres Mannes überstürzten Heirat auf einmal Angst bekommen zu haben. »Kurz vor der Hochzeit, da wollte ich eigentlich gar nicht mehr.« Angelika fühlt sich zwar auf der einen Seite geschmeichelt, weil sich zusätzlich zu ihren beruflichen Erfolgen auch noch ein Mann um sie bemüht, auf der anderen Seite ist sie unsicher, weil sie nicht weiß, was sie in der Ehe erwartet. Ihr Mann dagegen hat präzise Vorstellungen von der Ehe: Er wohnte bis zu seiner Heirat bei seiner Mutter, die ihn noch als 30-Jährigen versorgte. Er will weiterhin pünktlich »das Essen auf dem Tisch haben«. Angelika hat ihm sexuell zur Verfügung zu stehen, »sonst wurde er sauer«, sagt Angelika. Sie glaubt in ihrer Unerfahrenheit ihrem Mann, der ihr vor der Ehe Mithilfe – nicht gemeinsame Hausarbeit – im Hause verspricht, was allerdings, wie in fast allen Ehen, nie eingelöst wird.

Angelika entschuldigt ihren Mann heute: »Ich muss aber sagen, er ging damals zur Volkshochschule und kam immer sehr spät nach Hause, da konnte ich auch verstehen, dass er da keine Lust mehr hatte, mir zu helfen.« Sie protestiert an diesem Punkt noch nicht einmal, obwohl sie ja ebenfalls Abiturpläne mit der Volkshochschule hat und die Arbeit im Haushalt nicht von Lust und Unlust abhängt. Angelikas Mann verweigert nicht allein aus Bequemlichkeit die Mithilfe im Haushalt, sondern auch, weil er sich ausbildungsmäßig seiner 19-jährigen Frau unterlegen fühlt. Er hat kein Interesse daran, seiner Frau durch Mithilfe im Haushalt das Abitur zu ermöglichen, während er erst die mittlere Reife nachmacht. Doch trotz geringerer Ausbildung verfügt ein Mann allein aufgrund seines Geschlechts über alle Möglichkeiten, seiner Frau gegenüber

Macht auszuüben: Angelikas Mann besteht darauf, ein ganzes Haus für nur zwei Personen zu mieten, in dem seine Frau sich ängstigt, wenn sie allein ist. Er fordert als Mann »sein Recht« in der Sexualität und in der häuslichen Versorgung. »Mein Mann wollte immer sein geregeltes Essen haben und dass die Wohnung sauber ist.« Hinzu kommt die Unterdrückung in der Sexualität: Am Anfang bemüht ihr Mann sich noch, sie zum sexuellen Kontakt zu überreden. Nachdem sie geheiratet haben, bedrängt er sie ständig so, dass sie im Augenblick überhaupt keine Bedürfnisse mehr hat und Sexualität ihr »irgendwie widerlich« ist. »Obwohl ich keine Lust habe, kommt es zum sexuellen Kontakt, weil mein Mann darauf besteht.« Gleichzeitig entschuldigt sie ihn jedoch wieder ängstlich: »Aber ich muss doch auch meinen Mann verstehen auf der einen Seite. Wenn ich nicht mit ihm schlafe, befürchte ich, dass er sauer werden könnte. Zärtlichkeit möchte ich gern mit meinem Mann, aber wenn ich bemerke, dass es immer sofort weitergehen soll, dann bin ich abwehrend.«

Obwohl Angelika die praktizierte Sexualität mit ihrem Mann nicht nur als nicht befriedigend, sondern als unangenehm empfindet, denkt sie ausschließlich an seine Bedürfnisse. Sie hat – wie die meisten Frauen – gelernt, in erster Linie für andere da zu sein. Die eigenen Bedürfnisse können dabei nicht entwickelt und nicht durchgesetzt werden. Angelikas Bedürfnis nach Zärtlichkeit – von dem fast alle meine Klientinnen sprechen – muss bei der praktizierten Sexualität, die ihr Ehemann bestimmt, unbefriedigt bleiben. Angelikas Mann besteht auf Penetration. Sie ist zu unerfahren und zu ausgeliefert, um andere sexuelle Praktiken durchzusetzen.

Beim ersten sexuellen Kontakt in ihrem Leben hat sie überhaupt nichts empfunden. Sie gibt zu, inzwischen schon des öfteren sexuelle Bedürfnisse gehabt zu haben, nachher sei sie aber immer enttäuscht gewesen. Kurz gesagt, sie hat noch nie einen Orgasmus gehabt, und ihr Bedürfnis nach Zärtlichkeit ist auch noch nie von ihrem Mann befriedigt worden. Früher, als sie zehn Jahre alt war, hatte sie eine zärtliche Beziehung zu einer Freundin, die sehr schön war. Heute kann sie sich so etwas überhaupt nicht mehr vorstellen, weil sie es als »unnormal« empfindet. So werden vorhandene sexuelle Ausdrucksformen durch gesellschaftliche Normen systematisch eingeschränkt, indem sie als »unnatürlich« dargestellt werden.

Angelikas Erziehung im Elternhaus ist in dem Glauben verlaufen, dass Mädchen so gut wie keine Sexualität haben. Angelika erinnert sich, als kleines Mädchen sexuelle Spiele mit Kindern gemacht zu haben, worauf die Mutter immer sehr negativ mit Schimpfen und

Hausarrest reagierte. Außerdem hat sie noch heute Schuldgefühle, wenn sie daran denkt, dass sie sich selbst befriedigt hat.

Diese sexualfeindliche Erziehung im Elternhaus hätte mit viel Verständnis und Zärtlichkeit korrigiert werden können. Die permanenten sexuellen Ansprüche, die Praktiken und das Ignorieren ihrer Bedürfnisse durch ihren Mann haben jedoch dazu geführt, dass Angelika M. total verängstigt, überfordert, physisch und psychisch krank geworden ist.

Die starke Belastung, der sie ausgesetzt ist – Beruf, Abitur, Haushalt (die MTA-Ausbildung hatte sie zugunsten des Abiturs aufgegeben) –, geht physisch und psychisch über ihre Kräfte. Inzwischen hat sie Angst, weiterhin die Kurse an der Volkshochschule für die Abiturvorbereitungen zu besuchen: »Ich hatte das Gefühl, es nicht zu schaffen.« Sie hat wieder das Gefühl der Unfähigkeit, das sie damals davon abhielt, das Abitur zu machen. Die Selbstbestätigung, die sie durch ihr gutes Examen als Arzthelferin bekommen hatte, ist inzwischen verflogen. Ihr Mann stellt ausschließlich Forderungen und lässt sie ihre Abhängigkeit spüren. Die Arbeit ist auch physisch nicht mehr zu schaffen.

Angelika M. wird wegen Erschöpfung krank geschrieben. Sie ist dann zum ersten Mal in dem großen Haus allein, fühlt sich einsam, überfordert und weint nur noch. »Mein Mann war den ganzen Tag weg, und wenn er abends kam, hatte ich Angst vor ihm. Ich weiß aber nicht, warum. Ich war total verängstigt.« Ihre Angst rührt daher, dass ihr Mann trotz ihres erschöpften Zustandes auch weiterhin pünktliches Essen, eine saubere Wohnung und eine problemlose Sexualität von ihr verlangt.

Ihr Zustand bessert sich nicht, sie geht zum ersten Mal in ihrem Leben zu einem Psychiater. Von diesem erfährt sie nicht, was ihr fehlt. Er gibt ihr Beruhigungspillen und spricht mit ihrem Mann – sie weiß heute noch nicht, worüber. Auf diese Weise wird Angelika wieder in einen Kindstatus zurückversetzt. Nach der Unterredung mit dem Psychiater hat ihr Mann sein Verhalten etwas geändert. »Er hat auf mich Rücksicht genommen und sagte, er könne mich verstehen.« In Wirklichkeit hat sich jedoch nicht viel geändert. Sie bleibt weiterhin allein für den Haushalt zuständig.

Einige Monate später hat sich Angelika M. scheinbar wieder stabilisiert. Inzwischen arbeitet sie als Sekretärin und macht gleichzeitig abends den Haushalt. Die Abiturpläne muss sie aus Zeitgründen aufgeben. In dieser Zeit schafft sie es, für kurze Zeit aus ihrer Ehe, die sie eingeschränkt und krank gemacht hat, auszubrechen. Diese Kraft schöpft sie jedoch durch die erlittenen Demüti-

gungen nicht aus sich heraus, sondern über die Beziehung zu einem anderen Mann, durch den sie sich aufgewertet und bestätigt fühlt.
»Wir wollten uns scheiden lassen. Das ging eigentlich von mir aus, weil ich jemand anderen kennengelernt hatte. Ich bin dann ausgezogen und habe mir eine eigene Wohnung gesucht und habe die auch selbständig eingerichtet, und alles klappte ganz gut. Mein Mann hatte vorher immer an mir herumgemeckert, weil ich so dick geworden war. Durch den anderen Mann hatte ich wieder die Bestätigung, dass ich doch jemand bin.«

Angelika verfügt über kein gutes Körpergefühl und kein Selbstvertrauen, was natürlich dadurch verstärkt wird, dass ihr Mann, der sie zuerst attraktiv fand, später ihre Figur bemängelte. Dies ist übrigens noch eine zusätzliche Abwertung von Frauen, die in psychiatrischer Behandlung sind: Die meisten Frauen nehmen durch die Einnahme von Unmengen an Psychopharmaka extrem zu. Danach entsprechen sie – wie Angelika M. – nicht mehr dem Schönheitsideal des Mannes und erfahren statt Verständnis und Unterstützung die Ablehnung ihrer Person, was sie noch tiefer in ihr Leid hineintreibt.

Es ist typisch für eine Frauenbiografie, dass Angelika M. sich erst wieder als Person existent fühlt, als ein anderer Mann sie wahrnimmt. Die Beziehung zu dem Freund scheitert. Er stellt die gleichen sexuellen Forderungen wie ihr Mann, auf die sie mit Angst und Ablehnung reagiert. Angelika bekommt wieder die alten Zweifel an ihren Fähigkeiten und an ihrer Person. Allein traut sie sich inzwischen überhaupt nichts mehr zu.

Bei Freunden trifft sie zufällig ihren Ehemann wieder. Sie glaubt ihm, dass er sich inzwischen geändert habe – auch weil sie ihm glauben will und sich ohne einen Mann total verunsichert fühlt.
»Ich bin dann zu meinem Mann zurück und habe weiter den Haushalt geführt. Er versucht jetzt, mit mir zu reden, das hat er früher alles nicht gemacht.«

Sie kehrt wieder in die vertraute, abhängige Situation zurück, obwohl sie etwas anderes erwartet hat. Kurze Zeit später erleidet sie einen Nervenzusammenbruch.

Angelika M. wird wieder von dem ihr schon bekannten Psychiater behandelt, der ihr ausschließlich Spritzen und viele Medikamente verordnet, ohne nach den Ursachen ihres Nervenzusammenbruches zu fragen. Nachdem sie von den Medikamenten ständig betäubt und sehr dick geworden ist, setzt sie sie eigenmächtig ab und weigert sich, weiterhin zu dem Arzt zu gehen. Als ich sie kennenlerne, ist Angelika M. sehr schmal, sie muss also aus eigener Anstrengung viel abgenommen haben.

Heute ist Angelika durch die Empfehlung ihrer Mutter Patientin bei Frau Dr. Y., die auch die Diagnose von Dr. X. vorliegen hat, die ich eingangs zitierte:

»Zerfahrenheit, Angst- und Unruhezustände, Aggressivität gegenüber dem Ehemann, Selbstüberschätzung.«

Es ist bezeichnend für viele männliche Psychiater, die sich häufig nie länger als einige Minuten mit ihren Patientinnen unterhalten, dass sie die verzweifelten Selbstbehauptungs- und Durchsetzungsversuche von Frauen in ihrer Ehe als »Aggressivität gegenüber dem Ehemann« abtun. Wenn Frauen sich wie im Falle von Angelika M. beruflich weiterbilden wollen, obwohl sie ihrem Mann ausbildungsmäßig schon weit überlegen sind, wird dies als »Selbstüberschätzung« ausgelegt. Die Folgen sind erhöhte Dosierungen von Psychopharmaka, damit Frauen »ruhiggestellt« werden und endlich den Wünschen ihres Mannes widerspruchslos nachkommen.

Inzwischen lebt Angelika mit 23 Jahren gezwungenermaßen schon wie die so oft zitierten »grünen Witwen«. Sie ist noch immer krank geschrieben, fühlt sich isoliert und ist allein für den Haushalt zuständig, den sie als Belastung empfindet. »Wenn mein Mann abends nach Hause kommt, dann mach' ich ihm das Abendbrot, dann unterhalten wir uns ein bisschen und gucken eigentlich kaum Fernsehen. Ich möchte aber im Moment auch nicht weggehen, weil ich irgendwie Hemmungen habe. Ich bin froh, wenn ich zu Hause bin und fühle mich am sichersten im Bett.«

Ihre einzigen Kontaktpersonen sind ihr Mann und ihre Mutter, die sie täglich besucht, weil sie nicht weiß, was sie allein zu Hause tun soll. Sie hat inzwischen nicht mehr das Bedürfnis, mit anderen Menschen zu reden, sie möchte nur in Ruhe gelassen werden. Vor der Ehe war sie aktiv, hatte Freundinnen, heute sind die gemeinsamen Freunde ausschließlich die ihres Mannes. Das ist ein Phänomen, das bei vielen Ehefrauen zu beobachten ist: Frauen werden sehr häufig durch die Beanspruchung des Partners dazu gebracht, ihren eigenen Freundeskreis einzuschränken und sich mit den Freunden des Mannes zu begnügen. Das wiederum sichert dem Partner größere Macht und größeres Prestige gegenüber seiner Frau.

Angelika M. fühlt sich ihrem Mann – im Augenblick, sagt sie – unterlegen, was auch tatsächlich der Realität entspricht. Sie führt diesen Zustand allerdings in typisch weiblicher Art und Weise auf eigenes Unvermögen zurück – »Ich bin so verwirrt im Moment« – und sieht nicht den Zusammenhang zwischen frauenfeindlichen gesellschaftlichen Bedingungen und der Ausnutzung durch ihren Ehemann:

- eine vorwiegend weibliche Sozialisation mit gewissen Freiräumen (zum Beispiel keine Hausarbeit, Abiturmöglichkeit), aber großer Sexualfeindlichkeit;
- die ausschließlich im Haushalt arbeitende Mutter als einzige Identifikationsperson für die beiden Töchter;
- Verinnerlichung der geschlechtsspezifischen Arbeitsteilung und Hierarchisierung (Vater berufstätig, Mutter im Haus);
- aufgrund der schon früh erkannten abgewerteten weiblichen Rolle (Mutter) kein Selbstvertrauen (traute sich als Mädchen nicht das Abitur zu);
- ein relatives Ansteigen des Selbstbewusstseins durch Erfolg in der Ausbildung;
- Aufgeben ihrer beruflichen Perspektiven und Verlust ihres Selbstbewusstseins durch die sexuellen Forderungen des Ehemannes und die Überforderung, sich um ein ganzes Haus zu kümmern und die alltägliche Sorgearbeit für zwei Personen allein zu bewältigen.

Aufgrund der von klein an antrainierten »typisch weiblichen« Eigenschaften und Fähigkeiten wie Anpassungsfähigkeit, Emotionalität, Anspruchslosigkeit etc. ist sie zu schwach, sich aus ihrer vom Ehemann abhängigen Situation zu befreien, sondern zerbricht an seinen Forderungen. Die so genannte Unterstützung des traditionellen Psychiaters treibt sie noch tiefer in ihre ausweglose Situation und soll sie mit Hilfe von Medikamenten zu der Ehefrau machen, die ihr Mann sich wünscht.

Angelika M. schätzt sich der tatsächlichen Realität entsprechend als vollkommen unsicher ein. »Im Moment ist meine ganze Persönlichkeit dahin, ich habe überhaupt keine Persönlichkeit mehr. Ich fühle mich auch irgendwie unwohl, am liebsten würde ich überhaupt nicht mehr leben. Das Gefühl habe ich seit vier bis fünf Wochen.«

Die Diagnose von Frau Dr. Y., ihrer neuen Psychiaterin, lautet: »Abfall des gesamten Vitalitätsniveaus, schwere motorische und vegetative Störungen.«

Angelika M. hat mit 23 Jahren fast völlig resigniert, weil sie keinen Ausweg mehr sieht. Ihr damaliger Ausbruchsversuch aus der Ehe ist gescheitert. Jetzt ist sie noch mehr auf ihren Ehemann angewiesen, weil sie sich vollkommen von allen anderen Menschen zurückgezogen hat. Ihre Perspektive, die manchmal durchkommt, ist, wieder erwerbstätig zu werden, weil ihr der Beruf Spaß gemacht hat. Die Belastungen in der Ehe haben sich jedoch nicht verändert, und ihr psychischer Zustand hat sich durch ihre Isolation verschlechtert. Sie hofft nur darauf – ohne es bestätigt bekommen zu haben –, dass ihr Mann ihr dann im Haushalt helfen wird, wenn sie wieder erwerbstätig ist.

Fünf Wochen nach dem Gespräch

Inzwischen hat Angelika M. eine vierwöchige Kur in einer Klinik mit therapeutischer Betreuung hinter sich. Während der Kur fühlte sie sich subjektiv wohl, hatte aber infolge der hohen Dosierung von Psychopharmaka motorische Störungen (sprach noch monotoner und hatte noch statischere Bewegungen). Als sie nach der Kur zu ihrem Mann zurückkam, verschwanden die motorischen Störungen, und sie bekam die altbekannten Depressionen. Ihre Realität hat sich nicht geändert, sie hofft noch immer aussichtslos darauf, wieder berufstätig werden zu können. Ihr Mann rät ihr im eigenen Interesse von ihren Berufswünschen ab.

Am Beispiel Angelika M. wird deutlich, dass der wesentlich ältere Ehemann sie in einem Kindstatus halten möchte. Er hat ein Interesse daran, Angelika nach seinen Bedürfnissen zu formen, damit sie zu seinem Nutzen funktioniert, zum Beispiel den Haushalt versorgt, ihn bedient und ihm auch sexuell zur Verfügung steht. Ihre Ansätze von Selbstsicherheit durch ihren beruflichen Erfolg und das Entwickeln eigener Bedürfnisse und beruflicher Vorstellungen sind von ihrem Mann systematisch boykottiert worden - er hatte von Anfang an andere Vorstellungen von seiner Ehe und seiner Ehefrau. Die hohen Dosierungen ihres ersten Psychiaters haben Angelika M.'s Zustand verschlimmert. Der Amerikaner Thomas Scheff[14] führt Beispiele an, die zeigen, dass der Zustand, der nach ständig erhöhter Tabletteneinnahme eintreten kann, nicht von echten Psychosen zu unterscheiden ist. Dies bedeutet eine zusätzliche Gefahr für alle Frauen, die sich in psychiatrischer Behandlung befinden. Da noch immer zu selten (Zeitmangel, Interesse- und Verständnislosigkeit) auf die Probleme von Frauen intensiv eingegangen wird, sollen den Frauen statt dessen Medikamente die Ängste und Depressionen nehmen. Da sich die individuelle Situation der Frauen – wie bei Angelika M. deutlich wird – dadurch jedoch nicht verändert, müssen die Dosierungen ständig erhöht werden. Die Folgen können durch diese jahrelangen starken Medikamenteneinwirkungen tatsächlich psychoseähnliche Zustände sein, die am Anfang der Behandlung nicht existierten. So stellt sich für Frauen neben der Abhängigkeit von Männern noch die Abhängigkeit von Psychopharmaka ein, die sie immer tiefer in psychische Krankheiten hineintreibt.

Hildegard B., 47 Jahre, Hausfrau

Diagnose: Von »Schwangerschaftspsychose« über »Vergiftungs- und Beeinträchtigungsideen und Aggressivität« bis zu »Schizophrenie und Denkzerfahrenheit«.

Hildegard B. ist eine untersetzte, runde Person. Eine Frau, die gewöhnlich als »mütterlich« bezeichnet wird. Sie macht einen sehr lebhaften, resoluten Eindruck, so als stünde sie überhaupt nicht unter Psychopharmaka (sie bekommt zur Zeit geringe Neuroleptika). Im Gesicht ist sie durch den jahrelangen Medikamentenkonsum etwas aufgedunsen. Von der Psychiaterin habe ich erfahren, dass Hildegard B. sich sehr auf unser Gespräch freut.

Gleich zu Beginn unseres Gespräches geht Frau B. spontan aus sich heraus, manchmal ist sie kaum zu bremsen, so dass ich nur wenige Zwischenfragen stellen kann. Am Anfang hatte ich einige Male das Gefühl, als ob sie an bestimmten Punkten ihrer Darstellung weinen wollte, sie fing sich aber schnell wieder. Unser Gespräch verläuft angeregt; sie hat das Bedürfnis, alles sehr detailliert zu erzählen, und ist wohl noch nie dazu ermuntert worden.

Hildegard B.'s Diagnose lautet inzwischen »endogene Psychose«, ihre Krankheit wird also als angeboren bezeichnet. An Frau B. wird besonders die allgemeine und spezielle sexuelle Ausbeutung von Frauen, die in ländlichen Gegenden leben, deutlich. Hildegard B. wird von ihrem Mann gegen ihren Willen zu Schwangerschaften gezwungen und von Ärzten nicht über Verhütungs- und Abtreibungsmöglichkeiten aufgeklärt, sondern im Gegenteil mit Schuldgefühlen beladen. Mit jedem neuen Kind wird sie ein immer ernsterer »Fall für die Psychiatrie«.

Hildegard kommt aus einer ländlichen Arbeiterfamilie. Die Mutter hatte vor der Ehe als Hausangestellte gearbeitet und bekam nach der Heirat ein Kind nach dem anderen. Zuerst wurde ein Junge geboren, dann sechs Mädchen, von denen Hildegard die älteste ist. Ihre Erziehung verläuft streng geschlechtsspezifisch ohne Aufbegehren seitens der Mädchen. »Ich bin der Auffassung schon als kleines Kind gewesen: Die Mädchen helfen im Haushalt, und die Buben gehen ihrer Wege.«

Die Mädchen werden zu Anspruchslosigkeit und Opferbereitschaft erzogen. Obwohl Hildegard eine Lehre als Friseurin macht, hilft sie abends als Älteste noch regelmäßig der Mutter. Sie empfindet es als gerecht, dass der Bruder zum Beispiel vollkommen von allen Tätigkeiten im Hause befreit wird. Nur manchmal gibt sie ihrer

Mutter zu verstehen: »Ich brauch' auch einmal ein bisschen Freizeit.« Dann unternimmt sie etwas mit ihren Freundinnen. An dieser Stelle bemerkt Hildegard bitter, dass diese Phase die schönste Zeit ihres Lebens war, weil sie noch etwas Zeit für sich hatte. »Ich hatte mehr Freizeit und Freude als in meiner Ehe. Ich habe immer gesagt, es war meine schönste Zeit. Da bin ich öfters ins Kino gegangen als in meiner ganzen Ehe.« Frau B. ist inzwischen 25 Jahre verheiratet und war auch davor sehr im elterlichen Haushalt eingespannt.

Wenn sie einen anderen Beruf hätte wählen können, wäre Hildegard B. statt Friseurin Schneiderin geworden, »weil ich viel für die Kinder und den Haushalt genäht habe«. Der Berufswunsch von Frauen orientiert sich also häufig an den späteren Bedürfnissen von Mann und Kindern, über die sich Frauen oft definieren.

Hildegard schildert das Leben in ihrem Elternhaus als sehr geordnet. Sie spielt oft mit ihren Freundinnen Mutter und Kind (das konnte sie gut von zu Hause, sie war als älteste auch für die kleineren Geschwister zuständig) und träumte damals schon immer von einer Ehe mit Kindern. Die sexuellen Spiele als Kind liefen bei ihr ohne Schuldgefühle ab. Ihre Mutter hat nie etwas erfahren. Hildegard wurde nie aufgeklärt, sie war jedoch oft bei den Hausgeburten ihrer Mutter anwesend, so dass ihr manches klar wurde und sie Mitleid mit der bei der Geburt leidenden Mutter empfand. In der Schule hatte sie Schwierigkeiten, besonders im Rechtschreiben, weil sich keiner um ihre Schularbeiten kümmerte. Ihre Sexualität war schon vor der Ehe durch das Schicksal ihrer Mutter geprägt. Sie setzt – auch völlig zu Recht, wie ihre vielen Schwangerschaften später zeigen – Sexualität mit Kinderkriegen gleich und hütet sich vor dem Geschlechtsverkehr ohne Eheversprechen. Sie hat flüchtige, unbefriedigende sexuelle Kontakte mit 16, 17, die sie sofort abbricht, wenn sich keine Ehe daraus entwickelt.

Ihren Mann heiratet sie sehr früh. Damals war er Handwerksmeister und hat sich inzwischen zum Personalchef eines Industriewerkes hochgearbeitet. Hildegard B. erinnert sich: »Ich glaube, mein Mann hat mich wirklich geliebt, ich hab' ja auch schick ausgesehen. Ich war schlank und hätte auch bessere Partien machen können. Aber ich dachte, nein, nimmst du den, der dankt es dir vielleicht auch mal, dass du dich für seine Mutter aufgeopfert hast. Ich glaubte nicht, dass der irgendwann mal fremdgehen würde.« Hildegard B. hat früh gelernt, auf ihre äußere Erscheinung zu achten und sich durch Dienstleistungen Zuneigung und Liebe zu erkaufen, wie es von Frauen erwartet wurde.

Nach der Heirat muss Frau B. sofort wegen der kranken Schwiegermutter ihren Beruf aufgeben. Sie fängt beim Gedanken daran fast an zu weinen: »Wäre ich im Beruf geblieben, wäre ich der glücklichste Mensch der Welt geblieben.«

Mit welcher Schicksalsergebenheit Frauen bei der Heirat ihren Beruf aufgeben, um kranke Schwiegermütter oder andere Verwandte zu pflegen, wird am Beispiel Hildegard B. deutlich. Obwohl sie ihren Beruf liebt, wird eine Berufsunterbrechung oder -aufgabe nicht etwa diskutiert, sondern von ihr erwartet, da Frauen opferbereit und anpassungsfähig sein sollen.

Ihre vollkommene Ausbeutung und allmähliche Persönlichkeitszerstörung beginnt mit der ehelichen Sexualität. Sie lebt mit ihrem Mann und ihrer kranken Schwiegermutter auf dem Land, die Wohnverhältnisse sind beengt. Selbst das erste Kind ist kein direktes Wunschkind, sondern eine Notlösung für sie, wie sich später herausstellt. »Ich freute mich auf das Kind, weil ich ja nichts hatte. Mein Mann hatte seinen Beruf und ich nur die kranke Schwiegermutter. Da hab' ich mir gesagt, wenn ich die pflegen soll, dann kann ich auch während der Zeit ein Kind bekommen und großziehen, ich bin ja sowieso durch die Schwiegermutter ans Haus gebunden.« Die Schwangerschaft war die Hölle für Hildegard B. Das Geld für die Babyausstattung musste sie sich während der ganzen Schwangerschaft neben der Arbeit im Hause und der Pflege der kranken Schwiegermutter selbst verdienen, indem sie Frauen zu Hause frisierte. Ihr Mann steuerte nichts dazu bei. »Er hat sich noch nie um was gekümmert«, sagt sie heute.

Hildegard hat eine komplizierte Entbindung, an die sie mit Schrecken zurückdenkt. »Ich lag lange im Krankenhaus und danach 14 Tage völlig zusammengebrochen im Bett. Mein Mann hat sich überhaupt nicht um mich gekümmert. Er hat sich gemein verhalten. Meine Mutter hat mich dann gesund gepflegt.« Ihr Mann hatte sich offensichtlich einen Sohn gewünscht. Trotz ihrer schweren Schwangerschaft und Geburt bestimmte ihr Mann in völliger Ignoranz ihrer Bedürfnisse und im Bewusstsein seiner Macht: »Einen Sohn kriegst du sowieso noch.« Frau B. wurde von weiteren Schwangerschaften abgeraten, da sie eine Schwangerschaftspsychose bekommen hatte. Sie selbst wollte keine Kinder mehr.

Hildegard B. hat nie in ihrem Leben einen Orgasmus gehabt. Sie weiß nicht, was das ist, außerdem hat sie sich auch nie selbst befriedigt. Bis ihre Schwiegermutter starb, musste sie mit ihrem Mann und der Schwiegermutter in einem Zimmer schlafen: »Es war furchtbar für mich. Mein Mann hatte geglaubt, ich würde mich im

Beisein seiner Mutter hingeben. Später hat er es mir mit den Kindern im Zimmer oder im gleichen Bett zugemutet. Ich konnte mich nicht wehren.« Hier haben im Beisein anderer Personen eheliche Vergewaltigungen stattgefunden, die Hildegard B. aus Scham stumm über sich ergehen ließ. Sie ist derart unwissend und unaufgeklärt, dass sie außer der Pille nur Kondome kennt. Ihr Mann lehnt Kondome ab und verspricht »aufzupassen.« Bei der zweiten Schwangerschaft, die ebenso wie alle weiteren gegen ihren Willen geschieht, wird ihr bewusst, »dass mein Mann überhaupt keinen Wert auf mich legt, und da bin ich immer tiefer gesunken«.

Denn seit der Ehe hatte sie nur Kummer und finanzielle Sorgen. Ihr Mann kümmerte sich um nichts und mutete ihr mit den Kleinkindern eine dunkle, feuchte Wohnung ohne fließend Wasser zu. Während der zweiten Schwangerschaft wird sie immer resignativer und sieht kein Entkommen aus ihrer Situation, der sie sich ausgeliefert fühlt. Sie denkt zum ersten Mal an Scheidung, möchte aber nicht, dass die Kinder, wie sie glaubt, die Leidtragenden sind. Deshalb entschließt sie sich, lieber weiter auszuharren.

Nach der Entbindung des zweiten Kindes wird sie wieder schwer krank. »Weil mein Mann keinen Wohnungswechsel anstrebte, hab' ich dann Depressionen bekommen. Mich wundert's heute, wie ich das damals geschafft habe. Ich war so erschöpft, aber meine Kinder hatten immer pünktlich das Essen, ich hab' die Wäsche gemacht und hab' alles bis zum Abend immer fertig gehabt.« Ihr Zustand verschlimmert sich, weil ihr Mann sich weiterhin um nichts kümmert und sie trotz Erschöpfung Haushalt, Mann, Schwiegermutter und Kinder versorgt. Sie geht zum ersten Mal zu einem Psychiater, weil ihr eine innere Stimme immer sagt, sie solle sich aufhängen.

Hildegard B. kommt sechs Wochen in eine Klinik und kann der häuslichen Hölle entrinnen. Sie bekommt Medikamente (»weiß nicht, wozu sie sind«) und zehn Elektroschocks. Die Diagnose, die sie nicht kennt, lautet: »Selbstgefährdung und Schwangerschaftspsychose«. Nach sechs Wochen Klinikaufenthalt fühlt sie sich »mobil und gesund. Ich hätte Bäume ausreißen können.« Für Hildegad B. steht fest: Keine weiteren Kinder mehr! Sterilisation ist ihr noch nicht bekannt und wird ihr in der Klinik auch nicht angeboten, ebenfalls keine Verhütungsmittel.

Nach einem Vierteljahr ist sie wieder schwanger. Hildegard ist verzweifelt. Den vollkommenen Zusammenbruch erfährt sie, als sie den Brief einer anderen Frau an ihren Mann findet. Sie erzählt es ihrem Psychiater, den sie nach der zweiten Schwangerschaft aufgesucht hatte. »Er gab mir Medizin und sagte, Frau B., vergessen Sie die Adresse der Geliebten Ihres Mannes.« Für den Psychiater ist das Verhalten des Ehemannes, der seine Frau durch jede Schwangerschaft sicherer in die Psychiatrie treibt und Beziehungen zu anderen Frauen unterhält, anscheinend nichts Verwerfliches.

Medikamente sollen Frauen wie Hildegard B. helfen, die Ursache ihrer Unruhe zu vergessen. Hildegard macht trotz der Beruhigungsmittel ihrem Mann Vorwürfe, der sie wiederholt schlägt. »Er hat mich immer dann geschlagen, wenn ich was gemacht habe, was ich nicht machen sollte«, sagt die erwachsene 47-jährige Frau.

Eines Tages, als sie das neue Haus, in das sie inzwischen eingezogen waren, aussegnen lassen wollte (Frau B. war zu diesem Zeitpunkt noch religiös), wird sie von ihrem Mann, den sie vorher nicht gefragt hatte, deswegen fast tot geschlagen. »Ich hab' nach der Polizei gerufen, weil ich auch glaubte, er würde mir irgend etwas antun.« Nervlich zerrüttet bleibt sie danach freiwillig noch 14 Tage in einer Klinik und setzt sich über einen Arzt wegen ihrer Scheidung mit einem Rechtsanwalt in Verbindung. »Da hat mich mein Mann auf einmal schnell aus der Klinik 'rausgeholt. Er hatte Angst um seine Karriere, das wär' alles kaputtgegangen.«

Inzwischen hat Hildegard B. in der Klinik nicht mehr die ursprüngliche Diagnose »Selbstgefährdung und Schwangerschaftspsychose«, sondern »Vergiftungs- und Beeinträchtigungsideen und Aggressivität«. Bei Frauen wird die Diagnose »Aggressivität« im Gegensatz zu Männern pathologisiert. Hildegard B. hat versucht, sich gegen ihren Mann zur Wehr zu setzen, und hat offen in der Klinik darüber gesprochen, dass sie von ihm nicht nur geschlagen wird, sondern dass sie ihm auch zutraut, ihr anderweitig »was anzutun«. Eine durchaus realistische Angst bei der Erfahrung, die Hildegard mit ihrem Mann gemacht hat. Für die behandelnden Ärzte jedoch, für die Herr B. ein angesehener, bedauernswerter Mann mit einer »verrückten« Frau ist, sind Hildegards Befürchtungen reine Wahnideen.

Sie bekommt das dritte Kind und muss sich erneut einem Klinikaufenthalt unterziehen, der sie wie zuvor notdürftig wiederherstellt. Ihre Diagnose lautet inzwischen »Schizophrenie und Denkzerfahrenheit«. Ein Arzt hatte aus dem früheren Aufnahmebericht ihre darin erwähnte innere Stimme, die ihr den Rat gab, sich aufzuhängen, unter anderem zum Anlass genommen, eine beginnende Schizophrenie zu diagnostizieren.

In der Klinik und von ihrem behandelnden Psychiater wird Frau B. noch immer nicht über andere Verhütungsmöglichkeiten oder eine Sterilisation informiert. Sie schafft es nicht, sich ihrem Mann sexuell zu verweigern, zum einen, weil sie schon von der Mutter gelernt hat, dem Ehemann zur Verfügung zu stehen, zum anderen ist sie physisch zu schwach, um sich zur Wehr zu setzen. So kommt es also zur vierten Schwangerschaft. Sie ist physisch und psychisch völlig am Ende und bemüht sich zum ersten Mal um eine Schwangerschaftsunterbrechung, nicht um eine Abtreibung, wie Hildegard B. ausdrücklich betont. Die Unterbrechung hätte aus medizinischen Gründen sofort vorgenommen werden müssen, weil Frau B. wegen Gebärmuttersenkung dringend operiert werden musste. Die Erfahrungen, die sie auf ihren Bittgängen macht, sind entwürdigend und haben ihr erneut gezeigt, wie wertlos eine Frau in unserer Gesellschaft ist. Ihr behandelnder Psychiater, der ihre Schwangerschaftspsychose und ihre weiteren Diagnosen kennt, schreit sie an: »Wie denken Sie darüber, das ist doch Mord!« Sie ist hartnäckig und geht zu einem Frauenarzt, der sie einschüchtert: »Was haben Sie denn alles eingenommen, es dreht sich um das Kind.« Frau B. besitzt noch so viel Widerstandskraft, ihm zu entgegnen: »Es geht nicht um das Kind, es geht um mich.« Inzwischen hat sie eingesehen, dass »diese Kapazitäten nur noch mein Gewissen belasten«. Von der Kirche wendet sie sich daraufhin ab, weil sie sie in der Frage nach einer Schwangerschaftsunterbrechung ebenfalls moralisch nur belastete.

Hildegard B. hat eine Ahnung von der Ursache ihrer Krankheit, die ihr jedoch nichts hilft, weil sie allein zu schwach ist, sich aus ihrer Situation zu befreien. Sie hält sich im Gegensatz zu vielen anderen Frauen nicht für schuldig an ihrer Misere. Sie weiß, »warum ich schon geschockt wurde, eine Gebärmuttersenkung habe und nach dem dritten Kind fingerdicke Krampfadern bis in die Scheide. Weil ich Kinder kriegen musste, während der Schwangerschaft alles allein schleppen musste, weil mein Mann ein Haus gebaut hat, ohne das Bad einzurichten, und ich jeden Tropfen Wasser warm machen musste, um die Babys zu baden.« Bei dieser Zusammenfassung ist Hildegard B. äußerst erregt und resümiert bitter: »Eine andere Frau wäre aus der Irrenanstalt nicht mehr herausgekommen.« Damit hat sie Recht. Denn bei dem Zustandekommen ihrer Diagnose hat sich niemand für ihre Realität, also für die Ursache ihrer Krankheit, interessiert. Ihr ist während ihrer Klinikaufenthalte, wenn sie sich in einem physisch und psychisch hilflosen Zustand befand, stets eine immer schwerwiegendere psychiatrische Diagnose aufgedrückt worden. Diese haften ihr ein Leben lang an.

24 Stunden nach ihrer letzten Entbindung wird Hildegard B. sterilisiert. Sie erklärt es folgendermaßen: »Weil Professor X. end-

lich gesehen hatte, dass mein Mann ein Ekel ist.« Also nicht etwa, weil es lebensnotwendig für sie war. Nach der Sterilisation hat Hildegard keine Angst mehr vor dem Geschlechtsverkehr: »Es war mir dann egal.«

Ihr Mann hat sich inzwischen zum Personalchef heraufgearbeitet und ist gleichzeitig stolzer Vater von vier Kindern, um die er sich wegen seiner Karriere kaum kümmern kann. Hildegard B., die in ihren sogenannten »weiblichen« Eigenschaften und Fähigkeiten (Kindergebären und -aufziehen, Dienstleistungen, Sexualobjekt-Status) bis zum Maximum ausgebeutet wurde, ist bisher mit knapper Not einer dauernden Klinikeinweisung entgangen. Der Grund dafür: Ihr Mann fürchtet um seine Karriere, außerdem ist das jüngste Kind erst zehn Jahre alt und muss versorgt werden. Aufgrund seiner beruflichen Position und seiner männlichen Überlegenheit seiner ausgelieferten Frau gegenüber kann er sich zusätzlich andere Beziehungen zu Frauen erlauben. Für eine Frau in Hildegards Alter mit ihren Moralvorstellungen (und erlittenen Erniedrigungen) ist eine andere Beziehung so gut wie ausgeschlossen. Durch die vielen Schwangerschaften, Schläge und Demütigungen ist sie physisch und psychisch mehr denn je ihrem Mann ausgeliefert. An Scheidung ist nicht mehr zu denken, auch deshalb nicht, weil sie aufgrund ihrer Diagnose das jüngste Kind nicht mehr zugesprochen bekäme. Das weiß sie inzwischen. Sie fühlt sich immer stärker von ihrem Mann abhängig und ausgebeutet. »Wenn ich meinen Mann auf einen Fehler, oder wenn er was vergessen hat, hinweise, wird er aggressiv und schreit: ›Wenn du jetzt nicht dein Maul hältst, hau ich dir eine runter.‹«

Vor kurzer Zeit erlebte sie den Höhepunkt ihrer Erniedrigung. Im Beisein ihrer Kinder (Sohn 18, Tochter 21), vor denen die Misshandlungen an der Mutter verborgen bleiben sollten, stellte sie ihren Mann wegen seiner Frauenbeziehungen zur Rede, »um den Kindern klarzumachen, warum ihre Mutter kaputtgemacht wurde«.

Sie erzählt: »Mein Mann hat mich dann so unbändig geschlagen, und mein Sohn hat mir die Hände festgehalten, damit ich mich nicht mehr wehren konnte. Das war das Schlimmste für mich.« Sie kann sich mit Mühe auf der Toilette einschließen, nachdem ihr Mann ihr unter anderem einen Zahn ausgeschlagen hat. Sie hat nie erfahren, wer die Polizei gerufen hat – ihr Mann oder ihr Sohn. Die Polizei hat sie dann »am Arm geschnappt und einfach weggeführt. Ich wurde nie befragt oder sonst was. Ich bin dann sofort in die Klinik gebracht worden aufgrund des Arguments von meinem Mann: ›Die war schon mal drin. Die gehört da hin.‹«

Ein unüberwindlicher Schock für Hildegard B., als sie sieht, dass die Kinder, denen sie physische und psychische Gesundheit gezwungenermaßen geopfert hat, statt sie, wie sie gehofft hätte, zu unterstützen, sich von ihr abwenden. Sie verbinden sich mit dem mächtigen Vater, der Hildegards Zustand überwiegend verursacht hat. Es ist selbstverständlich, dass sich der Sohn mit dem starken, erfolgreichen Vater identifiziert, der ihn finanziell unterstützt und ihm gesellschaftliches Prestige verleiht. Die Mutter hat weder Geld (sie hat sich ein Leben lang, ohne einen Pfennig für sich zu bekommen, für die Familie aufgeopfert; heute nimmt sie sich manchmal heimlich etwas vom Haushaltsgeld), noch ist sie gesellschaftlich angesehen wie der Vater. Im Gegenteil: In der Gesellschaft und der Familie hat sie den Ruf, »verrückt zu sein«. Für Hildegard B. scheint es keine Möglichkeit der Gegenwehr zu geben. Der kleinste Versuch der Opposition kann ihr wieder als Aggressivität ausgelegt werden und sie kann sofort von ihrem Mann in die Klinik eingewiesen werden. Die Kinder können und würden es nicht verhindern, sie ist also vollkommen der Willkür ihres Ehemannes ausgeliefert.

Hildegard B. ist durch die extrem frauenfeindlichen Bedingungen auf dem Land und durch die persönliche Brutalität ihres Mannes, die bis zur Verachtung geht, regelrecht psychiatrisiert worden:

- eine geschlechtsspezifische Sozialisation hat Hildegard B. zu einer anpassungsfähigen, sozialen, mütterlichen und opferbereiten Frau gemacht;
- ohne ihre eigenen sexuellen Wünsche entwickeln zu können, glaubte sie sich den sexuellen Forderungen des Mannes fügen zu müssen;
- eine frauenfeindliche Psychiatrie brachte Hildegard B. so viele Diagnosen ein, dass sie heute gesellschaftlich als »verrückt« abgestempelt wird. Durch die vielen Schwangerschaften, Elektroschocks und Unmengen an Psychopharmaka, die ihr jahrzehntelang verabreicht wurden, hat sie tatsächlich erhebliche psychische und physische Beeinträchtigungen erfahren.

Am Ende unseres Gesprächs sagt Frau B., es habe ihr große Erleichterung gebracht, mit mir zu reden. Sie hat zu Hause nichts von dem Gespräch erzählt, weil ihr Mann es ihr vielleicht verboten hätte. Frau B. hat in unserem Gespräch viel Bestätigung erfahren und ist darin bestärkt worden, sich in Ruhe um eine Teilzeitstelle zu bemühen und ein bisschen mehr Kontakt zu anderen Menschen aufzunehmen. Inzwischen hat sie ja nur noch ihren jüngsten Sohn zu versorgen, ihr Mann ist kaum zu Hause. Frau B. verabschiedet sich von mir mit einem kleinen Hoffnungsschimmer und wird – wie ich später hörte – auch von ihrer Psychiaterin in ihren neuen Plänen unterstützt.

Einige Wochen nach unserem Gespräch erscheint Frau B. plötzlich unangemeldet bei ihrer Psychiaterin, Frau Dr. Y. Sie ist vollkommen aufgelöst, weil ihr Mann behauptet, sie sei ihm zu aufsässig geworden und habe seiner Meinung nach ein zu großes Therapiebedürfnis. Er findet es lästig, dass sie sich ständig auseinandersetzen will. Herrn B. ist das zu viel, jetzt will *er* sich scheiden lassen.

Hildegard B. hatte kurz nach unserem Gespräch wieder einen regelmäßigen Kontakt zu einer Freundin aufgenommen und sich aktiv um eine Stelle als Verkäuferin bemüht, aber noch nichts gefunden. Während dieser Zeit ging es ihr sehr gut, sie erhielt wesentlich weniger Medikamente.

Inzwischen ist sie in ihre alte Passivität zurückgefallen, bekommt hohe Dosierungen und hat Angst vor der angedrohten Scheidung. Frau B. bekommt inzwischen wieder Beruhigungsmittel, Antidepressiva und Antipsychotika:

Decentan, 3 x 8 mg pro Tag,
Leponex 25 mg, 2 x 1 pro Tag.

In dem Augenblick, wo Hildegard B. sich wieder aktiv um eine Änderung ihrer krank machenden Situation bemüht, wird es von ihrem Mann verhindert. Das hatte sie schon bei ihrem ersten Scheidungsversuch erfahren. Inzwischen hat ihr Mann aber bei einer Scheidung nicht mehr um seine Karriere zu fürchten, denn die ist ihm sicher. Nun ist ihm Hildegard unbequem und verspricht, durch ihre Berufswünsche noch unbequemer zu werden. Eine Scheidung ist inzwischen also in seinem Interesse: Die Kinder sind bis auf einen Sohn erwachsen, und Hildegard B. ist durch Krankheit und Alter als Sexualobjekt für ihren Mann uninteressant, also unbrauchbar geworden. So hat der Ehemann das Recht (seine Frau gilt als »verrückt«) und die Macht, sich von seiner physisch und psychisch zerstörten Frau scheiden zu lassen und sie so ihrem Schicksal als fast 50-jährige Frau ohne Berufserfahrung zu überlassen.

Sabine E., 22 Jahre, Industrie-Kauffrau

Diagnose: »Pathologische Entwicklung« (Vaginismus).

Unser Gespräch ist auf Sabine E.'s Drängen zustande gekommen. Sie erscheint völlig verzweifelt und unangemeldet eines Tages in der psychiatrischen Praxis und bittet Frau Dr. Y., die sie zum ersten Mal sieht, ihr unbedingt zu helfen. Sie kann nicht mehr arbeiten, sie kann sich an nichts erfreuen, sie ist völlig resigniert. Ihre häufig wechselnden Freunde reden ihr ein, dass sie verrückt sei.

Nach einem kurzen Gespräch mit Frau Dr. Y., in dem die großen Probleme von Sabine E. ansatzweise herauskommen, vereinbaren wir für den nächsten Tag einen längeren Gesprächstermin. – In den Unterlagen ihres früheren Psychiaters, Dr. X., zu dem sie sich inzwischen hinzugehen weigert, steht mit kurzen Daten zu ihrer Person »pathologische Entwicklung«.

Sabine E. ist schon lange vor der vereinbarten Zeit da. Sie ist das, was generell unter einer hübschen, jungen Frau verstanden wird. Sie ist sehr schlank (»Ich hasse Fett an mir und an anderen«) und hat lebhafte braune Augen, die einen unruhigen und fast immer unglücklichen Ausdruck haben. Wenn sie redet, hat sie eine bewegte Mimik, ihre Augen bekommen häufig einen hasserfüllten Ausdruck und ihr Mund einen bitteren Zug, besonders dann, wenn sie von ihrem Vater oder von ihren Brüdern erzählt. Es scheint, als ob sie lange darauf gewartet hat, ausführlich über sich zu reden. Am Anfang des Gesprächs fällt es mir schwer, Fragen zu stellen, weil alles aus ihr »herausbricht« und ich nicht wage, sie zu unterbrechen.

Frau Dr. Y. hat ihre wesentlichen Beschwerden notiert; Sabine klagt über Magenschmerzen, Schlafstörungen, Vaginismus und depressive Verstimmtheit. Sie bekommt keine Medikamente.

Als ich nach ihren Familienbeziehungen frage, sagt sie spontan: »Die waren bei uns sadistisch. Beide (älteren) Brüder haben immer versucht, mich zu schlagen und zu quälen. Ich war als Mädchen sehr schwach und konnte mich nicht richtig wehren.« Sabine kommt aus einer selbständigen Handwerkerfamilie (Modellschreinerei) vom Land. Die ganze Familie (neben den zwei älteren Brüdern noch eine jüngere Schwester) wurde vom Vater gezwungen, im Betrieb mitzuhelfen. Die Mutter, die früher Verkäuferin war, ist seit der Ehe nur noch im Betrieb ihres Mannes für alle Zuträgerarbeiten tätig. Die Eltern konnten sich aus Zeitgründen kaum um die Kinder kümmern. »Ich hab' meinen Vater überhaupt nicht gekannt und meine Mutter auch nicht viel. Wir haben eine Putzfrau gehabt, an die hab' ich mich rangehängt, und eine sehr nette Tante in Bremen, mit der konnte ich manchmal über meine Probleme reden.«

Als Sabine sieben Jahre alt ist, wird ihre jüngere Schwester geboren. Ab da kommt sie sich »wie das fünfte Rad am Wagen« vor. Sie lehnt ihre Schwester noch heute ab, denn »ich musste mich von da an immer um meine Schwester kümmern. Noch mit 15 Jahren musste ich mit meiner kleinen Schwester ins Bett gehen. Was das Kind gewollt hat, das musste ich machen. Ich habe da überhaupt keine Rolle mehr gespielt.« Es ist in allen Familien selbstverständlich, dass sich die Mädchen und nicht die Jungen um die kleineren Geschwister kümmern, dadurch erheblich in ihrer Freizeit eingeschränkt werden und oftmals – wie in Sabines Fall - die kleineren Geschwister und nicht die Eltern dafür verantwortlich machen und die Geschwister ein Leben lang ablehnen.

Der zweitälteste Bruder wird vom Vater allen als Vorbild dargestellt und von ihm gefördert. Sabine bekommt häufig gesagt, dass sie nichts könne. Sie hat Angst vor dem Vater und dem Lehrer und große Schwierigkeiten in der Schule, weil sie auch nicht viel Zeit für die Hausaufgaben hat und sich niemand um sie kümmert. »Immer, wenn mal ein schlechtes Zeugnis kam, hat sich mein Vater dann mit mir hingesetzt und gedacht, wenn er einmal mit mir lernt, dann werde ich die Schlaueste. Das hat nicht geklappt. Er hat überhaupt keine Geduld gehabt. Dann hat er mich verdroschen, und danach konnte ich überhaupt nichts mehr machen. Wenn er nur schon sagte, heute abend lese ich mit dir, dann habe ich schon gezittert. Immer mehr Komplexe habe ich von den Lehrern eingeredet bekommen: Du bist zum Tellerwaschen gut genug, du kannst nichts, mit 16 wirst du verheiratet sein und so weiter.«

Sabine E. kann kein Selbstvertrauen und keine Selbstsicherheit entwickeln. Zu Hause wie in der Schule hört sie immer wieder, dass sie dumm sei und nur zur Beaufsichtigung ihrer Schwester tauge. Sie hat damals schon immer Angst zu versagen. Die Angst hat sich bis heute erhalten, sie kann zum Beispiel heute noch nicht vorlesen, »weil mein Vater und mein Lehrer mich immer fertiggemacht haben«.

Bei den Brüdern ist klar, dass sie einmal das elterliche Geschäft übernehmen. Sie werden zur Schule motiviert und in ihrem Selbstvertrauen vom Vater bestärkt.

Sabine hat als Kind manchmal mit Puppen – »die bekam ich immer geschenkt« – und viel mit Jungen gespielt. Sie war ein wildes Kind und wollte lieber ein Junge sein, »weil ich das Verhältnis zwischen Jungen immer besser gefunden habe und heut' noch finde«.

Sabine E. beklagt sich über das Konkurrenzverhalten unter Frauen, unter dem sie sehr leidet. »Als meine Freundin 16 war, da hat die einfach nicht mehr mit mir geredet, weil die wohl glaubte, ich würde ihr den Freund ausspannen.« Sabine E. glaubt, dass Frauen »von Natur her« unsolidarischer zu Frauen seien.

Mit sieben wird Sabine verantwortlich in den Haushalt miteinbezogen (die Brüder brauchen selbst heute nichts zu Hause zu machen). Sie muss jeden Tag spülen, samstags das Badezimmer putzen und jeden Tag die Küche aufräumen. »Ich wurde manchmal noch geschlagen, wenn ich samstags vergessen hatte, die Schuhe von meinen Brüdern und von meinem Vater zu putzen. Der Putzfrau habe ich oft Leid getan, die hat mir manches abgenommen.« (Die Putzfrau war übrigens die einzige Person, zu der sie emotionalen Kontakt hatte. Sie wurde später von ihrem Vater entlassen. Darunter hat Sabine sehr gelitten, ihre Arbeiten musste dann Sabine übernehmen.)

Körperlicher Kontakt zwischen Eltern und Kindern bestand überhaupt nicht. »Meine Mutter, die konnte das einfach nicht, mein Vater hätte das vielleicht gekonnt, aber wir hatten eine Abneigung gegen ihn. Bis heute haben wir unsere Eltern noch nicht nackt gesehen. Zärtlichkeiten zwischen den Eltern oder zwischen Eltern und Kindern gab's nie.« Dafür aber die brutale Sexualität zwischen den Eltern. Sabine E. musste bis zum Alter von sechs Jahren im Zimmer ihrer Eltern schlafen und hat auch deren Sexualität mitbekommen. »Ich wusste überhaupt nichts davon, ich habe nur meine Mutter leiden hören. Die hat überhaupt keinen Spaß daran gehabt. Sie sagte immer, es tut mir weh und lass mich doch. Ich hab' auch oft benutzte Präservative unter dem Bett gefunden, das war ziemlich ekelhaft, ich konnte aber nichts damit anfangen.«

Sabine bezeichnet ihren Vater als »potenten Tyrannen«, ihre Mutter ist das Gegenteil. Sie erinnert sich, »wenn meine Mutter sich um zehn Uhr ins Bett gelegt hatte, dann hat mein Vater sich noch um zwölf Uhr nachts, wenn er ins Bett kam, über sie hergemacht.« Sabine reagiert verschreckt auf diese nächtlichen Vergewaltigungen. Von ihrer Mutter erfährt sie später, dass sie eigentlich acht statt vier Kinder bekommen sollte. Sie hat vier Abtreibungen über sich ergehen lassen und hat jeden Monat vor Angst gezittert, wieder schwanger zu sein. Sie konnte die Pille nicht vertragen und war darauf angewiesen, dass ihr Mann Kondome benutzte, was er nachlässig handhabte. Sabine selbst hat nur negative Erinnerungen an die Sexualität im Elternhaus und hat den Schock der nächtlichen Übergriffe auf ihre Mutter nie überwunden.

Die Mutter reagiert aufgrund ihrer Realität (Sexualität als Last) extrem sexualfeindlich. Die sexuellen Spiele, die Sabine als Kind unternimmt, werden von der Mutter immer entdeckt. Wenn Sabine nach Hause kommt, hat sie automatisch Schuldgefühle, so dass die Mutter gleich Bescheid weiß. Sie wird geschlagen und muss den ganzen Tag im Bett bleiben, ohne Essen. So werden ihre schüchternen sexuellen Spielversuche bestraft, und Sexualität stellt sich für Sabine immer mehr als etwas Schmutziges, Verbotenes dar. Sie ist nie aufgeklärt worden, obwohl sie oft die Mutter daraufhin angesprochen hat. »Als ich zwölf war«, erzählt sie erregt, »da hat sich mein Bruder (damals 16) über mich hergemacht. Ich wusste aber überhaupt nichts, und er hat mir gesagt, ich solle ihn anfassen. Eines Nachts, als meine Eltern nicht zu Hause waren, hat er mich im Schlaf vergewaltigt, und hinterher hat er es immer wieder versucht und mir große Schmerzen zugefügt. Er hat mich immer wieder erpreßt, mir die Arme zerkratzt, mir Schläge angedroht und mir Geld gegeben, damit ich nichts erzähle.« Sabine wird eine Zeit lang regelmäßig von ihrem Bruder vergewaltigt und schweigt aus Angst. Als sie es nicht mehr aushält, erzählt sie es ihrer Mutter. Ihre Mutter verdrängt in diesem Augenblick die sexuelle Gewalt, die sie selbst allabendlich erfährt, und vertritt die gesellschaftlich akzeptierte Meinung ihres Mannes, dass Vergewaltigungen immer auf weibliche Verführungskünste zurückzuführen seien. Deshalb passiert Sabines Bruder nichts. Sabine wird mit einem Stock verdroschen und darf von jetzt an überhaupt nichts mehr unternehmen. Sie darf zum Beispiel einen Sommer lang nicht ins Schwimmbad gehen und wird oft im Zimmer eingeschlossen. Zur Aufklärung wird ihr ein Heftchen auf den Nachttisch gelegt.

Sabine kann sich mit zwölf Jahren nicht verteidigen. Sie hat, besonders nachdem sie für ihren Bruder bestraft worden war, das Gefühl, dass sich alle gegen sie verschworen haben. Sie fühlt sich unverstanden, rechtlos und zieht sich immer mehr zurück. Als sie zum ersten Mal ihre Periode bekommt, erfährt sie den nächsten Schock. »Meine Mutter hat mich dermaßen fertiggemacht. Sie sagte, wenn dich jetzt ein Junge anfaßt, dann bekommst du ein Kind. Ich habe dann nur noch geheult.« Die Mutter, die selbst keine Zärtlichkeit, sondern nur brutale sexuelle Übergriffe und Schläge erfahren hat, ist psychisch so verletzt, dass sie Sabine, die manchmal Hilfe von ihr erwartet, nur zurückstoßen kann. Unsensibel signalisiert sie dem kleinen Mädchen immer ihre eigenen Ängste, durch Sexualität ungewollt schwanger werden zu können.

Mutter und Kinder sind regelmäßig vom Vater geprügelt worden. Noch als Sabine E. schon 18 Jahre alt war, wollte er sie mit einem dicken Knüppel schlagen. »Wenn er mich nicht schlagen konnte, weil ich mich eingeschlossen hatte, hat er meine Mutter dafür grün und blau geschlagen.« Er schlug dann nicht etwa die Brüder, sondern hat sich generell mehr am weiblichen Geschlecht (Sabine, ihrer Mutter und ihrer Schwester) vergriffen, weil ihm die Frauen psychisch und physisch ausgeliefert waren. Jungen werden in den meisten Fällen in der Familie nur bis zu einem gewissen Alter geschlagen, dann können sie sich physisch wehren. Frauen werden oft ein Leben lang geschlagen, denn sie bleiben häufig dem Partner ebenso ausgeliefert wie vorher dem Vater. Für Jungen, selbst wenn sie geschlagen werden, stellt der Vater eine Identifikation mit Macht dar, die sie später auch gegenüber ihrer Frau besitzen und anwenden können. Obwohl Frauen dies als ungerecht empfinden, resignieren sie häufig, weil die Mutter ihnen schon vorgelebt hat, dass es keinen Ausweg gibt.

Berufliche Vorstellungen kann Sabine aufgrund der geringen Förderung durch Elternhaus und Schule nie entwickeln. »Es hieß immer, was der Vater sagt, wird gemacht, und da habe ich mich gefügt.« Einmal will sie Bauzeichnerin werden. Der Berufsberater schickt sie statt dessen auf die Haushaltsschule, weil sie angeblich zu schwach ist. Es bleibt für Sabine, wie für so viele Mädchen, nur noch das Büro offen. Ihr Vater will, dass sie eine kaufmännische Lehre macht, weil er an sein Büro denkt. Sabine geht bis sie 18 ist zur Höheren Handelsschule (nach der Volksschule hat sie andere Lehrer und bessere Leistungen) und wird nicht nur im elterlichen Haushalt ausgebeutet, sondern macht neben der Schule noch die Sekretariatsarbeit im Büro ihres Vaters. »In den Ferien hatte ich immer die ganze Zeit zu Hause zu arbeiten, ohne etwas dafür zu bekommen.« Die Brüder allerdings sollen das väterliche Geschäft übernehmen, für das die Schwester ohne Bezahlung ausgeutet wird.

In der kaufmännischen Lehre, die sie nach der Schule absolviert, hat Sabine E. nur schlechte Erfahrungen gemacht. Sie ist still, bescheiden und hat im Elternhaus gelernt, sich vor männlichen Autoritätspersonen zu ducken. Diese Eigenschaften werden sehr schnell von ihrem 50-jährigen Chef erkannt und ausgenutzt. Sie wird häufig zur Ablage in den Keller geschickt, wobei sie überhaupt nichts lernt. Der Chef, vor dem sie Angst hat wie vor ihrem Vater, treibt sie immer in den Heizungskeller »und wollte sich an mich ranmachen. Er hat versucht, mich zu umarmen, und mir auf den Hintern geklopft. Wenn ich den anderen davon erzählte, hörte ich immer, ›das liegt nur an dir, du kannst nichts, aus dir wird nie etwas‹, und so weiter.«

Sabine wird auch hier wieder wie bei der Vergewaltigung durch ihren Bruder von der Umwelt dafür verantwortlich gemacht, dass sie von Männern missbraucht wird. Sabine E. erfährt im Beruf wieder das gleiche wie im Elternhaus und in der Schule: Sie wird für ihr angebliches Versagen verantwortlich gemacht, und zwar gerade durch die, die es mit verursacht haben. Dabei hat sie nicht gelernt, sich gegen sexuelle Übergriffe zu wehren.

Die Entwicklung eines eigenen Willens und einer Persönlichkeit wird bei Sabine E. systematisch verhindert. Sie ist zum Beispiel bis zum Alter von 17 Jahren immer nach dem Willen des Vaters gekleidet worden und hat bei der leisesten Opposition – Kleider wurden immer drei Nummern zu groß gekauft – eine »runtergehauen« bekommen. So hat sie also gehorchen und sich vor dem Stärkeren ducken gelernt. Heute sagt sie: »Ich möchte gern wissen, was ich eigentlich für Bedürfnisse habe! Zur Zeit kann ich nicht mehr arbeiten, ich will einfach nicht mehr. Ich kann mich für nichts interessieren. Wenn ich das zu Hause erzähle, dann verstehen die mich einfach nicht, die lachen sich kaputt und sagen, ›die ist verrückt‹.«

Die einzige Selbstbestätigung findet Sabine im Saubermachen, weil sie das schon früh gelernt hat und inzwischen perfekt beherrscht. Im Büro konnte sie sich wegen ihrer schlechten Erfahrungen und ihres geringen Selbstbewusstseins nicht wohl fühlen, aber »zu Hause schon, da habe ich Abwechslung, da habe ich geputzt, da fühle ich mich ja heut' noch immer drin wohl, wenn ich zu Hause die Wohnung auf den Kopf stellen kann mit putzen und so. Mittwochs habe ich für alle gebügelt, und samstags habe ich das ganze Haus geputzt, von oben bis unten.« So werden die Arbeiten im Haushalt, gegen die sich kleine Mädchen manchmal noch wehren, später nach jahrelangem Drill zu Selbstverständlichkeiten und laufen wie ein Reflex ab.

Obwohl Sabine E. heute nicht mehr dazu gezwungen ist, zu Hause zu arbeiten, macht sie es inzwischen freiwillig, weil sie tragischerweise nur darin noch einen Rest Selbstbestätigung findet. Das ist bei vielen Frauen zu beobachten, die ähnliche Demütigungen im Beruf erlebt haben, und wird dann immer fälschlicherweise als weibliche Bestimmung für die Hausarbeit ausgelegt. In Wirklichkeit hat sich eine Zwangsstruktur entwickelt. »Ich muss heute nicht mehr zu Hause arbeiten, aber ich komme da einfach nicht mehr raus. Ich denke nur immer, dass die Leute mich für total verrückt halten. Wenn ich das nur nicht mehr denken müsste.« Da sie kein Selbstbewusstsein entwickeln konnte, kann sie sich auch schlecht gegen die Aussagen ihrer unsensiblen Familie und ihrer Freund/innen wehren. Diese reden ihr ein, sie sei verrückt, weil sie nicht mehr arbeiten gehen kann und außerdem Schwierigkeiten mit ihren häufig wechselnden Partnern hat.

In der Sexualität hat Sabine E. verständlicherweise die größten Probleme. Sie hat von klein an die sexuellen Übergriffe auf ihre Mutter durch den Vater miterlebt, ist von dem Bruder wiederholt vergewaltigt und von ihrem Chef missbraucht worden. Immer wurde ausschließlich sie für die erlittenen Demütigungen verantwortlich gemacht. Auch ihr Vater, der vorgab, sie wegen ihrer Schönheit »abgöttisch« zu lieben, hat häufig versucht, in ihrem Bett zu schlafen. Ihre Mutter gab Sabine oft zu verstehen, dass der Vater nur wegen Sabine noch zu Hause bliebe (er hatte viele Freundinnen). Wenn Sabine auf die Wünsche ihres Vaters eingegangen wäre, hätte es zu einer Konkurrenzsituation zwischen Mutter und Tochter kommen können. Aber »ich habe ihn so gehasst und hätte ihn am liebsten geschlagen«.

Mit der Mutter kann sich Sabine nicht solidarisieren, weil die Mutter dem Vater gegenüber nur Angst und Abhängigkeit zeigt und Sabine in ihrer Schwäche oft enttäuscht hat. Der Vater, der sich nicht scheiden lassen wollte, ist zeitweilig bei seinen Freundinnen und kommt nur manchmal nach Hause. »Er hat meine Mutter dann immer belogen, so dass sie abends wieder miteinander geschlafen haben. Ich hab' alles in meinem Zimmer gehört. Ich konnte meine Mutter dann nicht mehr verstehen. Erst wollte sie sich scheiden lassen, dann legt sie sich wieder mit dem Mann ins Bett.«

Das gleiche Phänomen ist bei vielen Frauen und auch bei Sabine E. zu beobachten: Obwohl die aufgezwungene Sexualität keine Lust, sondern eine Last bedeutet, hoffen viele Frauen immer wieder, über sexuelle Kontakte ein wenig Zuneigung und Zärtlichkeit zu bekommen. Mit dieser Haltung kam auch Sabine zu ihrem ersten freiwilligen sexuellen Kontakt. »Irgendwann musst du ja, sonst verlierst du immer wieder die Freunde.« Sie hatte keinerlei Ahnung, und so hat der Freund sie »so richtig aufgeklärt«. Die erste Nacht war entsetzlich, aber auch die darauf folgenden sexuellen Kontakte mit anderen Männern waren enttäuschend und unangenehm.

Sabine nahm damals die Pille, hat sich sehr unwohl gefühlt und einen dicken Busen bekommen. Sie versteckte die Pille unter dem Kopfkeil und ist oft nachts aufgeschreckt aus Angst, die Pille vergessen zu haben. »Dem Freund hat's wohl Spaß gemacht, aber der hat sich nur draufgelegt und sich abreagiert. Ich bin bei ihm geblieben, weil ich mich mit ihm unterhalten konnte und er mir ein paar gute Worte gegeben hat und mich mal umarmte und so. Dann hab' ich nur aus Gutmütigkeit mit ihm gepennt.«

Das Dickerwerden durch die Pille hat dazu beigetragen, dass sie ihren Körper noch mehr ablehnt, so »dass sie ihn manchmal in die Ecke schmeißen möchte«. So wachsen Frauen oftmals mit einem Hass auf ihren Körper heran, weil sie durch diesen Körper von Männern immer wieder benutzt und missbraucht werden können und deshalb schwer lernen, den eigenen Körper zu lieben und sich für sein Wohlergehen zu interessieren. Sabine hat noch nie masturbiert und kann sich auch nicht vorstellen, dass es sexuelle Bedürfnisse bei ihr gibt, die sie befriedigen könnte. Sie hat noch nie einen Orgasmus gehabt und bekommt bei Penetration häufig einen Krampf (Vaginismus), der im Fußzeh anfängt, dann ins Becken übergeht und ihr wahnsinnige Schmerzen bereitet. Ihr ganzer Körper scheint sich gegen die Penetration aufzubäumen. Trotzdem hat sie inzwischen mit circa zehn Männern geschlafen und sich eine Spirale einsetzen lassen.

Über Sex mit Männern sucht sie immer wieder vergeblich nach etwas Geborgenheit und Zärtlichkeit. Die Männer trennen sich nach einer kurzen Zeit regelmäßig von ihr mit den Worten: »Also irgend etwas hast du an dir, du bist nicht normal im Bett.« Ein anderer sagte zu ihr, dass sie ihn nachts immer aus dem Bett zu treten versuche und ihm Blicke zuwerfe, dass er Angst bekäme.

Die Männer, die Sabine E. Selbstbestätigung und Sicherheit geben sollen, treiben sie noch tiefer in Angst, Unsicherheit und Minderwertigkeitsgefühle. »Ich wollte immer einen Mann haben, der über mir steht, weil ich mir nichts zutraue.« Von Männern ist sie schon als Kind immer nur ausgebeutet worden. »Sie waren nur an Sexualität bei mir interessiert und interessieren sich darüber hinaus nicht für mich.« Sabine hat immer alles für ihre Beziehungspartner getan, sie oft beschenkt, damit sie bei ihr blieben. Sie hat selbst nie etwas bekommen. Sabine hat auch nie gelernt, etwas anzunehmen. Zu Hause gab es keine Geschenke.

Heute hofft sie noch immer verzweifelt darauf, eine Beziehung zu einem Mann aufzubauen und erwartet: »Dass er mich sexuell in Ruhe lässt, dass er nicht immer so schnell sexuell reizbar ist und dass ich neben ihm einschlafen kann. Aber wenn ich seine Erregung schon spüre, dann ist es vorbei. Mein jetziger Freund ist sexuell total übersättigt von Frauen. Wenn er kommt, dann wollen wir beide nur nebeneinander liegen und zärtlich miteinander sein.« Dieser Freund kommt circa alle sechs Wochen einmal zu Sabine und stellt zur Zeit die einzige nähere Beziehung für sie dar. Sie weiß inzwischen, dass sie nicht fähig ist, eine feste Bindung mit einem Mann einzugehen, glaubt aber immer noch, bei sich selbst die Schuld suchen zu müssen. Sie hat von ihren Partnern oft gehört, dass sie verrückt sei, und glaubt es schon fast selbst. »Wenn ich eine neue Beziehung eingehe, habe ich oft nach 14 Tagen schon das Gefühl, dass ich den Typen rausschmeißen möchte. Ich bekomme manchmal so ein Hassgefühl gegen Männer, ich habe dann kein Vertrauen mehr und sehe jedes kleine Fehlerchen, und dann ist es bei mir vorbei.«

Manchmal möchte Sabine mit ihrer Mutter darüber reden, doch dann bekommt sie wieder Angst vor den Vorwürfen, die sie ein Leben lang gehört hat. Zur Zeit lebt sie mit einer Freundin zusammen, mit der sie sich nicht richtig versteht. Sabine hat von klein auf erfahren, dass sie selbst und Frauen generell weniger Rechte und weniger Wert haben als Männer. Sie sieht nicht, dass Frauen einem bestimmten gesellschaftlichen Druck ausgesetzt sind. »Meine Freundinnen wollten alle heiraten. Nachher war ich mehr mit Jungens zusammen, weil ich das einfach nicht ertragen konnte, dass sich Mädchen nur fürs Heiraten interessierten.« Bei dieser Einschätzung von Frauen ist es geblieben. Sabine hat in ihrem Leben keine positiven weiblichen Identifikationsmöglichkeiten kennengelernt. Die Situation der Mutter hat ihr immer wieder gezeigt, dass Männer trotz Brutalität und sexueller Gewalt für Frauen wichtig sind. Emotionale Beziehungen zu Frauen hat Sabine E. noch nie in Erwägung gezogen. Die Verachtung, die sie sich selbst gegenüber häufig hat, überträgt sie auf ihre Geschlechtsgenossinnen. So sind ihr durch den Hass gegenüber Männern und die Verachtung gegenüber Frauen im Moment alle Befriedigungsmöglichkeiten genommen.

Obwohl sie Männern gegenüber Hass empfindet, »weil Bruder und Vater als Schreckgespenst über mir schweben«, stellen Männer gleichzeitig für sie Machtpersonen dar, deren Nähe sie sucht. So hofft sie immer noch, über die Beziehung zu einem ihr überlegenen Mann einmal eine »normale Existenz« zu finden. Ihre Ängste vor Männern und ihr Vergewaltigungstrauma gehen inzwischen so weit, dass sie häufig nachts von Angstträumen geschüttelt wird, in denen die Männer, die ihre Mitbewohnerin besuchen, mit ihr schlafen wollen.

Sabine befindet sich in einer schizophrenieähnlichen Situation: Sie hasst Männer, aber sie stellen gesellschaftlich erstrebenswerte Macht dar, ohne die Sabine nicht existieren zu können glaubt. Frauen hält sie wie sich selbst für weniger wert. Sie hat keine wirklichen Freundinnen und fühlt sich auf Kontakte mit Männern angewiesen.

Unbefriedigt bleibt ihr noch nie gestilltes Bedürfnis nach Körperkontakt, Zärtlichkeit und Geborgenheit. Um dies zu bekommen, stellt sie sich unter Schmerzen (Vaginismus) sexuell zur Verfügung, um sich anschließend als noch ausgebeuteter, ungeliebter und psychisch krank zu empfinden. Wegen ihrer Krämpfe bei der Penetration hatte sie Anfang des Jahres einen Gynäkologen aufgesucht, der sie an einen Psychiater überwies. Dieser Psychiater, Dr. X., den sie eine Zeit lang aufsuchte, hat sie vollkommen verwirrt. »Er hat mir ständig gegenteilige Tipps gegeben. Mal sollte ich wieder arbeiten gehen, mal sollte ich mich zu Hause ausruhen. Er vergaß nach einer Woche, was er mir geraten hatte, und ich glaubte, fast überzuschnappen.« Nachdem er zweimal zehn Minuten mit Sabine E. geredet hatte, bekam sie die Diagnose »pathologische Entwicklung«.

Sabine E. hat von klein an immer wieder gesagt bekommen, dass sie dumm sei und nur zum Tellerwaschen tauge. Inzwischen hat sie häufig gehört, dass sie verrückt sei. Sie fühlt, dass etwas nicht mit ihr stimmt. Sie kann ihre brutale Kindheit nicht vergessen, kann sie aber auch nicht als Teil-Ursache ihres Zustandes erkennen, sondern hält sich persönlich für gescheitert und wertlos und sieht nicht, dass sie durch frühkindliche Defizite dorthin gedrängt wurde:

- durch eine extrem sexistische und sadistische Sozialisation, durch die Sabine schon sehr früh die weibliche Wertlosigkeit erfahren hat;
- die Identifikation mit einer Mutter, die regelmäßig vom Vater vergewaltigt und geschlagen wurde, hat das Bewusstsein ihrer eigenen Wertlosigkeit verstärkt;
- durch die Vergewaltigung als 12-Jährige durch den älteren Bruder, für die sie verantwortlich gemacht wurde, wird ihr ihre abhängige Situation immer deutlicher. Sie lernt immer mehr, sich zu ducken und zu gehorchen;
- im Beruf ist sie ebenfalls Sexualobjekt. Sie hat nicht gelernt, sich zu wehren, sondern nur stillzuhalten;
- ihr Hass auf Männer, der durch einen brutalen Vater und brutale Brüder verursacht wurde, wird immer wieder in der Realität bestätigt. Sabine E. kann es nicht ertragen, von Männern sexuell ausgebeutet zu werden, und reagiert darauf mit Scheidenkrämpfen. Trotzdem sucht sie immer wieder Liebe und Verständnis in flüchtigen sexuellen Kontakten. Von den häufig wechselnden Partnern hört sie allzu oft, dass sie verrückt sei, so dass sie es bald selbst glaubt.

Nach unserem Gespräch ist Sabine E. ziemlich erschöpft und erwartet sofortige Hilfe. Das Gefühl ihrer eigenen Wertlosigkeit lässt sie nur noch auf Hilfe von außen hoffen. Die ein- bis zweimal wöchentlich stattfindenden Gespräche mit der Psychiaterin können keine generelle Hilfe leisten, weil Sabine E. in ihrer realen Lebenssituation täglich unterstützt und bestärkt werden müsste.

In den letzten Monaten nach unserem Gespräch hatte sich Sabine E.'s Zustand so zugespitzt (ihre Depressionen waren stärker geworden), dass sie eines Tages bei ihrer Psychiaterin einen Nervenzusammenbruch bekam. Frau Dr. Y. stellte für sie die einzige Möglichkeit des Gesprächs dar. Sabine war sich unbewusst auch ihrer Hilfe sicher, als sie bei ihr zusammenbrach. Sabine konnte noch am gleichen Tag in eine psychotherapeutische Klinik eingewiesen werden (keine Zwangseinweisung), wo schon nach kurzer Zeit eine relative Besserung eintrat. Frau Dr. Y. steht weiterhin intensiv mit ihr in Verbindung. Sabine E. war in der glücklichen Lage, bis zu ihrem Nervenzusammenbruch keine Medikamente bekommen zu haben.

Gisela K., 45 Jahre, Hausfrau, früher ungelernte Arbeitskraft

Diagnose: »Paranoide, halluzinatorische Psychose«.

Gisela K. macht auf mich den Eindruck einer umsichtigen, aufmerksamen Frau, die anfangs schüchtern ist, im Gespräch jedoch auflebt. Ich kann mir vorstellen, dass sie vor ihrer Krankheit sehr vital gewesen sein muss. Frau K. klagt über Gewichtszunahme durch die vielen Psychopharmaka. Sie wirkt jedoch nicht dick, nur ein wenig rundlich. Wenn sie mir von ihrem einzigen Sohn oder ihrer früheren Arbeitsstelle erzählt, lächelt sie, und ihre Augen bekommen einen fast heiteren Ausdruck.

Im Sommer letzten Jahres wurde Frau K. nach einer missglückten Urlaubsreise, die sie mit ihrem Mann und ihrem 16-jährigen Sohn unternahm, ungewöhnlicherweise von ihrem Ohrenarzt an eine Psychiaterin überwiesen. Sie bekam von heute auf morgen die Diagnose »eine bis zur Suizidalität gehende depressive Verstimmung, eine erhebliche innere Agitation, Schlafstörungen, paranoid getönte Angstzustände und Depersonalisationserscheinungen«. Die oben genannten Symptome setzten ganz plötzlich auf einer Urlaubsreise ein. Kurz vor Beginn der Reise hatte sich Frau K. einer harmlosen Ohrenoperation unterzogen. Sie hatte auf einem Ohr eine jahrelang verminderte Hörfähigkeit korrigieren lassen. Zu dem Ohrenarzt, der Frau K. einige Wochen behandelte, fühlte sie sich hingezogen, weil er sich immer besonders freundlich nach ihrem Befinden erkundigte, was sonst niemand tat.

Auf dieser Urlaubsreise verhält Gisela K. sich zum ersten Mal in ihrem Leben merkwürdig: Beim Anblick eines Babybildes reagiert sie mit großen Gefühlsausbrüchen, mit Schluchzen, Weinen und Stammeln. Dem herbeigerufenen Arzt, der ihr eine Beruhigungsspritze gibt, erzählt sie im Beisein ihres Ehemannes von einer Fehlgeburt, die sie jedoch nie gehabt hat. Der Urlaub muss abgebrochen werden, weil Frau K. weiterhin merkwürdig erregt bleibt.

So kommt es zu Hause zu einer Überweisung vom Ohrenarzt an eine Psychiaterin. Von diesem Zeitpunkt an bleibt Frau K. in ständiger Behandlung bei ihrer Psychiaterin. Ihr und der sie behandelnden Psychiaterin wird nicht klar, woher ihr verändertes Verhalten rührt. Sie bleibt weiterhin unruhig und hat starke Angstzustände. Frau K. bekommt überaus hohe Dosierungen an Beruhigungsmitteln, Antidepressiva und Antipsychotika:

3 x 25 mg Truxal,
3 x 25 mg Taxilan,
3 x 25 Tropfen Halloperidol,
2 x 1 Akineton (gegen Versteifungen, die oft als Nebenwirkung von Halloperidol auftreten).

Gisela K. kommt aus einfachen Verhältnissen. Der Vater war Schreiner – er machte der Tochter immer Puppenküchen –, die Mutter machte Heimarbeit, da sie nichts gelernt hatte. Als Gisela zehn Jahre alt ist, stirbt der Vater. Die Mutter muss allein die Familie versorgen, die aus Gisela und zwei Brüdern besteht. Gisela wird, wie bei Mädchen üblich, mit sieben Jahren wie »selbstverständlich« in den Haushalt eingespannt. Sie ist stolz darauf, der Mutter helfen zu können. Sie hatte von klein an viel Gelegenheit, in ihrer Puppenküche Mutter und Kind zu spielen. Ihre Dienstleistungen im Elternhaus gingen sogar so weit, dass sie regelmäßig das Erbrochene ihres Bruders wegmachen musste, wie er ihr kürzlich erzählte. Sie erinnert sich jedoch nicht mehr daran, sagt sie.

Giselas Erziehung zur »Weiblichkeit« kam später in ihrer Ehe ihrem Mann zugute. Im Rückblick auf ihre Erziehung im Elternhaus findet Gisela K. es damals wie heute selbstverständlich, dass sie und nicht die Brüder oder alle drei Kinder gemeinsam der Mutter im Haushalt halfen. So wurde Gisela durch eine geschlechtsspezifische Erziehung und die Machtverteilung in der Familie zu einem stillen, zufriedenen Mädchen, das gern zuhörte und zuverlässig im Haushalt half. Ihre guten Zeugnisse glaubt sie aus entsprechender weiblicher Bescheidenheit nicht verdient zu haben. Denn da sie schon sehr früh putzen, spülen und staubwischen musste, sind ihr die Schulaufgaben immer etwas schwer gefallen. Da sie das einzige Mädchen in der Familie war, musste sie mit 13 Jahren, als ihre Mutter ins Krankenhaus kam, den ganzen Haushalt übernehmen. Und weil sie »nur« ein Mädchen war, wurde sie mit 14 Jahren nach Abschluss der Volksschule als ungelernte Arbeitskraft in eine Binderei gesteckt. Die beiden Brüder jedoch lernten ein Handwerk und haben sich heute bis zu Angestellten hochgearbeitet, wie Gisela K. stolz berichtet.

Frau K. verrichtet später eine typisch weibliche Hilfsarbeit in einem Elektrobetrieb; sie sagt: »Es war eine wunderbare, abwechslungsreiche Zeit.« In dieser Zeit hat sie auch am meisten gelacht. Obwohl es sich um eine untergeordnete, schlecht bezahlte Tätigkeit handelte, bezeichnet sie diese doch als »wunderbar abwechslungsreich« im Vergleich zu ihrer jetzigen Tätigkeit als Hausfrau. Während Frau K. von ihrem damaligen Beruf erzählt, verändert sich ihr Gesicht und wird bewegter; sie berichtet einige lustige Begebenheiten, von denen sie heute noch zehrt.

Die Erwartungen, die Gisela von der Ehe hatte, sind typisch für viele Frauen: »Ich bin in die Ehe gegangen und habe mich gleich wie zu Hause gefühlt, weil ich sofort weitergemacht habe mit der Arbeit und so.« Für viele Frauen bedeutet die Ehe die Fortführung ihrer »frauenspezifischen« Tätigkeiten, die sie schon im elterlichen Hause verrichten müssen. Frau K. hat dann drei Jahre lang die Doppelbelastung von Hausarbeit und Erwerbstätigkeit in Kauf genommen und sagt spontan, ihr Mann habe ihr geholfen. Bei näherem Nachfragen erfahre ich aber, dass er nur half, wenn seine Frau krank war oder Frühschicht hatte. Sie gibt zu, oft gedacht zu haben, dass diese Doppelbelastung nicht gerecht sei, aber nur einmal habe sie es gewagt, sich zu wehren, als ihr Mann sich über einen nicht ausgeleerten Mülleimer beschwerte. Dieses »Sich wehren« war, gemessen am Anlass, betont übertrieben, so dass ihr Mann es als »weibliche Hysterie« auslegte. Ihre Reaktion – sie hat laut geweint, einen Stuhl umgeworfen und ist zu ihrer Mutter gelaufen – lässt darauf schließen, dass sie sich schon länger ungerecht behandelt gefühlt haben muss, aber so angepasst und verängstigt war, dass sie sich nicht dagegen aufzulehnen wagte. Gisela K. erinnert sich, dass ihr Mann sie von ihrer Mutter zurückgeholt hat und ihre Mutter ihm riet, Gisela ein bisschen mehr Liebe zukommen zu lassen. Sie erzählt das sehr verlegen und zögert dabei, so als ob sie ihren Mann in Schutz nehmen müsse.

Bei der Geburt ihres Sohnes gibt sie selbstverständlich sofort ihre Arbeit auf und widmet sich nur noch »ihrem Kind« und »ihrem Haushalt«. Sie steckt ihre ganze Aktivität, die früher auch ihrer Erwerbstätigkeit und dem Kontakt zu Kolleginnen und Kollegen galt, in Kind und Hausarbeit. Die Schwiegermutter - sie leben mit den Schwiegereltern im gleichen Haus – nimmt ihr oft das Kind ab, was Gisela K. eifersüchtig werden lässt, weil sie zur sinnvollen Beschäftigung nur noch den Sohn hat. Außerdem hat sie Angst, dass dem Kind »was passieren« könne. Erst im weiteren Verlauf des Gesprächs werden mir die Gründe klar.

Frau K. lebt in einer Dorfgemeinde in der Nähe einer Großstadt und hat keine Freundin - »die lebt zu weit weg« - oder andere Unterhaltungsmöglichkeiten. So ist es verständlich, dass sie sich auf ihren Sohn konzentriert. Sie geht mit ihm schwimmen und in den Turnverein, solange er klein ist. Als er größer wird, bleibt sie zu Hause. Es stellt sich immer mehr heraus, dass sie mit ihrem Sohn in einer symbioseähnlichen Beziehung lebt.

Die emotionale und sexuelle Beziehung zu ihrem Mann war nie befriedigend. Sie hat die Stimme eines Kindes, wenn sie zu klagen wagt: »Er hat nie ein gutes Wort zu mir gesagt, und ich habe oft geweint deswegen.« Sie sagt ganz offen: »Heute ist das anders, man hat sich halt dran gewöhnt.« In der Sexualität war sie am Anfang der Ehe »für eine Frau sehr aktiv«, sagt sie etwas verlegen. Sie hatte ein großes Bedürfnis nach Körperkontakt und danach, mit ihrem Mann einzuschlafen. Ihr Mann zieht jedoch getrennte Betten vor. Sicherlich kein Zufall, denn bei einer sexuell aktiveren Frau könnte der männliche Führungsanspruch auf sexuellem Gebiet in Frage gestellt werden. Der sexuelle Kontakt mit ihrem Mann wird immer unbefriedigender. »Manchmal kommt er zu mir ins Bett, und das Sexuelle, das dauert nicht lange. Dann geht er wieder in sein Bett. Dann gibt's auch solche Tage, wo ich immer warte, dann denk' ich, jetzt gehst du mal zu ihm rüber. Und manchmal klappt's, und manchmal sagt er, mir ist nicht gut, ich kann heute nicht. Ich schlaf dann auch ein. Sicher, ich bin betrübt, aber ich hab' ja die Tabletten.«

Gisela K. gibt zu, dass ihr diese Form der Sexualität keinen Spaß macht, weil sie nicht viel davon hat. »Einen Orgasmus habe ich ganz selten gehabt, weil es immer so kurz ist.« Ihren ersten sexuellen Kontakt hatte sie mit 18 Jahren. Er war nicht gerade befriedigend, aber auch nicht besonders traumatisch. Sie hat sich immer ohne Schuldgefühle selbst befriedigt.

Ihr Sohn stellt inzwischen ihren einzigen emotionalen Kontakt dar. Ihr Mann redet kaum noch mit ihr, das einzige Gemeinsame, das sie unternehmen, ist ein Spaziergang am Sonntag. Doch »wenn wir andere Leute treffen, verhält er sich so, als ob ich überhaupt nicht mehr da wäre«. Die Depersonalisierungserscheinungen von Gisela K. sind also keine Einbildung, sondern eine direkte Konsequenz dessen, dass sie als Person von ihrem Mann nicht mehr wahrgenommen und akzeptiert wird. Sie hat für ihren Mann lediglich die Funktion, den Haushalt zu führen und hin und wieder seine sexuellen Bedürfnisse zu befriedigen. Früher hat sie noch eine relative Anerkennung und Selbstbestätigung durch ihren Job erfahren, der ihr viel Spaß gemacht hat. Heute empfindet sie sich immer mehr als vollkommen unwichtig und wertlos, lediglich ihr Sohn gibt ihr noch einen Lebensinhalt. Trotzdem macht sie ihrem Mann keine Vorwürfe, sondern sagt mit viel »weiblichem« Verständnis: »Ach, er hat ja auch nichts.«

Ihren Tagesablauf bezeichnet sie als langweilig. Sie geht nach dem Frühstück noch mal ins Bett, legt sich oft mittags noch mal hin, räumt die Wohnung auf, geht einkaufen, kocht Essen und scheint ihren ganzen Tagesrhythmus auf ihren Sohn abzustimmen, der mittags aus der Schule kommt. Im Augenblick liest sie viel, will aber keine Literatur, die sie aufregt. Auf die Frage, ob ihr die Hausarbeit Spaß mache, entgegnet sie: »Ich mach' doch alles nur oberflächlich. Ich bin nicht mehr so gründlich wie früher.«

Ihr Mann kommt um fünf Uhr nach Hause, dann hat sie das Essen fertig. Anschließend geht er jeden Tag in die Gastwirtschaft im Ort »ein Bierchen trinken«. Er will »sich unterhalten, hören und lachen mit den Leuten in der Wirtschaft«. Sie geht nie mit und sagt: »Aber irgendwie bin ich einsam in der Zeit.«

Gisela K. fühlt sich einsam, leer, nicht mehr wahrgenommen und nur noch von ihrem Sohn gebraucht. Sie hofft noch immer, in kurzen sexuellen Kontakten etwas Befriedigung und Emotionalität von ihrem Mann zu bekommen, sagt aber immer wieder resigniert: »Ich hab' heute die Tabletten. Ich komme immer auf das gleiche raus, immer wieder ruhig zu sein.« Das hat sie schon als kleines Mädchen gelernt.

Sie ist derart verarmt an menschlichen Kontakten, dass sie vor Freude sprachlos wird, als eines Tages ein fremder Nachbar sie vor ihrem Haus anspricht und »Wie geht's?« fragt. Für Gisela K. sind der Kontakt und die Anteilnahme eines anderen Menschen so wichtig und wohl auch so selten, dass sie zugibt, dass es ihr in dieser Zeit – der Nachbar plauderte daraufhin häufig im Vorbeigehen einige

Minuten mit ihr – besonders gut ging und sie viel Freude hatte, jeden Tag ein paar freundliche Worte wechseln zu können.

Vor einigen Jahren hat Gisela K. bewusst gegen ihre weibliche Rolle verstoßen. Heute sagt sie: »Für eine Frau gehört sich das nicht.« Sie hat sich aktiv um einen anderen Mann bemüht, mit dem sie zwar keine sexuelle, aber eine emotional befriedigende Beziehung hatte. »Ich konnte mit ihm reden, wie ich jetzt mit Ihnen rede.« Sie hatte während dieser Zeit immer wieder Schuldgefühle, obwohl es ihr zum ersten Mal während der Ehe gut ging, aber sie dachte immer: »So etwas tut man nicht.« Gisela hielt diesen Freund für sehr intelligent, sich selbst schätzt sie als sehr »dumm« ein, weil sie sich »als Frau offen um ihn bemüht hat« – und die Aktivität für eine männliche Eigenschaft hält. Das einmalige Überwinden ihrer weiblichen Eigenschaft ist sofort bestraft worden. Ihr Mann beschimpft sie als Hure. Sie wird gezwungen, die einzige emotionale Beziehung, die sie befriedigt, abzubrechen. Zurück bleibt sie mit Schuldgefühlen und dem Glauben, dumm zu sein und versagt zu haben, weil sie sich als Frau aktiv verhalten hat. Ihr unbefriedigtes Bedürfnis nach Aussprache und Zärtlichkeit kann sie in Zukunft nur noch mit Tabletten beruhigen. Es ist bezeichnend, dass das Ende dieser Beziehung mit ihrem psychischen Auffälligwerden im Urlaub zusammenfällt. Bis zu diesem Zeitpunkt hatte sie noch nie merkwürdige Verhaltensweisen wie zum Beispiel übertriebene Angstzustände und Depersonalisierungserscheinungen gezeigt.

An dieser Stelle wird Frau K. leicht erregt und sagt, dass sie mir etwas Wichtiges zu sagen habe, sie hat aber noch nie mit einem Menschen darüber gesprochen. »Als ich 19 Jahre alt war, hatte ich eine Abtreibung. Meinem Mann habe ich nichts davon gesagt, das Kind war nicht von meinem Mann. Ich wohnte noch zu Hause und war mit ihm verlobt. Meine Mutter hat mir dann geholfen, wir haben es selbst gemacht. Es war sehr schmerzhaft, ich habe viel geweint. Damals habe ich jedoch nie gedacht, schade, dass du das Kind nicht mehr hast. Ich war ja noch so jung, aber heute würde ich mich freuen, wenn ich das Kind hätte.« Sie schaut mich ängstlich fragend an nach diesem offengelegten Geheimnis, das sie seit Jahren mit schweren Schuldgefühlen mit sich herumträgt, unter denen sie zusammengebrochen ist.

Gisela K. erfährt von mir zum ersten Mal, dass sich viele Frauen für eine Abtreibung entscheiden und dass sie überhaupt keine Ausnahme ist. Zu ihren Ängsten und Schuldgefühlen kommt erschwerend hinzu, dass ihr Mann diese »Schande« erfahren könnte. Ich versuche, ihr klarzumachen, dass es ihr Recht ist, selbst über ihr

Leben zu entscheiden. Wir reden darüber, dass Gisela heute ihre damalige schwierige Situation, mit 19 ein nicht eheliches Kind in einer Kleinstadt zu bekommen, verdrängt. Sie erhofft sich heute von einem zusätzlichen Kind weitere emotionale Zuwendung und Bestätigung, die sie von ihrem Mann nicht bekommt. Ihre verdrängten Ängste, Schuldgefühle und Selbstvorwürfe führen bei Frau K. unter anderem zu den in der Diagnose beschriebenen depressiven Verstimmungen, Schlafstörungen und paranoid getönten Angstzuständen. Der Auslöser für diese Symptome, die Ausdruck lang aufgestauten Leides sind, war dann das Babybild, das sie zufällig sah. In dem Augenblick, wo sie akuten Liebesverlust durch das Ende ihrer Beziehung zu ihrem Freund erlitten hatte, weckte dieses Bild bestimmte Assoziationen.

Auf meine Frage, ob sie nicht oft das Bedürfnis habe, sich mal auszusprechen, sagt sie resigniert: »Ja, aber dadurch, dass ich Tabletten nehme, tue ich gar nichts. Mein Mann hat schon so oft gesagt, mit dir kann man aber auch gar nicht reden. Wenn ich dann gar nicht mehr ein noch aus weiß, gehe ich oft zur Oma und frage sie nur, was sie heute kocht.« Darauf beschränken sich die Möglichkeiten der Kommunikation und Aussprache dieser 45-jährigen Hausfrau in einer dorfähnlichen Gemeinde. So ist es auch verständlich, dass Gisela K. überschwenglich emotional auf die kleinsten freundlichen Gesten fremder Menschen reagiert, zum Beispiel von ihrem behandelnden Ohrenarzt und ihrem Nachbarn. Da sie von ihrem Mann weder eine freundliche Geste noch ein zärtliches Wort erfährt, hofft sie auf Zuwendung anderer Menschen, die freundlich zu ihr sind und sie als Person wahrnehmen. Uneingeschränkte Zuwendung und Bestätigung hatte sie sich von einem weiteren Kind versprochen. Über den Ohrenarzt sagt sie heute noch immer: »Ich hatte ein solches Gefühl in mir, als ob ich diesen Mann liebte.« Kurz vor ihrer Begegnung mit dem Ohrenarzt ist ihre Beziehung zu ihrem Freund zu Ende gegangen.

Während Frau K. mir die Monotonie und Langeweile ihres Hausfrauendaseins und die Ignoranz ihres Mannes schildert, wird mir der Zusammenhang zwischen ihren Depressionen, ihren Angstzuständen und ihren Schlafstörungen klar. Die Depersonalisierungserscheinungen sind eine direkte Folge der Nichtwahrnehmung ihrer Person durch den Ehemann und ihrer Beschränkung auf Spülen, Kochen und Saubermachen. Da ihre Realität so trostlos ist, muss sie sich in Tagträume flüchten, um ihre innere Unruhe und ihre Ängste zu betäuben. Die Dosierungen der Medikamente müssen ständig erhöht werden, denn die Sinnlosigkeit und Ausweglosigkeit ihres Lebens wird immer offensichtlicher: Ihr Sohn ist bald erwachsen, ihr Mann entfernt sich immer mehr, ihre Resignation und ihre Depressionen nehmen zu. Durch ihr ständiges Alleinsein verfestigen sich ihre Schuldgefühle und ihre Selbstvorwürfe, so dass sie sich immer häufiger den Wunschträumen von einem zweiten Kind hingibt, bis es zu wahnartigen Zuständen kommt.

Zu Gisela K.'s Zustand haben beigetragen:

- Gisela erfährt eine geschlechtsspezifische Erziehung im Elternhaus, bei der sie schon früh lernt, dass Dienstleistungen für Männer (Vater und Brüder) von ihr erwartet werden;
- durch die Geburt ihres Sohnes ist es selbstverständlich, dass sie ihre Arbeit, die sie als »wundervoll und abwechslungsreich« beschreibt, aufgibt;
- da ihr Mann sie inzwischen als Person überhaupt nicht mehr wahrnam, war die Bestätigung im Beruf existenziell notwendig für sie. Die Folge der Berufsaufgabe sind Selbstzweifel und Selbstabwertung;
- dafür, dass sie einmal bewusst gegen ihre weibliche Rolle verstoßen und sich aktiv um einen Mann bemüht hat, zahlt sie heute mit Schuldgefühlen und verstärkter Anpassung an ihr Hausfrauendasein;
- die Isolation und die Monotonie im Haushalt führen bei ihr zu Tagträumen und Depersonalisierungserscheinungen, da sie ihr Leben als sinnlos empfindet;
- eine heimlich vorgenommene Abtreibung, über die sie aus Angst und Scham mit niemandem sprechen konnte, führt in ihrer Einsamkeit zu wahnhaften Vorstellungen (Halluzinationen), weil das Problem nicht verarbeitet werden konnte.

Einen Monat später:

Durch unser ausführliches Gespräch wurde Frau K. etwas stabilisiert. Sie hatte schon lange vor, wieder berufstätig zu werden, aber nie gewagt, ihren Wunsch durchzusetzen. Durch mein Zureden nahm sie sich vor zu versuchen, wenigstens halbtags wieder zu arbeiten. Vielleicht würden dann auch die Medikamente reduziert werden können. Mit diesen neuen Vorsätzen ist sie nach Hause gegangen; sie rechnete nicht mit der empörten Reaktion ihres Mannes: Er war gegen eine erneute Berufstätigkeit seiner Frau – er verdiene ausreichend. Außerdem bestand er telefonisch bei der Psychiaterin darauf, die Dosierung wieder zu erhöhen (nachdem sie erfolgreich etwas gesenkt werden konnte), weil seine Frau »unruhig« würde. Frau K. musste »unruhig« werden, weil sie durch das Arbeitsverbot ihres Mannes ihrer häuslichen Isolation und Leere, also psychisch krankmachenden Umständen ausgeliefert bleibt, die sie immer mehr in die Persönlichkeitszerstörung treiben. Ihr Mann ist der Meinung, seine Frau solle ruhig noch fünf Jahre die Medikamente nehmen, dann würde es ihr besser gehen, er habe einen ähnlichen Fall im Bekanntenkreis erlebt. Gisela K. darf seitdem kaum noch mit der Psychiaterin reden und muss Unmengen von Beruhigungsmitteln, Antidepressiva und Antipsychotika schlucken, weil sie andernfalls Angst hat, die Sinnlosigkeit ihres Daseins gewaltsam zu beenden.

Kerstin F., 20 Jahre, Studentin

Diagnose: »Sekundäre Amenorrhoe und zunehmende Magersucht«.

An einem Gespräch mit Kerstin F. bin ich ganz besonders interessiert. Ihre Psychiaterin hat mir erzählt, dass Kerstin es ablehne, eine weibliche Figur zu bekommen, und sich selbst als »Neutrum« bezeichne. Ich will eingehend ihren Erziehungsprozess und ihre gegenwärtige Situation untersuchen, um Anhaltspunkte für ihre »Verweigerung der Weiblichkeit« zu finden.

Kerstin wird vom Frauenarzt, zu dem ihre Mutter sie geschickt hat, wegen »sekundärer Amenorrhoe (Ausbleiben der Periode) und zunehmender Magersucht« zur Psychiaterin überwiesen. Sie befindet sich zum ersten Mal in psychiatrischer Behandlung. Seit anderthalb Jahren hat sie keine Periode mehr. Ihr Gewicht ist auf 90 Pfund gesunken bei einer Größe von 1,70 Meter. Kerstin klagt über Antriebslosigkeit, Resignation, Schlafstörungen, geringes Selbstwertgefühl, Appetitstörungen sowie vielfältige andere vegetative Symptome. Sie erhält keine Psychopharmaka.

Als ich Kerstin zum ersten Mal sehe, denke ich nicht unmittelbar an eine Magersucht. Sie wirkt schmal und sportlich in ihrem grobgestrickten Pullover, unter dem die Konturen ihrer Figur verschwinden. Kerstin macht einen wohlerzogenen, fast steifen Eindruck. Unser Gespräch verläuft mit langen Pausen. Sie spricht langsam, so als müsse sie überlegen, wie sie sich möglichst präzise ausdrücken kann.

Bevor ich Kerstin F. kennenlernte, zeigte mir ihre Psychiaterin eine schriftliche Selbstdarstellung von ihr, in der sie ausführlich über ihre frühkindliche Erziehung im Elternhaus berichtet, um Aufschluss über ihr Problem zu geben. Sie schildert auch jetzt wieder sehr umfassend ihr Aufwachsen im Elternhaus, dem sie sich stark verpflichtet fühlt.

Als Kerstin geboren wurde, hatten sich ihre Eltern einen Jungen gewünscht, der kurz nach Kerstin zur Welt kommt. Danach wird noch eine jüngere Schwester geboren, von der sie etwas bitter sagt: »Die wurde dann wieder freudig begrüßt, weil ja schon ein Junge da war, da macht das ja nichts mehr aus.«

Kerstin hat trotzdem Glück. Sie ist zwar kein Junge, aber da die Eltern sich vorwiegend auf die Erziehung des männlichen Nachwuchses konzentrieren, hat Kerstin annähernd ähnliche Freiheiten wie ihr Bruder. Sie trägt ausschließlich Hosen, klettert auf Bäume und spielt hauptsächlich im Freien. »Mit fünf Jahren«, erinnert sich Kerstin, »war auf einmal Schluss mit dem freien Leben.« Ihre jüngere Schwester wird geboren. Kerstin wird ab jetzt verboten, weiter auf Bäume zu klettern. Sie bekommt häufig Schwierigkeiten wegen ihrer verschmutzten Kleidung. Es wird zwar kein Grund angegeben, »aber ich ahnte, dass meine früheren Verhaltensweisen für ein Mädchen nicht akzeptabel seien«. Kerstin wird ab jetzt von der Mutter ganz bewusst auf ein sauberes, Kleidchen tragendes und gehorsames Mädchen gedrillt, damit sie keine Schwierigkeiten in der Schule bekommt. Sie reagiert verständnislos, wird unsicher und ängstlich, weil sie nicht weiß, wie sie sich verhalten soll. Mit Beginn der Schulzeit bekommt sie Kontaktstörungen. Bis zu diesem Zeitpunkt hat sie schon erlebt, dass die Geburt ihres Bruders wichtiger ist als ihre oder die ihrer Schwester. Sie bekommt mit, dass ihr Bruder weiterhin alle Freiheiten behält (ausgelassenere Spiele im Freien, Schmutzigmachen und längeres Ausbleiben), die sie früher auch hatte und die ihr als erstrebenswert erscheinen. Kerstin kann nicht verstehen, warum sie weniger wert sein soll als ihr Bruder.

Kerstin hat nie gern mit Puppen gespielt, aber immer zu Weihnachten welche geschenkt bekommen, für die sie sich bedanken musste. Sie hat aber gerne »Karl May« gelesen und sich mit den Männerfiguren identifiziert, weil kaum interessante Frauen vorkamen. Für Kerstin ist der Bruch in ihrer Identität als Mädchen schon früh eingetreten. In ihrer Lektüre identifiziert sie sich mit Jungen, die alle die Freiheiten besitzen, die sie zum Teil genossen hat bis sie fünf Jahre alt war. Zu Hause und in der Schule erfährt sie täglich, dass sie »nur« ein Mädchen ist, das ordentlich und angepasst sein soll. So sondert sie sich aus Unsicherheit immer mehr ab. Die Kinder werden von der Mutter allein aufgezogen. Obwohl Kerstin im Gespräch immer von der »elterlichen Erziehung« spricht, gibt sie zu, dass ihr bis zum Alter von acht Jahren der Vater völlig fremd war. »Ich dachte immer, bei meinem Entstehen sei nur meine Mutter beteiligt gewesen.« Die Beschreibung ihrer Eltern erinnert mich an die von Laing[2] interviewten Familien mit dominanter Mutter und labilem Vater. Kerstins Vater (Akademiker) ist zurückhaltend und überlässt seiner Frau den Haushalt und die Kindererziehung, ohne wesentlichen Einfluss darauf zu nehmen. Am Dasein ihrer Mutter zeigt sich ein typisches gutbürgerliches Frauenschicksal: Eine ehemalige Apothekerin, die ihren Beruf für ihren Mann und ihre drei Kinder aufgibt. Ihr Mann hat aufgrund seiner Position gesellschaftliche Verpflichtungen, die die Ehefrau organisieren muss. Kerstins Mutter besteht heute darauf, dass die Familie einsehen soll, dass sie alles aus Liebe tut. Der Preis, den die Mutter dafür gezahlt hat, ist hoch: Sie gab ihre ökonomische Unabhängigkeit auf und eine relative Selbstverwirklichung in ihrem Beruf, der sie eine lange Ausbildungszeit gekostet hat. »Meine Mutter war nie besonders glücklich oder zufrieden als Hausfrau und Mutter. Das kommt manchmal durch, sie möchte gern aktiver sein und sich anders entfalten und ausdrücken«, sagt Kerstin im Gespräch. Der Preis, den die Mutter von den Kindern verlangt, ist ebenfalls hoch und nicht einzulösen: »Sie will die Familie so lange wie möglich zusammenhalten und muss an ihrem Mutterideal festhalten, sonst wird ihr der Lebensinhalt entzogen.« Das hat die Familie oft zu spüren bekommen.

Kerstin, die mit scheuer Bewunderung von ihrer Mutter spricht, beschreibt sie als sehr impulsiv, lebhaft, verbal aktiv und gesellig. Trotzdem kann sie sich nicht erinnern, jemals gestreichelt, umarmt oder geküsst worden zu sein von Mutter oder Vater. »Der Mangel an Körperkontakt in unserer Familie fiel mir immer dann auf, wenn wir zu Verwandten kamen, die sich mal umarmten. Da hab' ich so was kennengelernt.« Kerstin ist durch die emotionsverarmte häusliche Atmosphäre total verunsichert, sich anderen Menschen gegenüber emotional mitzuteilen. Sie hat in ihrer Familie keine Verhaltensmuster wie Umarmen, Streicheln und Berühren gelernt, was ihr den Kontakt zu anderen Menschen erleichtern und verschönern würde. Sie war bisher und ist noch immer ausschließlich auf ihre Familie konzentriert, so dass sie sich nicht anderweitig orientieren kann.

Die Schule machte ihr insofern Schwierigkeiten, als sie Probleme mit ihrer Mädchenrolle hatte, die in der Schule verstärkt gefordert wurde. »Sobald mir durch das Rollenspiel auffiel, dass ich ein

Mädchen war, wollte ich lieber ein Junge sein. Ich bin ziemlich empfindlich und konnte nie ertragen, als schwach angesehen zu werden. Mädchenrollen schienen irgend so was zu beinhalten.« Mit sechs Jahren ist es Kerstin also schon klar: Mädchen sind schwach und weniger wert. Mit Schwäche will sie sich jedoch nicht identifizieren – wer macht das schon freiwillig? Da es nicht viele Mädchen in diesem Alter gibt, die sich so aktiv wie Kerstin gegen ihre Mädchenrolle auflehnen, wird sie ziemlich einzelgängerisch und weigert sich, zum Beispiel an Rollenspielen teilzunehmen. Sie liest viel in dieser Zeit und träumt davon, Schriftstellerin zu werden.

Mit elf Jahren wird Kerstin im Gegensatz zu ihrem Bruder voll in die Hausarbeit eingespannt. Sie fühlt sich schon wieder ungerecht behandelt. »Ich hab' mich sehr über die Hausarbeit geärgert. Meine Mutter fand es eigentlich selbst nicht richtig, dass er gar nicht herangezogen wurde. Sie sagte auch oft, es solle sich ändern, aber es wurde nie durchgesetzt.« Kerstin lehnt es immer mehr ab, ein Mädchen zu sein. Ihr sind inzwischen die ausgelassenen Spiele wegen der angeblichen Gefährlichkeit verboten worden, sie bekommt immer weniger Freizeit, weil sie zu Hausarbeiten angehalten wird. Das Eintreten der Periode ist für Kerstin ein weiteres Zeichen für »machtlose Weiblichkeit«. »Für mich war die Periode ein weiteres Zeichen von Zwängen für Frauen. Ich konnte zum Beispiel nicht schwimmen gehen, wann ich wollte. Ich konnte anfangs den Gedanken kaum aushalten, wegen der Periode nicht mehr tun zu können, was ich wollte.«

Kerstin kleidet sich ab dem Zeitpunkt, an dem sie Einfluss auf ihre Kleidung nehmen kann, immer möglichst »wenig verführerisch«. Sie will von vornherein sexuellen Kontakten aus dem Wege gehen, weil sie Angst hat, »mit männlichen Partnern sofort in eine weibliche Rolle zu verfallen, die ich ja nicht auszuhalten glaubte«. Die Angst ist durchaus berechtigt, weil zwischen Frauen und Männern in der Regel die erlernten geschlechtsspezifischen Verhaltensweisen ablaufen. Selbst wenn Frauen sich bewusst dagegen wehren, gibt es doch immer wieder Situationen, in denen sie regelrecht automatisch in eine »typisch weibliche« Rolle abrutschen. Kerstin sucht noch nach »neutralen« Verhaltensweisen, da sie die weiblichen als Ausdruck von Schwäche ablehnt und die männlichen nicht annehmen darf, weil es die Gesellschaft nicht erlaubt, aber auch weil sie nicht alle annehmen möchte, da sie betont männliche Verhaltensweisen ebenso ablehnt. So befindet sie sich in einem Zustand der Neutralität, sagt sie.

Sie erinnert sich, mit 18 Jahren eines Tages vor dem Spiegel gestanden zu haben und sich »wollüstig und aufreizend« vorgekommen zu sein. Ihre Umgebung hatte sie bis zu diesem Zeitpunkt als »stämmig und gesund« bezeichnet. Sie wurde früher immer gelobt, wenn sie viel aß, und machte allen eine Freude damit. Jetzt fängt sie an, ein bestimmtes System beim Essen zu entwickeln und mit Kalorien herumzurechnen. Sie gibt zu: »Ich wollte durch das Hungern möglichst unweiblich werden, männlich wollte ich auch nicht werden, ich wollte möglichst geschlechtsneutral werden, um nicht eine sexuelle Funktion zu bekommen.«

Endlich glaubt Kerstin eine Möglichkeit gefunden zu haben, gegen die von ihr abgelehnte Frauenrolle zu protestieren. Wenn sie schon kein Mann mit allen Privilegien in unserer Gesellschaft ist, so kann sie sich mit Hilfe des Hungerns weigern, weibliche Körperformen anzunehmen, die sie für alle Männer zum möglichen Sexualobjekt machen könnten. Sie beginnt also damit, immer weniger zu essen. Manchmal zwingen sie ihre Eltern regelrecht zum Essen. Danach muss Kerstin sich übergeben, weil ihr Magen sich schon zu sehr an das Hungern gewöhnt hat. Sie friert häufig und ist apathisch. Wenn sie jedoch ans Essen denkt, wird ihr einfach übel. Ihre Portionen werden immer winziger, und sie wird immer dünner. Sie findet ihren Zustand jedoch nicht beängstigend.

Kerstin hat während ihres ganzen Lebens noch nie ein Körpergefühl besessen, was zum einen auf die emotionslose, rigide und körperfeindliche Erziehung im Elternhaus zurückzuführen ist und zum anderen darauf, dass Kerstin alles Weiche als Schwäche ablehnt. Inzwischen ist ihre Haltung zu ihrem Körper etwas besser geworden. Denn »jetzt kann ich meinen Körper eher annehmen. Das kann natürlich auch damit zusammenhängen, dass er jetzt nicht mehr so weich ist, weil jetzt alles eckiger ist. Nicht also mit einer ursprünglichen Sympathie für meinen Körper. Ich hab' noch nie ein gutes Gefühl zu meinem Körper gehabt.«

Sie schildert, wie widersinnig ihre Angst vor einem Kind war. Als ihre Periode anfing unregelmäßiger zu werden, »dachte ich schon an die Möglichkeit, ein Kind zu bekommen, obwohl ich doch genau wusste, dass ich noch keinen sexuellen Kontakt gehabt hatte. Die Angst vor einem Kind war immer ein Schreckgespenst in der Möglichkeit von sexuellen Kontakten zu Männern.«

Kerstin geht von der realistischen Einschätzung aus, dass Ehe und Kinder weitere Einschränkungen für eine Frau bedeuten könnten, und hat dies auch in ihrer Familie erlebt. Sexueller Kontakt mit Männern ist in ihren Gedanken immer mit der Angst vor Schwangerschaft verbunden gewesen, was durchaus eine berechtigte Angst ist. Sie hat noch keinen sexuellen Kontakt zu Männern oder Frauen gehabt. Sie gibt zu, Angst davor zu haben, und will ihr Bedürfnis nach Zärtlichkeit und Körperkontakt durch das Studium kompensieren. »Ich ließ es nie so weit kommen, was zu vermissen.« Erstaunlich ist bei ihrem Elternhaus, dass sie sich von klein an selbst befriedigt und keine Schuldgefühle empfunden hat, »weil das bei uns so tabuisiert war, dass es noch nicht einmal bestraft wurde«.

Auf meine Frage, wie Männer auf sie wirken, sagt sie, dass behaarte oder betont männliche Körper auf sie abstoßend wirken. »Ich möchte vor allen Dingen mit Männern zu tun haben, die wenig männlich sind, weiche, glatte Haut würde ich da bevorzugen.« Ihr Bedürfnis nach Androgynität, die Kerstin selbst erreichen möchte, wird bei diesem Wunsch wieder deutlich. Sie verabscheut die in unserer Gesellschaft als besonders weiblich bezeichneten Eigenschaften und Fähigkeiten wie Weichheit, Passivität, Unterlegenheit, Anschmiegsamkeit und Duldsamkeit. Die als männlich ausgewiesenen Eigenschaften und Fähigkeiten, zum Beispiel Härte, Aktivität, Überlegenheit, Nüchternheit, beinhalten für sie mehr Möglichkeiten und Freiheiten. Sie hat die Hierarchie der Geschlechter an ihren Eltern, ihrem Bruder und sich selbst deutlich erlebt. Obwohl ihr Vater bei ihrer Erziehung nie in Erscheinung tritt, übernimmt er nach außen trotzdem die Vertretung der Familie als Familienvorstand und räumt der aktiven und inzwischen enttäuschten und verbitterten Mutter eine Scheinmacht im Hause ein, die auch seiner Bequemlichkeit dient.

Kerstin stürzt sich nach dem Abitur bewusst auf das Studium. »Das hat mein Leben völlig ausgefüllt.« Ihr ursprünglicher Wunsch, Schriftstellerin zu werden, wird von pragmatischen Erwägungen verdrängt. Sie wählt ein Ingenieurstudium, weil sie sich im übrigen immer bemüht hat, »dem, was ich als Rollenbild der Frau ansah, möglichst auszuweichen und genau das Gegenteil zu machen«.

Durch den äußeren Akt des Abmagerns hat sie sich schon so weit von der weiblichen Rolle entfernt, dass sie zugibt: »Bis jetzt ist mir während des Studiums noch nicht aufgefallen, dass ich weiblich bin.« Das ist durchaus möglich, da Kerstin sich nicht mit anderen Frauen identifiziert, die im Ingenieurstudium typische »weibliche« Erfahrungen machen, also das Studium nach kurzer Zeit abbrechen. Sie hat keine Probleme mit dem Studium, das von wenigen Frauen durchgehalten wird. Bisher hat Kerstin die generelle Ungleichheit zwischen Frauen und Männern in unserer Gesellschaft immer aus ihrem Gesichtskreis verdrängt. Sie wollte das nicht zu ihrem Problem machen, obwohl sie besonders darin verwickelt ist. Nachdem Kerstin früh erfahren hatte, dass Unterlegenheit und Geringschätzung an das Geschlecht gebunden zu sein scheinen, glaubt sie, mit dem Ablegen von weiblichen Formen auch die Machtlosigkeit und Abwertung für sich selbst aufheben zu können.

Als sie zu Frau Dr. Y. kommt, wird ihr der Zusammenhang zwischen ihrem Problem und der gesellschaftlichen Geschlechterproblematik in mehreren Gesprächen immer mehr bewusst. Den Rat von Frau Dr. Y., einmal eine Selbsthilfegruppe für Frauen aufzusuchen, hat sie sofort in die Tat umgesetzt. Es scheint ganz so, als habe sie schon länger auf diese Anregung gewartet. Kerstin berichtet spontan über die positiven Erfahrungen, die sie bei den wenigen Treffen mit den Frauen in der Gruppe gemacht hat. Sie wirkt bei diesem Thema zum ersten Mal nicht mehr so steif wie am Anfang und berichtet interessiert aus dem Frauenberatungszentrum in ihrer Stadt. »Ich habe das Gefühl, dass mir die anderen helfen wollen und mich verstehen, obwohl ich auch nicht in die Rolle der Hilfsbedürftigen hineingeraten will, aber das wird wohl auch nicht so kommen, denn wir helfen uns gegenseitig.«

Kerstin hat mit dem Schritt in die Frauenselbsthilfegruppe gewagt, mit mehreren Frauen gleichzeitig Kontakt aufzunehmen und offen über ihr Problem der Magersucht zu reden. Bisher hatte sie ihre Kontakte auf drei Freundinnen beschränkt, ohne große Bereitschaft zu zeigen, andere Menschen kennenzulernen. Die Reaktion ihrer Eltern, speziell ihrer Mutter auf die Selbsthilfegruppe, macht Kerstin Kummer. Sie reagieren mit Misstrauen. Ihre Mutter stellt die ängstliche Frage: »Das wird doch hoffentlich nichts mit lesbisch zu tun haben?« Kerstin: »Das ist eine große Angst meiner Mutter. Solange der Kontakt zu Frauen als nicht emotional und nicht sexuell angesehen werden kann, hat meine Mutter nichts dagegen.«

Kerstin fühlt sich durch das Misstrauen ihrer Mutter, die eine Autorität für sie darstellt, verunsichert. Inzwischen würde sie eine emotionale Beziehung zu einer Frau nicht mehr ausschließen, befürchtet aber die Empörung ihrer Mutter. Kerstin hat neben ihrer Mutter keine andere emotionale Kontaktperson. Diese wachte bisher ängstlich darüber, dass die Beziehungen zu Kerstins Freundinnen nicht »zu intim« wurden. Da Kerstin sich nie anderen Menschen richtig anvertraut hat, ist sie der mütterlichen Einstellung bezüglich emotionaler Kontakte und Sexualität vollkommen ausgeliefert. Die Mutter ahnt sehr deutlich die Gefahr der Frauenselbsthilfegruppe, mit deren Hilfe sich Kerstin von ihr lösen könnte. Die mütterliche Autorität ist aber noch so stark in

Kerstin verankert, dass sie sich bei einem Verbot der Mutter, weiterhin an der Selbsthilfegruppe teilzunehmen, nicht aktiv zur Wehr setzen würde, sondern nur passiv, indem sie heimlich hinzugehen versuchte.

Sie hat Angst, die Mutter zu verärgern und so etwas wie »Nestwärme« zu verlieren. Diese hat Kerstin jedoch nur dem Namen nach kennengelernt, weil keinerlei Körperkontakt oder herzliche Zuneigung zwischen Eltern und Kindern herrscht. Sie hat dieser »formalen Geborgenheit« allerdings bis jetzt noch nichts entgegensetzen können. In der Familie hat sie aber auch nicht die Möglichkeit, Verhaltensmuster zu lernen, die ihr Sicherheit mit anderen Menschen geben können. Im Gegenteil, sie stagniert in ihrer Entwicklung und gibt auch ihrer Mutter keine Möglichkeit mehr, aus ihrer ungeliebten Rolle als Hausfrau und Mutter herauszukommen, wenn sie sagt: »Meine Mutter braucht eben ihre Kinder, sie hat sonst nichts zu tun.« Tatsächlich klammern sich Mütter wie Kerstins häufig an ihre Kinder und hindern diese, eigene Erfahrungen zu machen.

Obwohl Kerstin der ungerechten weiblichen Funktionszuteilung entrinnen will und eine gewisse Konsequenz bewiesen hat, hat sie sich durch die emotionale Abhängigkeit von ihrer Mutter sogar »schon freiwillig« dazu entschlossen, der Mutter Hausarbeit abzunehmen. »Weil meine Mutter wirklich Freizeit braucht und die Arbeit allein nicht schafft.« So werden Töchter, selbst wenn sie sich so bewusst wie Kerstin dagegen auflehnen, durch emotionale Zwänge immer wieder in die traditionell weibliche Rolle gedrängt. Der Bruder oder der Vater haben zum Beispiel nicht die gleiche Motivation, die Mutter zu entlasten.

Kerstin hat sich für den aktiven Protest über ihren Körper entschieden, um sich gegen die Abwertung, die sie als Mädchen erfahren hat und die ihr als Frau bevorstehen könnte, aufzulehnen: Ich fasse noch einmal die wesentlichen Punkte in ihrer Entwicklung zusammen:

- bis zur Einschulung hat sie fast annähernd so viel Freiheiten wie ein Junge, weil sich ihre Eltern auf die Erziehung ihres Sohnes konzentrieren;
- ab dann erfährt sie, dass Mädchen für passiver, schwächer und unterlegener gehalten werden. Aus diesem Grund will sie kein Mädchen sein. Sie wird verunsichert in ihrem weiteren Verhalten und bekommt Kontaktschwierigkeiten;
- sie identifiziert sich mit männlichen Charakteren aus ihren Kin-

derbüchern, weil kaum interessante weibliche Figuren vorkommen. Die ersten Identitätsprobleme verstärken sich;
- mit elf Jahren muss sie Hausarbeit übernehmen, während ihr Bruder Freizeit hat. Sie empfindet es als ungerecht und leidet darunter;
- die Menstruation erfährt sie als ein weiteres Zeichen der Einschränkung für Frauen. Sie kann u.a. nicht mehr ungehindert schwimmen gehen;
- mit 18 Jahren findet sie ihren Körper »wollüstig und aufreizend«. Sie entschließt sich, sich der weiblichen Körperformen zu entledigen, um dadurch einer weiblichen Rollenzuweisung zu entgehen;
- sie kleidet sich betont unauffällig und möchte geschlechtsneutral wirken, um die sexuelle Aufmerksamkeit von Männern nicht auf sich zu ziehen;
- sie wählt ein »Männerstudium«, obwohl sie früher Schriftstellerin werden wollte, und hat während des Studiums noch nie bemerkt, dass sie »weiblich« ist;
- inzwischen hat sie erkannt, dass das Problem ihrer Magersucht in direktem Zusammenhang mit der gesellschaftlichen Abwertung von Frauen steht.

Zum Ende unseres Gesprächs sieht Kerstin F. immer mehr die Widersprüche ihrer Situation: Sie will sich aktiv aus ihrer weiblichen Rolle und der geschlechtsspezifischen Arbeits- und Funktionsteilung befreien, aber sie übernimmt fast täglich die Funktion einer Tochter, die für den Haushalt zuständig ist. Sie macht jetzt einen nachdenklichen Eindruck und gibt zu, durch das Gespräch in ihrer Haltung verunsichert worden zu sein. Wir haben beide das Gefühl, dass es bisher noch gar nicht so sicher war, ob sie den Zustand ihrer Magersucht aufheben möchte, der für sie die einzige Möglichkeit ist, gegen die Einschränkung und Geringschätzung, die sie als Frau erfährt, zu protestieren.

Nach einer langen Pause stellt Kerstin nachdenklich fest, dass sie diese Art von Protest nicht sehr weit gebracht hat, also im Grunde wirkungslos für eine tatsächliche Änderung ihrer Frauenrolle ist.

Nach einigen Wochen habe ich erfahren, dass Kerstin F. ihrer Psychiaterin kurz telefonisch mitgeteilt hat, dass sie jetzt aktiv in der Frauenselbsthilfegruppe arbeitet und dass sie keine weiteren Gespräche mit ihr benötigt. Kerstin machte am Telefon einen zuversichtlichen Eindruck.

Sabina D., 39 Jahre, Studentin

Diagnose: Langzeitfolgen von Gewalterfahrungen.

Die erste Gesprächsreihe machte ich mit Sabina D. für mein Buch *Mut zur Wut*, um ihre 5-jährige Misshandlungsgeschichte zu dokumentieren. 12 Jahre später vereinbarten wir wieder eine halbjährige Kurzzeittherapie im Rahmen einer Einzelfallstudie über Langzeitfolgen von Männergewalt. Besondere Beachtung habe ich auf die Auswirkungen erlebter Gewalt bezüglich der Beziehung zum eigenen Sohn, auf weitere Liebesbeziehungen und auf psychische und physische Langzeitfolgen gelegt. Anhand eines transkribierten Gespräches werde ich einen Einblick in eine Sitzung geben, in der Sabina sehr detailliert über die damaligen Misshandlungen, die heutigen Folgen und über den gerade erst erinnerten sexuellen Missbrauch durch den Vater erzählt.

Sabina wuchs bei ihren Eltern in einer Kleinstadt auf. Sie machte ihr Abitur und studierte gegen den Willen ihres Vaters mehrere Semester Politologie. Sie gab ihr Studium dann auf Druck ihres damaligen Freundes auf und machte eine Ausbildung zur Fremdsprachenkorrespondentin. Fünf Jahre lang war sie mit einem Mann verlobt, der sie regelmäßig misshandelte, und lebte fast die ganze Zeit mit ihm zusammen. Kinder hatte sie keine. Sabina wurde vier Jahre und neun Monate misshandelt, manchmal im Abstand von ein bis zwei Wochen, am Anfang seltener, später täglich. Am Anfang wehrte sie sich zaghaft, doch sie konnte ihn nicht verletzen, »weil er schneller war«, wie sie sagt.

Sabina lebt heute mit ihrem 11-jährigen Sohn Roman in einer 2-Zimmer-Sozialbau-Wohnung, die klein ist, in der sie sich aber wohl fühlt. Sie lebt von der Sozialhilfe, gelegentlichen Bürojobs und regelmäßiger Unterstützung durch die Eltern.

Als ich Sabina nach 12 Jahren wiedertreffe, geht es ihr schlecht; sie ist bereits seit längerer Zeit aufgrund »allgemeiner Erschöpfungszustände« krank geschrieben. Sie studiert wieder, hat ihre Diplomarbeit aber vor kurzem abgebrochen, weil das Thema – »Verarbeitung von Misshandlungserfahrungen«– zu aufwühlend für sie wurde. Sie fühlte sich mit diesem Thema überfordert; sie wollte betroffene Frauen interviewen und merkte dabei sehr schnell, dass sie ihre eigene Misshandlungsgeschichte selbst noch nicht aufgearbeitet hatte. Dies will sie jetzt in Angriff nehmen.

Als ihr Sohn Roman sechs Jahre alt war, ging er für anderthalb Jahre zur Kindertherapeutin – teilweise mit Sabina. Dadurch verbesserte sich das Verhältnis von Mutter und Sohn. Sabina selbst machte zweieinhalb Jahre lang eine Gesprächstherapie, die sie so weit wiederherstellte, dass sie ihren Alltag bewältigen konnte. Die Bewältigung ihrer Misshandlungsbeziehung war damals allerdings noch nicht Gegenstand der Therapie.

Nach unserem ersten Gespräch reagiert Sabina mit erheblichem Widerstand, den sie jedoch nicht artikulieren kann. Sie sagt drei nachfolgende Sitzungen jeweils eine Stunde vor der verabredeten Zeit mit dem Hinweis ab, dass sie sich krank fühle bzw. dass ihr Sohn krank sei. Nach einem längeren Telefonat kommt heraus, dass Sabina es im Augenblick nicht ertragen kann, an ihre früheren Misshandlungen erinnert zu werden. Dies geschieht jedoch schon in der ersten Stunde unserer Gespräche – wenn auch nur zaghaft – durch meine Fragen.

Sehr schnell also wird hier eine zentrale Ambivalenz deutlich: Einerseits hat Sabina D. einen großen Leidensdruck und will ihre Vergangenheit aufarbeiten, andererseits hat sie große Ängste vor den möglichen Auswirkungen, die sie schon nach der ersten Sitzung erlebt. Sie fühlt sich psychisch noch instabiler und körperlich noch verspannter.

Ich bekomme erst wieder erneut Zugang zu Sabina, als ich ihr vor jeder Sitzung eine Körperbehandlung in Aussicht stelle. Bei dieser Körper-Energiebehandlung geht es vor allem darum, Verspannungen aufzudecken und mit Hilfe von Drucktechniken aufzulösen, so dass die gestaute und vermindert fließende Energie wieder in Fluß gerät. Eine Einzelbehandlung umfasst circa 30 Minuten und wird im Liegen mit begleitender Entspannungsmusik durchgeführt. Durch diese Körperbehandlung werden bei Sabina D. schnell heftige Gefühle von Trauer, Schmerz, Verzweiflung und Wut ausgelöst, die allein durch eine Gesprächstherapie nicht so schnell und intensiv hervorgerufen worden wären. Die körperlichen Verspannungen reduzieren sich dadurch und Sabina fühlt sich nach jeder Behandlung in dem nachfolgenden Gespräch sichtlich ausgeglichener und entspannter.

Drei Monate nach der Wiederaufnahme unserer Gespräche macht Sabina eine zweimonatige Kur in einer psychosomatischen Klinik, in der sehr viel Körperarbeit angeboten wird. Als ich sie nach der Kur zum ersten Mal wiedersehe, geht es ihr extrem schlecht; ihre Ahnung, von ihrem Vater sexuell missbraucht worden zu sein, hat sich in der Kur bestätigt. Von diesem Zeitpunkt an setzen wir unsere Gespräche ohne vorherige Körperbehandlung fort. Sabina fühlt sich körperlich und emotional so aufgeweicht, dass sie Mühe hat, ihre plötzlichen Tränenausbrüche zu kontrollieren.

Erinnerung an frühkindliche Erfahrungen sexueller Gewalt durch Körperarbeit

Bereits als Kind spürte Sabina die Verkrampfung, wenn sie sich ins Bett neben ihren Vater legen sollte, heute ist sie fast ständig verkrampft, im Schlaf wie im Wachzustand. Als Kind konnte sie die Verkrampfung und diffusen Angstgefühle nicht einordnen, heute ist es erleichternd, dass sie durch die Körperarbeit Zugang zu ihrer sexuellen Gewalterfahrung bekommen hat und ihre Angst- und Panikgefühle darauf zurückführen kann. Eine Folge der aufdeckenden Körperarbeit in der Klinik ist allerdings auch, dass sie zeitweilig ihren Alltag fast nicht mehr bewältigen konnte. Sie kann ihre jahrelang ungeweinten Tränen kaum noch zurückhalten; erschwerend kommt hinzu, dass sie sich nicht mehr in einem Schutzraum wie in der Klinik befindet, sondern dass sie für ihren Sohn funktionieren muss. Teilweise werden ihre Panikzustände so massiv, dass sie befürchtet, in die Krisenstation gehen zu müssen. Gleichzeitig war sie die einzige Bezugsperson für ihren Sohn, der extreme Schul- und Kontaktschwierigkeiten hatte und lange Zeit eine Kindertherapeutin besuchte.

Sabina hat mit mir eine Mutterübertragung, mit der wir therapeutisch arbeiten können. Ihre Sehnsucht nach Nähe, Schutz und Geborgenheit und »einfach nur daliegen« ohne reden zu müssen, kann sie auf mein Insistieren hin formulieren. Ihr Wunsch nach Regression, die sie sich aufgrund ihrer Lebensumstände und Ängste nicht erlauben kann, steht im krassen Gegensatz zu ihrem Anspruch, mich vor ihren Tränen schonen zu wollen, damit sie, wie sie es gewohnt ist, besser funktionieren kann (in diesem Fall also, über ihre Erinnerungen reden kann). Ähnlich wird sie als Kleinkind ihre Mutter geschont haben, weil sie den sexuellen Übergriff ja nicht formulieren konnte und die Mutter nicht schützend erlebte.

Langzeitfolgen konzentrierter Gewalt

Bei Sabina kann, wie bei sehr vielen Frauen, nicht eindeutig differenziert werden, welche Langzeitfolgen sich ausschließlich auf die fast 5-jährige Misshandlungsbeziehung und welche sich auf die frühkindlichen sexuellen Übergriffe durch den Vater zurückführen lassen. Für meine Fragestellung spielt dies hier insofern keine Rolle, weil es sich in beiden Fällen um Männergewalt an Mädchen und Frauen handelt. Ich gehe davon aus: Die sexuelle Gewalt in der Kindheit ist die schwerwiegendste Form der Konditionierung eines Mädchens, sich männlicher Macht zu unterwerfen. So bildet früh erlebte sexuelle Gewalt sehr häufig das Fundament für alle weiteren Übergriffe. Sabina hat bereits als Kind nicht lernen können, dass ihr Körper und ihre Gefühle schützens- und achtenswert sind. So konnte sie kein klares Gefühl für ihre Körpergrenzen entwickeln. Im Gegenteil hat sie erfahren, dass eine ihr vertraute und nahe Bezugsperson, ihr Vater, sich das Recht nimmt, seine eigenen Bedürfnisse an ihr zu befriedigen. Sabina hat sehr früh erlebt, dass die Macht männlicher Autoritäten grenzenlos ist und dass es niemanden gibt, der sie davor schützt. Ihre Mutter hat sie als schwach und abhängig von ihrem Vater erlebt.

So hat der spätere Partner ein leichtes Spiel, Sabina – die ihm statusmäßig und intellektuell überlegen ist – nicht nur ebenfalls zu unterwerfen, sondern sie mit körperlicher Gewalt und seelischer Grausamkeit zu bestrafen, wenn er glaubt, dass sie sich nicht richtig verhält: wenn sie sich zu wenig oder zu viel gewehrt hat; wenn sie sich von einem anderen Mann hat trösten lassen; wenn sie vergisst, die Blumen zu gießen; wenn sie ihn in Gesellschaft durch ihr angstvolles Schweigen »blamiert« usw. Die Anlässe sind beliebig und können von jedem Misshandler willkürlich festgesetzt bzw. verändert werden.

Sabina bleibt in jedem Fall in der Position eines ausgelieferten kleinen Mädchens, das früh erfahren hat: es kann nicht aus der Situation fliehen, und es gibt keine Hilfe von außen. Gleichzeitig schämt sie sich und fühlt sich schuldig, dass ihr »so etwas« passiert. Frauen, die in der Kindheit sexuelle Gewalt erlebt haben, berichten immer wieder von ähnlichen Gefühlen. Diese Gefühle von absoluter Hilf- und Hoffnungslosigkeit und einer generellen Lebensunlust kannte Sabina phasenweise als Kind, als Jugendliche, und hat sie erneut wieder in der Misshandlungsbeziehung erlebt. Sie hat sich oft für diese »Lebensunlust« schuldig gefühlt, ist jedoch früher nie auf die Idee gekommen, dass ihre Symptome und ihr Ausgeliefertsein an den Misshandler eine direkte Folge der sexuellen Übergriffe durch den Vater sind.

Ich stelle die These auf: In den meisten Fällen, in denen Frauen über einen längeren Zeitraum misshandelt werden und sich nicht trennen können, handelt es sich um Frauen, die in der Kindheit sexuelle Gewalt erfahren haben.

Viele Klientinnen kommen in unsere Praxis, weil sie über ähnliche Symptome klagen wie Sabina: Angst vor Nähe bei gleichzeitigem Wunsch nach Kontakt, erschwerte Körperwahrnehmung, kein bzw. ein extremes Bedürfnis nach Sexualität, Selbstabwertungstendenzen, Misstrauen, kein Selbstvertrauen. Viele dieser Frauen haben wenig bis keine Erinnerungen an ihre Kindheit und extreme Schuld- und Versagensgefühle wegen ihrer vielfältigen Symptome, die sie sich selbst anlasten. Für viele Frauen bedeutet das Nichterinnern eine Art Selbstschutz, weil sie sich oftmals – auch aufgrund einer schwierigen Existenzlage – psychisch und physisch nicht in der Lage fühlen, sich mit der erlebten sexuellen Gewalt zu konfrontieren und diese zu bearbeiten.

Nicht selten findet sexueller Missbrauch im vorsprachlichen Bereich statt, in einem Lebensalter also, in dem ein ein- bis zweijähriges Kind das an ihm begangene Verbrechen noch nicht einmal für sich selbst, geschweige denn für andere in Worte kleiden kann. Erst die Symptome weisen manchen Klientinnen dann den Weg der Ahnung oder Erinnerung, denn Unterbewusstsein und Körper haben offensichtlich Informationen über den Missbrauch gespeichert, der im Bewusstsein nicht vorhanden zu sein scheint.

So verändert sich häufig die Lebensrealität von Frauen, wenn sie sich im Therapieprozess an sexuelle Übergriffe durch eine nahe Bezugsperson zu erinnern wagen. Einerseits ist der Schmerz fast unerträglich und andererseits empfinden sie oft eine ungeheure Erleichterung, wenn sie ihre vielfältigen Symptome endlich einordnen können, wie Sabina dies erlebte. Dies ist der erste Schritt einer Bewältigung, die zu einer positiven Veränderung der eigenen Lebensrealität führen kann.

Mögliche Folgen von Männergewalt

Die nachfolgend aufgelisteten ökonomischen und sozialen, körperlichen und seelischen Folgeerscheinungen von Männergewalt habe ich aus den Gesamtgesprächen mit Sabina D. zusammengestellt. Die Summe aller Misshandlungsfolgen wirkt nahezu erschlagend. Dies erlebte ich bei meinen Zuhörerinnen, als ich zum ersten Mal auf dem Bielefelder Grenzgängerinnen-Kongress[16] darüber berichtete. Die dargelegten Misshandlungsfolgen beziehen sich auf einen längeren Zeitraum, sie traten nicht immer gleichzeitig auf und sind bei Sabina heute nicht mehr in dieser Konzentration vorhanden. Dies zeigt, wieviel Kraft, Stärke und Energie Sabina investierte und investieren musste, um sich Schritt für Schritt aus diesem tiefen Tal herauszuarbeiten. Es verdeutlicht auch eine massive gesellschaftliche Ungerechtigkeit – dass Frauen oftmals ihre ganze Kraft dafür aufwenden müssen, sich wieder einigermaßen lebensfähig zu »machen«, statt ihr Leben von Anfang an nach ihren Wünschen und Fähigkeiten gestalten zu können, wie es Männern oft möglich ist.

Die folgende Zusammenstellung kann vielleicht auch eine Orientierungshilfe für Frauen sein, die sich in einer ähnlichen Situation wie Sabina befinden oder befunden haben: Diese Frauen sollten sich nicht länger als »lebensunlustige, lebensunfähige Versagerinnen« empfinden, sondern den Mut haben, ihre vielfältigen Symptome auf die ihnen zugefügte Gewalt zurückzuführen. Mit diesem Schritt beenden sie oft eine jahrelang praktizierte Realitätsleugnung, die dazu führt sich bewusst klein, unfähig und schuldig zu fühlen.

Ökonomische und soziale Folgen

- Sabina fühlte sich nach der Trennung vom Misshandler vier Monate lang arbeitsunfähig. Aus Scham wagte sie den wahren Grund beim Arbeitsamt nicht anzugeben. Sie hatte Angst, auf Unverständnis zu stoßen. Nachdem sie einen Termin beim Arbeitsamt versäumt hatte, wurde ihr Arbeitslosengeld gesperrt. Sie musste zum ersten Mal von Sozialhilfe leben, was sie als sehr demütigend empfand;
- der Misshandler weigerte sich lange, ihre Wohnung zu verlassen. Die monatlichen Zahlungen verweigerte er ebenfalls Sabina. Dadurch bekam Sabina eine Räumungsklage mit zusätzlichen Kosten, für die sie aufkommen musste;
- beim Prozess gegen den Misshandler erhielt sie kein Schmerzensgeld, er wurde nur zu einer Geldstrafe wegen Körperverletzung mit mildernden Umständen verurteilt;
- sie lebte während der ganzen Zeit nach der Trennung mit ihrem inzwischen 11-jährigen Sohn an der Armutsgrenze, weil sie sich lange Zeit nicht belastbar und voll arbeitsfähig fühlte;
- durch das Thema ihrer Diplomarbeit, »Bewältigung von Misshandlungserfahrungen«, stieß sie auf den Verdacht, in ihrer Kindheit sexuelle Gewalt erfahren zu haben. Danach konnte sie jahrelang nicht an der Diplomarbeit weiterarbeiten und ihre finanzielle und soziale Situation nicht verbessern;
- phasenweise machte Sabina sich starke Selbstvorwürfe, da sie von außen nicht die Bestätigung erhielt, dass ihr Leben an der Armutsgrenze mit ihren massiven Gewalterfahrungen in Verbindung steht.

Körperliche Folgen

- Sabina hat am ganzen Körper starke Verspannungen und ständig Rückenschmerzen;
- hat chronische Gallenblasenentzündung mit Gallensteinen und muss Medikamente nehmen, um die Steine aufzulösen. Sie muss eine Diät einhalten;
- hat Unterleibsentzündungen, Asthma, Allergien und Herpes;
- hatte lange Zeit nach der Trennung vom Misshandler drei Tage in der Woche starke Migräneanfälle, die erst während der damaligen Therapie nachließen;
- hat zur Zeit Schilddrüsen-Unterfunktion mit häufiger Müdigkeit und Neigung zu Depressionen. Sie muss Thyroxin einnehmen;
- hat am ganzen Körper Verletzungen in Form von Verhärtungen des Gewebes und Narben im Gesicht;
- hat in Stress-Situationen eine Anspannung um die Augen, teilweise Sehstörungen und Flimmern vor den Augen;
- hat durch eine Ohrfeige des Vaters einen Trommelfellriss;
- konnte in einer späteren Beziehung aus Angst nicht auf Verhütungsmitteln bestehen – die Folge war eine Abtreibung;
- isst in verstärktem Maße, um das Dickerwerden als Puffer zwischen sich und der Welt zu erleben und den Körper dadurch zu schützen, ihn aber dann aus ästhetischen Gründen abzulehnen;
- erinnert sich beim täglichen Blick in den Spiegel und dem Betrachten der Narben an Misshandlungen.

Seelische Folgen

- Sabina fühlte sich nach der Trennung vom Misshandler wie eine »Aussätzige«, weil sie dies hat mit sich machen lassen. Eltern und Misshandler hatten ihr eingeredet, mit ihr würde etwas nicht stimmen. Der Vater drohte mit Psychiatrie-Einweisung, falls sie sich nicht trenne;
- büßte in der Misshandlungsbeziehung Selbstwertgefühl ein, weil sie sich dem Partner gegenüber nicht durchsetzen konnte und immer wieder zu ihm zurückging;
- hat heute in Krisensituationen immer wieder Schlafstörungen, Alpträume und Panikattacken. Sie kann sich nur schwer entspannen, ist auch während des sexuellen Kontakts angespannt, glaubt ständig, die Kontrolle behalten zu müssen;

- kann nur unverbindliche Liebesbeziehungen eingehen, hat Angst vor Nähe, weil sie diese als bedrohlich erlebt;
- hat Kontaktprobleme, fühlt sich in nahen Beziehungen häufig ausgeliefert, zieht sich dann zurück und fühlt sich oft einsam;
- hat diffuse Angstgefühle und spürt eine diffuse Traurigkeit. Sie neigt zu Antriebslosigkeit und Depressionen in Konfliktsituationen;
- litt Tag und Nacht unter wiederkehrenden Panikanfällen und Weinkrämpfen, als sie die sexuelle Gewalt durch den Vater erinnerte;
- erhöhte nach dem Aufenthalt im Frauenhaus zeitweise ihren Alkoholkonsum, um alles zu vergessen, was von Schuld- und Schamgefühlen und Zittern begleitet war;
- verdrängte lange Zeit die Misshandlungsfolgen, weil sie die Aufarbeitung nicht zu ertragen glaubte;
- waren in der Kindheit, in der Jugend und bis heute Suizidgedanken vertraut. Suizid galt für sie lange als Konfliktlösungsmöglichkeit;
- kann sich schwer abgrenzen, sie kennt ihre Körpergrenzen nur unzureichend;
- zeigt inkongruentes Verhalten: Sie lächelt, obwohl sie weinen möchte;
- hat Angst vor zu großer Nähe und Grenzüberschreitungen durch den eigenen Sohn. Durch die Suizidgedanken des Sohnes erinnerte sie sich an ihre eigenen Wünsche, nicht mehr leben zu wollen, an Hoffnungslosigkeit und Resignation. Der Sohn lebt ihre latent vorhandenen Suizidphantasien heute aus;
- hat eine Körperspaltung: Sie machte sich lange Zeit bewusst gefühllos, um Schmerzen nicht mehr fühlen zu müssen;
- hatte lange Zeit keine Lebensfreude und kein Körperempfinden;
- hatte, als sie ihren Misshandler acht Jahre nach der Trennung zufällig von weitem in einem Café sitzen sah, Zittern am ganzen Körper, weiche Knie und verließ in Panik fluchtartig den Raum;
- ging zu ihrem Hausarzt, als sie in der Misshandlungsbeziehung keinen Ausweg mehr sah. Der schickte sie zu einem Psychiater. Sie nahm vier Wochen lang Imap und Lexotanil, weil sie von Angst und Hoffnungslosigkeit überflutet wurde und die Misshandlungen zu der Zeit ihren Höhepunkt erreichten. Der Misshandler bestrafte sie, als er erfuhr, dass sie bei einem Psychiater gewesen war und von seinen Gewalttaten erzählt hatte.

Paula, 38 Jahre, tierärztliche Assistentin, seit Jahren krank geschrieben

Diagnose: »Schizophrenie«.

Ein erster Blick zurück

Meine Freundin Paula ist sportlich durchtrainiert, wirkt viel jünger als sie ist, und lebt zur Zeit von Sozialhilfe. Die letzte Arbeitsstelle, die ihr viel Freude machte, kündigte sie, weil ihr Chef sie sexuell belästigte. Sie ist lesbisch und lebt allein in einem winzigen Apartment. Wenn sie eine Liebesbeziehung eingeht, ist diese in der Regel symbiotisch und die Freundin zieht zu ihr. Sie hat wenig Freundschaften, da sie Schwierigkeiten hat, von sich aus Kontakte einzugehen und zu halten. Sie wurde in der ehemaligen DDR geboren und von ihrer Mutter (Vater unbekannt) mit sechs Wochen in ein Heim gegeben, da der neue Freund der Mutter diese nur ohne Kind heiraten wollte. Mit drei Jahren wurde sie von einem Ehepaar adoptiert, das keine eigenen Kinder bekommen konnte.

Paula war eine schlechte Schülerin, bekam aber in Sport und sozialem Verhalten Bestnoten. Nach ihrer Ausbildung zur tierärztlichen Assistentin engagierte sie sich politisch im Widerstand gegen die DDR-Regierung. Deswegen war sie häufiger kurze Zeit im Gefängnis. Mit 25 schob man sie in die BRD ab, was sie immer wollte. Kurz bevor sie die DDR verlassen konnte, machte sie den Namen ihrer leiblichen Mutter ausfindig und besuchte sie, ohne den Adoptiveltern davon zu erzählen. Sie stellte eine große Ähnlichkeit fest und empfand ansonsten keine Emotionen. Mit dem nur ein Jahr jüngeren Halbbruder traf sie sich noch einmal. Als sie die DDR verließ, lebte sie seit drei Jahren mit einer Geliebten zusammen, der sie versprach, sie so schnell wie möglich in den Westen nachzuholen.

Im Westen reiste sie erst einmal alleine um die halbe Welt, was sie sich immer gewünscht hatte, und nahm Kontakt zur Lesbenszene und kurzfristig zur Drogenszene auf. Sie ging eine erneute Liebesbeziehung ein, die fast drei Jahre hielt. Nach dem Mauerfall 1989 besuchte sie wieder regelmäßig ihre Adoptiveltern (wöchentlich und zu allen Festtagen). Bei solch einem Besuch versuchte sie sich eines Nachts mit Gas in der Küche umzubringen. Auslöser schien die Trennung von ihrer Freundin zu sein, die sie durch eine Affäre selbst herbeigeführt hatte.

Es folgte ihr erster Psychiatrie-Aufenthalt mit der Diagnose »Schizophrenie«. Sie wurde mit Neuroleptika vollgestopft, schwieg und hatte große Mühe, infolge der Wirkung der Psychopharmaka nicht immer wieder erneute Suizidversuche zu unternehmen. Paula bekam nach dem Psychiatrie-Aufenthalt die Auflage, sich regelmäßig bei einem Psychiater zu melden, der ihre medikamentöse Einstellung verantworten sollte. Sie setzte mit dem Tag der Entlassung alle Psychopharmaka ab, ging jedoch regelmäßig zu dem Psychiater, um ihre Krankschreibung für den Erhalt der Sozialhilfe zu bekommen. Die Rezepte warf sie regelmäßig weg, es fanden kaum Gespräche statt.

Mit Hilfe einer guten Freundin und durch den Kontakt zu Tieren stabilisierte sie sich ganz allmählich. Die zweite Psychiatrie-Einweisung erfolgte in einer Situation, in der Paula Beziehungsprobleme hatte, diese aber nicht angesprochen wurden und sie voller Angst war, dass die neue Geliebte sich von ihr trennen könnte, wenn sie ihre Diagnose erfahren würde.

»Die schon wieder!« – Paulas dritte Psychiatrieeinweisung

Paula sollte wegen der Entfernung eines Myoms an der Gebärmutter für eine Woche in die Klinik. Zu dieser Zeit lebte sie wieder sehr symbiotisch mit einer Frau zusammen. Und wieder hatte sie Angst, der Partnerin von den Psychiatrieaufenthalten zu erzählen. Einige Monate vor dem gynäkologischen Eingriff vertraute sie mir an, dass sie, wenn sie mit ihrer Freundin im Bett läge, immer öfter die Vision habe, aufzustehen, den Hammer aus dem Schrank zu nehmen und ihrer Freundin damit auf den Kopf zu hauen. Ich riet ihr, mit ihrer Freundin zu reden und die Beziehung zu lockern. Während eines Kurzurlaubes mit mir trat die Vision nicht auf, solange wir direkt im Kontakt waren.

Vor dem gynäkologischen Eingriff riet ich Paula, sich von einer Naturheilärztin leichte Beruhigungsmittel verschreiben zu lassen. Sie lehnte ab und beteuerte, es sei alles o.k., und sie habe nichts zu befürchten. Zu diesem Zeitpunkt nahm sie ausschließlich Rescue-Tropfen (Bachblüten), die ich ihr empfohlen hatte. In dieser Situation fand eine deutliche Realitätsleugnung statt, auf die Paula später mit heftigen Selbstvorwürfen reagierte.

Die Entfernung des Myoms verlief ohne Komplikationen. Am dritten Tag im Krankenhaus wurde Paula unruhig und sagte mir, sie habe das Gefühl, sich unfair verhalten zu haben, weil sie ihrer Freundin nicht die Wahrheit erzählt habe. Sie befürchtete, wieder verlassen zu werden, wenn die Freundin von ihrer »Schizophrenie«erfahren würde. Von ihrer behandelnden Ärztin besorgte ich ihr

Kava-Kava, ein Naturpräparat gegen Ängste, das jedoch nicht so schnell wirkte. (Dies wollte ihr ihre Ärztin vor der Operation verschreiben, was Paula allerdings nicht für nötig hielt.) Paula wurde zunehmend von Ängsten beherrscht und weigerte sich, dies den Ärzten mitzuteilen. Ich fühlte mich hilflos, redete viel mit ihr und gab ihr Reiki-Behandlungen (Energieübertragung durch Handauflegen), während sie im Bett lag und schwitzte.

Am nächsten Tag war Paula starr vor Angst, kataton, total verändert und nicht mehr fähig zu reden. Der Kontakt war nur noch über Berührungen möglich. Sie klammerte sich an mich und war total verzweifelt. Ich hatte sie noch nie zuvor in einem solchen Zustand gesehen. Sie konnte nicht mehr auf der gynäkologischen Abteilung bleiben, obwohl sich die Heilung der Wunde verzögerte. Paula war ein zu schwerer Fall für die psychosomatische Abteilung des Krankenhauses und wurde in diesem Zustand in die Psychiatrie weit draußen vor der Stadt gefahren. Ich erfuhr später von ihr, dass sie schon einmal auf dieser geschlossenen Abteilung gewesen war und sich geschworen hatte, nie mehr dorthin zu gehen.

»Zu ihrem eigenen Schutz« wurde Paula zwangseingewiesen. In dieser geschlossenen Psychiatrie trat ich nicht als Freundin, sondern als die Therapeutin von Paula auf. Das gab mir die Möglichkeit, ausführlich mit Oberarzt und behandelnder Ärztin zu reden und wann immer ich wollte mit Paula zu telefonieren oder sie zu besuchen. Am Anfang waren alle auf der Abteilung zuvorkommend zu mir. Allerdings nicht zu Paula, denn Patient/innen, die häufiger in die Psychiatrie eingewiesen werden, gelten dort oft als hoffnungslose Fälle und werden dementsprechend mit weniger Respekt behandelt. Später fühlte sich das Personal von mir kontrolliert und kritisiert. Ich problematisierte die Gabe des Medikaments Glyanimon. Es hieß, ich würde gegen die Ärzt/innen arbeiten und damit Paula keinen Gefallen tun.

Paula wurde mit Neuroleptika zugeschüttet, weil man davon ausging, dass sie über zwei Jahre die hohe Dosierung ihres Psychiaters genommen hatte. Die Ärzt/innen glaubten mir nicht, dass sie die Rezepte weggeworfen hatte. Deshalb nahmen sie Glyanimon, das stärkste Neuroleptikum für ganz schwere Fälle. Die Nebenwirkungen waren erschütternd. Paula sabberte, konnte nicht mehr alleine essen, nässte ein und lag oft stundenlang in ihrem nassen Bett, weil sie sich schämte. Zusätzlich bekam sie Tavor gegen Ängste und Taxilan zur Beruhigung.

Ich hatte keinen Erfolg mit meinen Interventionen. Paulas Befindlichkeit verschlechterte sich zusehends, während die Ärzt/innen mich weiterhin zu beruhigen versuchten. Es handele sich um den ganz normalen Verlauf einer »schizo-affektiven Psychose«. Paulas Zustand wurde so lebensbedrohlich, dass sie auf die Intensivstation verlegt wurde. Weil alle Psychopharmaka abgesetzt wurden, wurde sie hier wieder klar und ansprechbar. Sie hatte verstärkt Angst vor dem Zugriff der Psychiatrie, da sie noch zwangseingewiesen war. Nach der körperlichen Wiederherstellung musste sie wieder auf die geschlossene Abteilung und ihr wurden die Psychopharmaka zwangsweise verabreicht. Damit verschlechterte sich ihr Zustand wieder in Richtung Katatonie.

Als ich durch Zufall bemerkte, dass Paula eine Tablette heimlich ausspuckte, und dies ansprach, gingen die Ärzte davon aus, dass es in Absprache mit mir geschehen sei. Von diesem Zeitpunkt an bekam Paula Infusionen. Die Katatonie ließ nach, Paula war benommen, aber ansprechbar, hatte einen schlurfenden Gang und einen abwesenden Blick. Sie war zu einer hilflosen Person geworden, mit der nichts weiter geschah außer dass sie regelmäßig von den Ärzt/innen in Augenschein genommen wurde. Die Schwestern bemerkten nur noch: »Ach, die kennen wir schon, die ist nicht zum ersten Mal hier.«

Als Paula einmal vor Wut zaghaft gegen die Heizung trat, bemerkte die behandelnde Ärztin: »Die schon wieder. Jetzt geht alles wieder von vorne los. Machen Sie wieder das gleiche Theater?« Ein anderes Mal, als sie hilflose und verzweifelte Wut spürte, kam eine junge Schwester, legte ihr die Hand auf den Bauch und sagte: »Tief in den Bauch atmen.« Paula war sofort beruhigt, hatte jedoch Angst, die Schwester noch einmal zu bemühen.

Zu den Wochenenden holten ich und ihre Geliebte sie abwechselnd nach Hause. Sie war zwar ein Pflegefall, aber jedes Mal ging es ihr außerhalb der Klinik etwas besser, bis wir sie wieder zurückbrachten. In dieser Zeit achtete sie sehr auf ihre Medikamenteneinnahme. Nachdem sie auf eine offene Station verlegt worden war, wollte ich sie mit in den Winterurlaub nehmen. Dies wurde ihr nicht erlaubt und ihre zaghafte Besserung brach zusammen. Als ich sie aus dem Urlaub anrief, äußerte sie zum ersten Mal wieder extreme Suizidwünsche, sie fühlte sich verlassen.

In genauer Absprache mit einer befreundeten Heilpraktikerin riet ich ihr zu hohen Dosen Vitamin C, allerdings nur nach dem Essen. Dies führte dazu, dass sie klarer wurde, ihre Realität besser einschätzen konnte, aber auch ihren Trennungsschmerz deutlicher wahrnahm, denn ihre Freundin hatte sich – wie befürchtet – inzwischen von ihr getrennt. Die Freundin brauchte nun selbst Unterstützung. Sie hatte sich zu sehr mit Paulas Leid identifiziert und war damit über ihre eigenen Grenzen gegangen.

Als Paula ihren Zustand nicht mehr aushalten konnte, floh sie aus der Klinik. Indem sie sich im Winter leicht bekleidet in den Wald setzte, hoffte sie zu erfrieren. Sie wurde gefunden und zurück in die Klinik gebracht.

Wir Freundinnen von Paula suchten inzwischen nach Alternativen zur Psychiatrie und kamen auf das Weglaufhaus, das von ehemaligen Psychiatrie-Patient/innen initiiert und geführt wird. Unter der Androhung, dass ich beim nächsten Suizidversuch die Verantwortung zu übernehmen hätte und Paula keinen Versicherungsschutz mehr habe, verließen wir fluchtartig die Klinik. Paula fühlte sich einerseits euphorisch, andererseits hatte ihr die Drohung Angst gemacht. Im Weglaufhaus fühlte sie sich einsam, überfordert und zu weit weg von der Stadt. Bisher war sie in die Hilflosigkeit gezwungen worden und nun wurde an ihre Selbständigkeit appelliert. Nur zu einer Mitarbeiterin nahm sie Kontakt auf. Als ihr eine andere Mitarbeiterin nach einigen Tagen mitteilte, die Kosten würden vom Sozialamt nicht übernommen, besorgte sich Paula Tabletten, fuhr in ihre Wohnung und versuchte erneut, sich umzubringen. Die Rettung kam in letzter Minute und Paula hatte erstaunlicherweise keine Schäden davongetragen. Sie bedauerte, dass es nicht geklappt hatte, und kam wieder auf die geschlossene Abteilung. So begann alles von vorn.

In dieser Zeit kam ich fast um vor Trauer, Ängsten und Schuldgefühlen, weil ich Paula nicht wirklich helfen konnte. Sie bekam fast täglich von mir oder einer Freundin Besuch. Wir berieten uns jeden Abend und ein Stück der Verzweiflung und Hoffnungslosigkeit von Paula übertrug sich auf uns. Ich versuchte, einen Platz für Paula in einer sehr guten Klinik zu finden. Dort sagte mir der Oberarzt, schizo-affektive Psychosen würden am besten ambulant geheilt. Diese Aussage stand in krassem Gegensatz zu den Aussagen der Ärzt/innen der Psychiatrie.

Da Paula zu diesem Zeitpunkt nicht zwangseingewiesen war, beschlossen wir, den hoffnungslosen Zustand zu beenden und sie abwechselnd zu Hause zu betreuen. Als sie dies hörte, ließen ihre Suizidwünsche nach und ein Hauch von Lebensmut kehrte zurück.

Als der diensthabende Arzt von unseren Plänen erfuhr und Paulas gepackte Taschen sah, rief er sofort den Oberarzt. Dieser drohte, am nächsten Tag den Amtsarzt zu konsultieren, der aufgrund der Aktenlage entscheiden solle. Es war klar, dass Paula eine erneute Zwangseinweisung zu erwarten hatte. Nach endlosen Diskussionen gaben wir auf. Ich machte mir Vorwürfe, nicht den »richtigen« Weg eingeschlagen zu haben.

Nachdem wir nachgegeben hatten, gab sich der Oberarzt großzügig und erlaubte Paula mit uns einen Spaziergang in der Sonne. Die Tür wurde aufgeschlossen. In diesem Moment stand für Paula fest, dass sie nicht mehr zurück ginge. Ich war etwas ambivalent, da ich für ihre Therapeutin gehalten wurde und Hausverbot befürchtete. Ich wusste nicht, was auf mich zukommen würde. Doch eine Psychiaterin, die mir von der Antipsychiatriebewegung genannt wurde, bestärkte Paula am Telefon, nicht mehr zurück in die Psychiatrie, sondern ambulant zu ihr zu kommen. Dies bedeutete für Paula den Schritt in die Freiheit und für uns das uneinschätzbare Abenteuer einer Allround-Betreuung.

Ein zweiter Blick zurück

Paula wird sehr früh – wahrscheinlich schon pränatal – das Gefühl des Nichterwünschtseins mitbekommen haben. In den ersten sechs Lebenswochen, die sie bei ihrer Mutter war, wird sie deren Ambivalenzen, sich für oder gegen dieses Kind zu entscheiden, deutlich gespürt haben. Im Säuglingsheim erlebte Paula von Anfang an extreme emotionale und psychosoziale Defizite, außerdem dürfte der abrupte Wechsel wie ein Schock auf den Säugling gewirkt haben. Mit drei Jahren konnte sie kaum sprechen, hatte eine chronische Ohrenentzündung und destruktive Verhaltensweisen, die sie damals noch nach außen richtete: Sie zerstörte jedes Spielzeug. Die Trennung von der Mutter und der darauf folgende Heimaufenthalt müssen so traumatisch gewesen sein, dass Paula heute keinerlei Erinnerungen an diese Zeit hat. Ihre Erinnerung beginnt erst mit der Adoption und ist von da an verklärt. Sie erzählte mir am Anfang immer, sie habe eine so wunderschöne Kindheit erlebt, ihre Eltern hätten ihr jeden Wusch erfüllt. Aus Dankbarkeit, dem Heim entronnen zu sein, war für Paula jegliche Kritik an den Adoptiveltern tabu. Dies führte zur fast totalen Aggressionshemmung, besonders vertrauten Menschen gegenüber. Sie erzählte mir immer freudestrahlend, dass sie sich mit ihrer Geliebten noch nie gestritten habe. Diese jahrelang unterdrückten Aggressionen drängten zum Beispiel in der Vision mit dem Hammer, mit dem sie die Freundin erschlagen wollte, an die Oberfläche.

Der rote Faden in Paulas Leben ist Wurzelsuche bzw. das Suchen nach einer stabilen inneren und äußeren Heimat. Paula hat im Grunde mehrmals ihre Heimat verloren, und ihre Wurzeln liegen im Dunkeln: Der Vater ist unbekannt, mit sechs Wochen gab die leibliche Mutter sie in ein Heim, mit drei Jahren kam sie zu Adoptiveltern. Die Adoptivmutter ließ sich zweimal scheiden, um den gleichen Mann wieder zu heiraten, der Alkoholiker und zeitweilig gewalttätig war. Mit 25 Jahren siedelte sie allein von der DDR in die BRD über.

Paula lernte früh, Schmerz, Demütigung, Trauer, Wut, sexuelle Übergriffe und Verlassenheitsängste abzuspalten. Zum einen, weil sie diese Gefühle nicht zu ertragen glaubte, zum anderen, weil sie sich irgendwie für ihren Zustand schuldig fühlte. Dies ging soweit, dass sie einer Freundin drohte, sich von ihr zu trennen, wenn sie ihre DDR-Vergangenheit »verraten« würde.

Paula gelang es scheinbar perfekt, ihre Ängste abzuspalten, so dass ihr die Angst nicht mehr als Signal bei Gefahr diente, zum Beispiel wenn sich ihre Krankheit anbahnte. So konnte sie immer wieder die Grenzen der Angst überschreiten, was Licht- und Schattenseiten hatte, Paula jedoch sah nur den vermeintlichen Nutzen, keine Ängste zu spüren.

Sie lernte Fallschirmspringen und hatte nie Probleme, ins Nichts zu fallen. Auf ihren Reisen war sie zeitweilig damit beschäftigt, gegen Bezahlung in einem Haifischbecken zu schwimmen, wo sie genaue Regeln einhalten musste, sonst hätten die Haie sie angegriffen. Sie stählte ihren Körper durch viele Sportarten, lernte »Streetfighting« und hatte das Gefühl, sich in jeder Situation verteidigen zu können.

Da Paula die Angst abgespalten hatte, ging sie in so manche Gefahrensituation hinein, die andere mit Sicherheit aus Selbstschutz vermieden hätten. Ihr innerer Selbstschutz, der auch mit Selbstwertgefühl zusammenhängt, war verkümmert, sie trainierte ihre Muskeln, kontrollierte ihr Körpergewicht und ließ dabei ihre Seele buchstäblich verhungern. Insgesamt sorgte sie unzureichend für ihr leibliches Wohlbefinden. Sie hatte ein gestörtes Essverhalten, konnte nicht kochen, hatte keine Lust, allein essen zu gehen, und ernährte sich über Monate von täglich drei Tafeln Schokolade und Cola. Damit begann sie bereits zum Frühstück. Die Schokolade führte am Morgen zu einer Stimmungsaufhellung. Hinzu kamen exzessive Sonnenbäder. Licht führt bekanntlich auch zu Stimmungsaufhellungen. So ist es nicht verwunderlich, dass es Paula wie sehr vielen anderen Menschen, denen man die Diagnose »Depression« verpasst hat, in den dunklen Jahreszeiten stimmungsmäßig schlechter ging. Bei ihren Einweisungen in die Psychiatrie waren die Auslöser meist identisch:

- Eingehen von symbiotischen Liebesbeziehungen in dem Glauben, damit die Endlichkeit von Liebesbeziehungen aufzuheben und emotionale Defizite aus der Kindheit auszugleichen. Wenn ihr jemand zu nah kam, was sie sich durch die Symbiose wünschte, wurden gleichzeitig ihre Verlustängste latent aktualisiert. Andererseits hatte sie einen starken Freiheitsdrang, der in ihrem Alleinreisen zum Ausdruck kam und den sie zugunsten von symbiotischen Liebesbeziehungen eine Zeit lang unterdrücken konnte.
- Trennung oder die Vorwegnahme von Trennung. So projizierte sie auch ihre eigenen Trennungswünsche, die sie sich nicht eingestehen konnte, in die jeweilige Geliebte, weil es für sie ein Tabu bedeutete, sich zu trennen.
- Das Gefühl von Hyperaktivität, sozusagen in einer manischen Phase. Dies führte zu exzessivem Fernsehen, nächtelangem Ausgehen, Tanzen, Spielen, Ertragen lauter Musik. Diese Aktivitäten waren mit Schlafentzug verbunden. Paula war in diesem Zustand fast euphorisch und hatte keine Zeit zum Schlafen oder sich um ihre Ernährung zu kümmern. In solch einer Phase aß sie noch weniger als üblich. Eine solche sich ständig steigernde Stress-Situation kann von jedem Menschen nur eine Zeit lang bis zum physischen und psychischem Zusammenbruch ausgehalten werden.

Meine Erfahrungen mit der ambulanten Betreuung

In den ersten Monaten war Paulas ambulante Betreuung ein 24-Stunden-Job, der exakte Organisation, viel Zeit, liebevolle Zuwendung und emotionale Stärke erforderte. Zur eigenen Entlastung schalteten wir noch zwei weitere Frauen ein, die ihre Einsätze über Einzelfallhilfe abrechnen konnten.

Paula hatte große Angst, dass die alten Katastrophenängste und Suizidgedanken, mit denen sie in der Psychiatrie täglich konfrontiert war, sie weiterhin quälen und uns zusätzlich belasten könnten.

In den ersten Wochen musste sie täglich zur Psychiaterin begleitet werden. Diese setzte sofort das Glyanimon ab und reduzierte ganz allmählich Taxilan und Tavor. Paula schlief am Anfang über zwei Drittel des Tages oder lag mit geschlossenen Augen im Bett. Ihr fiel der Kontakt schwer, obwohl sie ihn brauchte. Es musste immer jemand in ihrer Nähe sein.

Paulas Ängste verstärkten sich noch einmal, als der Sozialpsychiatrische Dienst (SPD), der durch die Klinik über Paulas Flucht informiert wurde, auf der Suche nach ihr war. Der SPD hatte darüber zu entscheiden, ob Paula außerhalb der Klinik bleiben durfte. Wir verzögerten mit Wissen der Psychiaterin diesen Termin, bis es Paula tatsächlich besser ging.

Nach ca. 14 Tagen stellte sich eine leichte Besserung ein, Paula konnte zum ersten Mal wieder ein wenig lachen und weinen über das, was ihr in der Psychiatrie angetan worden war. Sie klagte nachts über starke Krämpfe, die auch mit Akineton nicht weggingen, aber mit Massagen und hohen Dosen Vitamin E und Kalzium. Gleichzeitig nahm sie noch sehr viel Vitamin C und Multivitamine ein, um die Nebenwirkungen der Psychopharmaka abzuschwächen.

Paula durchlebte gewissermaßen noch einmal einen Teil ihrer kindlichen Entwicklung. Sie fühlte sich versorgt und geborgen, wie sie es sich als Kind immer gewünscht hatte. Zu festgesetzten Zeiten bekam sie zu essen; wir mussten darauf achten, dass sie genügend trank, da sie dies immer vergaß. Sie machte ganz bewusst einen Zuckerentzug und aß nichts Süßes mehr.

Am Anfang konnte Paula sich die verschiedenen Medikamente nicht selbst zusammenstellen. Darüber hinaus musste auf Waschen, Baden, Sich-warm-Anziehen und Ruhepausen geachtet werden. Ich gab ihr Reiki-Behandlungen bei Entspannungsmusik, und achtete auf Erdungsübungen. Wir machten kleine Spaziergänge, die wie vorsichtiges Laufenlernen waren.

Ich habe versucht, Paula in ihren Qualen zu begleiten, und hatte nicht den Anspruch, ihr diese abzunehmen. Nicht Mitleiden, sondern Mitgefühl half ihr. Ich hatte niemals den Anspruch, Paula retten zu können, sondern konnte und wollte ihr Sicherheit und Geborgenheit zur Selbstheilung geben. Daher konnte ich auch keine vorgefertigten Erwartungen haben. Ich habe mich bemüht, nicht von einer bestimmten Zeit auszugehen, in der Heilung stattfinden soll, und freute mich über ihre Erfolge. Manchmal war ich im Zweifel, ob Paula ihren Prozess unbewusst boykottierte, weil es auch so etwas wie »Krankheitsgewinn« gab. Sie genoss den Zustand des Umsorgtwerdens und im Mittelpunkt zu stehen und gab sich vielleicht manchmal hilfloser, als sie tatsächlich war. Es entstand eine große Abhängigkeit. Ich betonte aber immer wieder, dass wir alle in irgendeiner Form abhängig seien und dass Paulas extreme Abhängigkeit in der Tat bestehe, aber auch wieder vergehe.

Mit der Zeit entdeckte Paula ihr Bedürfnis nach Gesprächen, und ich musste meine Grenzen immer wieder kenntlich machen, da bei ihr der Wunsch nach Grenzenlosigkeit wie bei einem Kleinkind bestand. In unseren Gesprächen haderte Paula lange damit, ihren Zustand zu akzeptieren und ging sehr schnell in die Selbstverurteilung. Mir schien es dabei wichtig, den Zustand des »Verrücktseins« nicht totzuschweigen oder zu glorifizieren, sondern immer wieder aufzuzeigen, wie sie dort hineingeraten war und wie Vorsorge getroffen werden konnte. Ich sagte ihr, dass sie immer wieder aus diesem Zustand herausgekommen sei, trotz extremer Realitätsleugnung, zum Beispiel wenn sie ihre Hyperaktivität lange als Bereicherung und nicht als Vorstufe zur Psychose sah.

Mir war wichtig, bei Paula ein Verständnis für sich selbst zu wecken, ich wollte ihr aber gleichzeitig nicht das Gefühl vermitteln, als Therapeutin alles besser zu wissen, sondern auch ihre eigene Kompetenz miteinbeziehen und stärken.

Mit dieser Betreuung geriet ich an die Grenzen meiner Belastbarkeit. Ich konnte nicht mehr unterscheiden, was Priorität hatte, meine Arbeit als Therapeutin, Fortbildungen, Supervision und Teamsitzungen oder Paulas Allround-Betreuung. Ich bekam einer Klientin gegenüber ein schlechtes Gewissen, weil ich keine Kapazität mehr hatte, sie in ihrer Psychose in der Psychiatrie zu besuchen, so wie das vorher selbstverständlich war. Ich vernachlässigte meine Freundschaften und beschränkte mich auf die, die mich in der Situation unterstützten. Ich konnte diesen Zustand eine Zeit lang aushalten, weil ich sehr verständnisvolle Freundinnen und Kolleginnen hatte, die mir auch mit Supervision zur Verfügung standen. Hinzu kam die wirklich unterstützende Zusammenarbeit mit der Psychiaterin.

Meine »Belohnung« für meinen Einsatz waren Paulas deutliche Fortschritte in ihrem Heilungsprozess. Für mich bedeutete es später eine Erleichterung, dass ich nicht mehr mit Angst reagierte, wenn Paula etwas länger mit dem Hund spazieren ging. Ich ermutigte sie, ihre Wünsche und Bedürfnisse auf direktem Wege zu äußern und nicht schon beim ersten Impuls runter zu schlucken oder umzulenken.

Später war mir wichtig, die besondere Ausrichtung auf mich zu lockern, so zog ich mich allmählich aus der Hauptverantwortung für die Betreuung zurück und eine andere Frau rückte an meine Stelle. Dies war nicht unproblematisch und mit Tränen auf beiden Seiten verbunden; andererseits freute sich Paula später, als sie bemerkte, dass es ihr gelang, weitere Kontakte zu knüpfen.

Heute sind einige Jahre vergangen nach Paulas Flucht aus der Psychiatrie. Sie nimmt noch eine geringe Dosis Taxilan und geht regelmäßig zur Psychiaterin. Sie hat wieder intensiven Kontakt zu Tieren aufgenommen, die ihren Heilungsprozess ganz entscheidend beeinflussen. (Sie kann auf einer bestimmten Ebene mit allen Tieren kommunizieren und genießt deren bedingungslose Liebe und ihr Vertrauen.) Doch was das Allerwichtigste nach dieser Psychiatrie-Erfahrung ist: Paula hat ihr Schweigen gebrochen. Sie beginnt, Fragen zu stellen, offen über ihre Psychiatrie-Erfahrungen zu reden, ihre eigene Geschichte aufzuarbeiten, um aus der Verstrickung von Scham- und Schuldgefühlen herauszukommen und Aggressionen zulassen zu können. Paula ist sicher, dass sie die Psychiatrie zuletzt nicht überlebt hätte. Sie ist heute dankbar, dass ihre Suizidversuche erfolglos geblieben sind.

»Zu wenig – und doch sehr viel«:
Zusammenfassung der Protokolle

Ich habe die Forderung der Frauenbewegung, Frauen nur von Frauen beraten zu lassen, auch wieder in meinen Gesprächen bestätigt bekommen. Bei all meinen Fragen ist in der jeweiligen Situation immer meine eigene Betroffenheit als Frau, die in einer patriarchalischen Gesellschaft lebt, mit ins Gespräch eingegangen. Auf diese Weise war es mir auch möglich, durch ähnliche Erfahrungen, die ich in meiner Erziehung, in meinem Beruf und meiner Ehe gemacht hatte, den Darstellungen meiner Gesprächspartnerinnen den individuellen Charakter zu nehmen. So konnte der Zusammenhang zwischen der individuellen Unterdrückung und Ausbeutung und der allgemeinen gesellschaftlichen Frauendiskriminierung durchsichtig gemacht werden – was ein Mann aufgrund seiner Realität als Mann nicht leisten könnte.

Drei der Frauen, mit denen ich sprach, befanden sich, bevor sie zu Frau Dr. Y. kamen, bei einem männlichen Psychiater in Behandlung. Die Erfahrungen dieser Frauen sind exemplarisch dafür, dass Frauen mit wenigen Ausnahmen von männlichen Experten nicht viel zu erwarten haben. Nur so konnte die Diagnose von Dr. X. bei Angelika M. lauten: »Aggressivität und Selbstüberschätzung gegenüber dem Ehemann.« Das heißt, Frauen werden erst dann für gesund befunden oder als geheilt entlassen, wenn sie sich widerspruchslos den Forderungen von Gesellschaft und Partner oder Ehemann fügen.

Es ist also kein Zufall, dass die von mir im Text zitierte Psychiaterin zu anderen Diagnosen und Therapieformen greift als ihre männlichen Kollegen. Bei ihr geht immer wieder ihre eigene Betroffenheit als Frau in die Therapie mit ein, was allerdings nicht automatisch bei jeder Psychiaterin der Fall sein muss.

Obwohl viele männliche Therapeuten weibliche Eigenschaften

deutlich unterbewerten, stimulieren sie entweder bewusst oder unbewusst ihre Klientinnen zur Übernahme von weiblichen Eigenschaften, die sie jedoch nicht mit geistiger Gesundheit in Verbindung bringen.[17]

Am Beispiel von **Angelika M.** sehen wir, wie eine 19-jährige, ehemals aktive Frau, die gerade ihre Ausbildung erfolgreich abgeschlossen hat und beruflich weiterkommen will, vorwiegend durch das Eingehen einer Ehe in ihrer Persönlichkeit angegriffen wird. In der Ehe passen sich Frauen in der Regel den anfänglichen Wünschen und späteren Forderungen des Partners an.

An **Hildegard B.** wird die sexuelle Ausbeutung von Frauen in der Ehe deutlich, die bei ihr über die vier aufgezwungenen Schwangerschaften zu psychischen und physischen Krankheiten führte. Die vielen Schwangerschaften, gegen die sie sich erfolglos wehrte, brachten ihr regelmäßig Klinikaufenthalte in der Psychiatrie und Elektroschocks ein. Ihre Diagnosen spitzten sich im Laufe der Zeit zu. Aus einer anfänglichen »Schwangerschaftspsychose« wurde nach einigen Jahren – mit vielen Zwischendiagnosen – eine »Schizophrenie und Denkzerfahrenheit«. Durch die ständigen Schwangerschaften und die zusätzliche Ausbeutung im Haushalt wurde sie vollkommen von ihrem Ehemann abhängig. Frauendiskriminierende Gesetze (Abtreibung nur unter bestimmten Bedingungen) und die gesellschaftlichen Moralvorstellungen der sie behandelnden Ärzte in einer ländlichen Umgebung unterstützten ihren Ehemann in seinem Bestreben, seine Frau vollkommen zu unterwerfen. Für eine Frau im Alter von Hildegard B. und mit ihrem Leidenshintergrund, ist es sehr schwierig, aus ihrer Situation herauszukommen. Sicherlich wäre ihr erster Ausbruchsversuch, an dem sie sich durch ihren Mann hindern ließ, vor zehn oder 20 Jahren leichter gewesen. Als alternde, einsame, finanziell abhängige Frau ohne Beruf sieht sie heute keine Möglichkeit mehr, ihren Mann, also den Verursacher ihrer täglichen Demütigungen, zu verlassen. Es ist erstaunlich, wie viel Energie und Widerstandskraft ihr trotzdem geblieben sind und wie viel Energie sie in den Aufbau ihrer Persönlichkeit hätte stecken können, wenn ... Deshalb glaube ich, dass Frauen im Gegensatz zu der vielzitierten »weiblichen Schwäche« über eine ungeheuerliche Stärke verfügen müssen, um trotz der Demütigungen und körperlichen Beeinträchtigungen weiter zu leben oder sich schließlich auch daraus zu befreien.

Gisela K.'s Lebensgeschichte ist exemplarisch dafür, dass viele Frauen unter Angst- und Schuldgefühlen zusammenbrechen, wenn sie es wagen, sich gegen die herrschenden Moralvorstellungen und frauenfeindlichen Gesetze aufzulehnen. Den verzweifelten Versuch einer heimlichen Abtreibung, die sie allein mit ihrer Mutter als 19-jährige vornimmt, zahlt sie noch immer mit Schuldgefühlen, die bis zu extremen Angstzuständen und Halluzinationen gehen. Kein Mensch hat ihr bisher in ihrer Isolation erzählt, dass es das Recht einer jeden Frau ist, über ihren eigenen Körper zu bestimmen. Ähnliche Schuldgefühle sind ihr eingeredet worden, als sie ein einziges Mal gegen ihre »weibliche Rolle« verstoßen hat. Sich aktiv und selbstbewusst um einen anderen Menschen zu bemühen, scheint einer Frau noch immer nicht uneingeschränkt zugestanden zu werden. Gisela K. wurde wegen eines so »unweiblichen« Verhaltens von ihrem Mann als »unnormal« und als »Hure« bezeichnet.

Seit Jahren nimmt Gisela K.'s Mann seine Frau überhaupt nicht mehr wahr – wenn er Freunde (sie hat keine mehr) trifft, tut er so, als sei sie gar nicht anwesend. Da sie ebenfalls keine Bestätigung über einen Beruf erfährt, klammert sie sich an ihren heranwachsenden Sohn, als sei er ihre letzte Existenzberechtigung. So kann das Zerfließen ihrer Persönlichkeit ein wenig verzögert, aber nicht verhindert werden. Ihr Wissen, dass ihr Sohn bald erwachsen sein wird und ihr dann der Lebensinhalt genommen wird, verstärkt in ihr die Sehnsucht nach einem weiteren Kind. So müssen sich ihre Schuldgefühle bezüglich der heimlichen Abtreibung verfestigen. Die Monotonie und die Leere ihres Hausfrauendaseins kann sie nur noch mit Tagträumen und Psychopharmaka, die ständig höher dosiert werden müssen, ertragen.

Als Gisela K. und Hildegard B. nach unseren intensiven Gesprächen die ersten zaghaften Versuche unternehmen, ihre Realität zu verändern und sich nach einer Arbeitsmöglichkeit umsehen, fühlen sich beide Ehemänner durch ihre »aufsässigen und unruhigen« Ehefrauen in ihrer Machtposition in Frage gestellt, die sie sofort wieder festigen: Für Gisela K. bedeutet dies außerhäusliches Arbeitsverbot, für Hildegard B. heißt es die Androhung einer Scheidung. Für beide Frauen bedeutet es jedoch erhöhte Dosierungen von Beruhigungsmitteln, Antidepressiva und Antipsychotika, um überhaupt in der alten Form, aus der sie nicht ausbrechen dürfen, notdürftig weiterleben zu können.

An **Sabine E.**'s Lebenslauf können wir sehen, wie Frauen, die von klein an extrem geduckt, gedemütigt und erniedrigt worden sind, besonders zur Entwicklung selbstschädigender Eigenschaften neigen. Obwohl Sabine sich als kleines Mädchen anfänglich vergebens gegen Dienstleistungen im Hause gewehrt hat, ist ihr Wille inzwischen dahin gebracht worden, das »freiwillig« zu tun, was sie ursprünglich gar nicht wollte. Sie stürzt sich verbissen in die Hausarbeit – sie ist inzwischen perfekt darin und hofft, dadurch ein wenig Selbstbestätigung zu erfahren. Und obwohl sie die Vergewaltigungen des Bruders und die Zudringlichkeiten des Vaters abzuwehren versuchte, stellt sie sich immer wieder irgendwelchen Männern, »denen es Spaß macht«, sexuell zur Verfügung. Bei diesen verzweifelten Versuchen, Zärtlichkeit und Geborgenheit zu bekommen, verkrampft sich ihr Körper bis zum so genannten Vaginismus. Sie zerbricht immer mehr an ihrer zwiespältigen Empfindung, Männer aufgrund ihrer Erfahrung mit Bruder und Vater zu hassen und sie trotzdem zur Erlangung einer Aufwertung ihrer eigenen Person zu benötigen. Sie hofft wie viele Frauen, sich durch einen Mann aufwerten zu können, wird jedoch jedes Mal aufs neue von ihrer Wertlosigkeit und Abhängigkeit überzeugt.

Obwohl die äußeren Lebensbedingungen von Sabine E. nicht ungünstig sind – sie hat weder Ehemann noch Kinder und eine Berufsausbildung –, fühlt sie sich ihrer Situation derart hilflos ausgeliefert, dass sie allein durch die Gespräche mit ihrer Psychiaterin nicht aus dem Teufelskreis herauskommt. Es musste regelrecht zu einem Nervenzusammenbruch kommen, weil die wöchentlichen Gespräche mit der Psychiaterin nichts daran ändern konnten, dass Sabines häufig wechselnde Partner ihr immer wieder einredeten, dass sie »verrückt« sei.

Anders ging es **Kerstin F.**, die trotz ihrer Probleme noch handlungsfähig geblieben ist. Aufgrund ihrer relativ privilegierten Situation als Studentin ohne Ehemann und Kinder war es ihr möglich, den Rat der Psychiaterin, Kontakt mit einer Selbsthilfegruppe aufzunehmen, sofort in die Tat umzusetzen. Die kurze Teilnahme an der Frauenselbsthilfegruppe und unser ausführliches Gespräch haben Kerstin F. ihr Problem deutlicher gemacht und ihr Veränderungsmöglichkeiten aufgezeigt.

An **Sabina D.** sehen wir, welche verheerenden und langwierigen Folgen konzentrierte Männergewalt auf ein Frauenleben haben kann, aber auch, dass mit zunehmendem Selbstvertrauen, Mut und Stärke das Erlebte erfolgreich bearbeitet werden kann. Als ich mich ein Dreivierteljahr nach der letzten Sitzung noch einmal mit Sabina traf, um mit ihr die von mir zusammengefassten Langzeitfolgen zu diskutieren, nahm die Sitzung eine völlig andere Wendung. Sie kam pünktlich, begrüßte mich strahlend und war viel entspannter, als ich sie je zuvor gesehen hatte. Sie bestätigte, dass es ihr sehr gut gehe, doch sie müsse auf sich aufpassen, manchmal habe sie noch Einbrüche. Ich freute mich über ihre Offenheit und Ausgeglichenheit, die sich auch in ihren entspannten Gesichtszügen spiegelte und äußerte meine Bedenken, sie noch einmal mit diesem konzentrierten Leid von damals zu konfrontieren. Daraufhin entschieden wir beide, dass sie sich in dieser letzten Sitzung nicht mit ihren Misshandlungsfolgen beschäftigen sollte, sondern dass wir statt dessen über ihre Erfolge reden wollten.

Als größten Erfolg empfindet es Sabina, dass sie sich nicht nur mit ihrer damaligen Misshandlungsbeziehung wieder konfrontierte, sondern dass sie die Erinnerung an die sexuellen Übergriffe durch den Vater verkraftet und in der Therapie bearbeitet. In unseren Sitzungen hatte sie den Mut, sich zum ersten Mal wieder an die qualvollen Erinnerungen heranzuwagen. Diese Gespräche bereiteten den Boden, um in der Klinik die Gewissheit ertragen zu können, vom Vater sexuell missbraucht worden zu sein. Dieses Wissen war sowohl ein Schock als auch eine Erleichterung für Sabina. Endlich hatte sie eine Erklärung dafür, weshalb sie in der Misshandlungsbeziehung erst allmählich ihre Persönlichkeit aufgegeben hatte, obwohl sie heute von vielen immer wieder ihre Stärke bestätigt bekommt. Sie weiß inzwischen, warum sie sich ihrem Misshandler gegenüber häufig wie ein abhängiges, ängstliches Kind gefühlt hat, da heute Bilder aus ihrer Kindheit mit den Bildern aus ihrer Misshandlungsbeziehung verschmelzen.

Sabina hatte die Kraft, sich selbst eine Therapeutin zu suchen, die Erfahrung mit Opfern sexueller Gewalt hatte, und erfüllte sich ihren Traum von einer körperorientierten Therapie. Seit einem Dreivierteljahr geht sie regelmäßig zur Therapie, die ihr über die letzte Krise hinweggeholfen hat.

Sabina ist erleichtert und stolz über die inzwischen entspanntere Beziehung zu Roman, der sich wohlfühlt in dem Internat, das Sabina für ihn gefunden hat. Ein weiterer Erfolg ist, dass Sabina sich jetzt soweit gestärkt fühlt, ihre Diplomarbeit abschließen zu können. Jetzt braucht sie keine Angst mehr zu haben vor bisher verdrängten Erinnerungen, die mit ihrem Thema verbunden sein könnten.

Seit der letzten Krise macht Sabina täglich Yoga-Übungen, die ihr ihre Ärztin empfohlen hat. Diese Regelmäßigkeit hat ihr Halt gegeben, um ihren Alltag zu bewältigen. Die körperlichen Schmerzen sind fast weg. Sie hat während der ganzen Zeit keine Medikamente genommen, worauf sie sehr stolz ist.

Jetzt hat sie die sexuellen Gewalterfahrungen erst einmal weggeschoben. »Jetzt ist Schluss«, hat sie sich gesagt und sich wieder zusammengenommen: »Ich muss doch leben.« Und hier beginnt ein ähnlicher Kreislauf, den sie nach der Misshandlungsbeziehung beschrieben hat und der nachvollziehbar ist: Wenn sie sich im Alltag wieder gestärkt fühlt – dazu gehört auch eine sichere ökonomische Basis und eine Stärkung ihres Selbstwertgefühls durch den Abschluss mit Diplom – will sie sich auch mit der weiteren Verarbeitung der sexuellen Übergriffe auseinandersetzen. Den Zeitpunkt möchte sie selbst bestimmen. Dies wird ihr gelingen, falls sie nicht erneut in eine Krisensituation gerät.

Ich habe die Erfahrung gemacht, dass es fast eine Überforderung ist, in einer relativ guten Lebensphase freiwillig wieder in die damaligen Qualen und Erniedrigungen einzutauchen. Ich spürte sehr deutlich meine eigene und Sabinas Erleichterung, sich bei unserem letzten Treffen nicht wieder mit den Misshandlungsfolgen zu beschäftigen – gerade weil es ihr so gut ging. Sabina hat sehr deutlich beschrieben, wie wichtig es ist, erst einmal wieder eine bessere Ausgangsbasis zu gewinnen, um sich an die Aufarbeitung ihrer Vergangenheit heranzuwagen. Diese solide Basis hatte sie damals nach ihrer fast 3-jährigen Gesprächstherapie erreicht. Als ich ihr später ein Gesprächsangebot machte, fühlte sie sich wieder »so weit«, um erneut eine Therapie zu machen. Zu dieser Zeit befand sie sich allerdings schon wieder in einer krisenhaften Situation. Denn Frauen mit Sabinas gewaltvoller Vergangenheit geraten natürlich schneller in Krisen, solange sie ihre Energie darauf verwenden, das damals Erlebte nicht hochkommen zu lassen. Es wäre wünschenswert, dass jede Frau die »freie« Entscheidung hat, sich an ihren Aufarbeitungsprozess heranzuwagen. Leider sieht die Realität jedoch in der Regel anders aus. Die meisten Klientinnen kommen zu uns, wenn sich ihre Situation oder Krise zugespitzt hat und sie nicht mehr alleine weiter wissen. So scheinen Krisen in der Regel – wie im Falle von Sabina – Auslöser zu sein, die eigene Realität zu hinterfragen, um sie anschließend aktiv verändern zu können.

Inzwischen hat Sabina ihr Studium erfolgreich abgeschlossen und arbeitet als Diplom-Pädagogin.

Das Fazit aus der Geschichte meiner Freundin **Paula** möchte ich besonders den Frauen ans Herz legen, die permanente Angst vor einer Psychiatrie-Einweisung haben oder schon einmal davon betroffen waren.

Paula hat wichtige Erkenntnisse aus ihrem letzten Psychiatrie-Aufenthalt gezogen: Im gleichen Maße wie ihre Scham- und Schuldgefühle gegenüber ihrem psychischen Leiden abnehmen, wächst ihre Bereitschaft, ihre bisherigen Psychiatrie-Erfahrungen nicht mehr abzuspalten, sondern sie allmählich zu integrieren. Sie hat sich zum ersten Mal für eine Psychotherapeutin entschieden und nimmt an einer Gruppentherapie für Frauen mit Psychiatrie-Erfahrungen teil, die ihre Psychiaterin leitet. Paula kann nicht absolut sicher sein, nie wieder in eine psychische Extremsituation zu geraten, aber ihr Vertrauen in sich selbst wächst, dass sie dann geeignetere Möglichkeiten wahrnehmen könnte, um sich besser vor einer Psychiatrie-Einweisung zu schützen. Beispielsweise würde sie sich bei einem erneuten operativen Eingriff lange vorher Beruhigungsmittel verschreiben lassen. Falls wieder aggressive Visionen auftreten sollten (ihre »Hammer«-Vision), hat sie heute die Möglichkeit, mit ihrer Therapeutin darüber zu reden. Ganz allmählich verliert sie auch ihre Angst vor Auseinandersetzungen, so dass es vielleicht gar nicht mehr zu solch einer heftigen Vision kommen muss.

Frauen, die sich in Paulas Situation befinden, sollten sich selbst gegenüber achtsam sein und sich beobachten: Unter welchen Bedingungen verändern sich meine Verhaltensweisen, wann mein Schlafrhythmus und meine Geräuschempfindlichkeit? Wann verändern sich meine Gefühle in extremer Weise? Wann meine Träume und Visionen? Hierbei ist es wichtig, die Veränderungen nicht nur zu registrieren und mit viel Energie wieder zu verdrängen in der Hoffnung, dass ich mich geirrt haben könnte, sondern diese Anzeichen dankbar als Vorzeichen zu betrachten. Sie können die Botschaft vermitteln: »Jetzt bahnt sich eine Stress-Situation an, aus der ich alleine nicht mehr herauskomme. Ich muss mir Unterstützung holen, damit ich beispielsweise einen möglichen Psychiatrieaufenthalt verhindere.«

Frauen, die sich selbst gegenüber diese Aufmerksamkeit nicht zutrauen, sollten Partner/in, Freund/innen oder Therapeutin bitten, sie bei sichtbaren Veränderungen liebevoll darauf hinzuweisen und ihnen Unterstützung anzubieten. Diese Unterstützungspersonen sollten sich durch heftige Abwehr nicht schrecken lassen, die am Anfang oft dazu gehört. Problematisch wird es bei Frauen, die bei zunehmendem Stress versuchen, sich zu isolieren. Diese sollten – bevor eine Krisensituation auftritt – Vorsorge treffen und einen Rettungsanker auswerfen, indem sie sich anderen anvertrauen und sie bitten, in Zeiten des Rückzugs verstärkt auf sie zu achten. Hier können »Vorsorgevollmachten« und ein sogenanntes »psychiatrisches Testament« hilfreich sein (siehe Kapitel 7). Die Unterstützungspersonen sollten immer wieder auf ihre eigenen Grenzen und Möglichkeiten achten, damit ihnen nicht Ähnliches passiert wie der Lebensgefährtin von Paula. Sie identifizierte sich so sehr mit Paulas Leid, dass sie keine Kraft mehr hatte und ebenfalls krank wurde. Damit gibt die Unterstützungsperson ihre Eigenverantwortung ab. Dies ist weder für sie noch für die Unterstützende eine Hilfe.

Es geht für Paula wie für viele andere Frauen darum, sich zu informieren und die existierenden Handlungsmöglichkeiten wahrzunehmen und sie zum eigenen Nutzen anzuwenden. Es geht darum, dass Frauen sich alle Gefühle, wie zum Beispiel Wut, Hass, Trauer, Schmerz, Scham- und Schuldgefühle eingestehen und diese nicht mehr abspalten oder gegen sich selbst richten. Es geht darum, diese Gefühle zu durchleben, um sie langfristig zu transformieren.

Obwohl wir am Beispiel Paulas gesehen haben, dass die Psychiatrie nicht zu empfehlen ist, gibt es immer wieder Klientinnen, die sich zeitweilig in einer Klinik sicherer fühlen als mit einer ambulanten Therapie. Es existieren inzwischen psychosomatische Kliniken, die ich meinen Klientinnen empfehle (siehe Anhang). Eine kurzfristige Alternative können für manche Frauen auch Krisenstationen sein, wie es sie in Berlin in vier Krankenhäusern gibt. Dort kann sich eine Frau bis zu einer Woche aufhalten. Sie hat die Möglichkeit, sich mit Gesprächen unterstützen zu lassen, und bekommt keine Medikamente. In bestimmten Situationen habe ich die Erfahrung gemacht, dass die kurzfristige Einnahme von Medikamenten (auch Psychopharmaka), immer in Verbindung mit Gesprächen und menschlicher Zuwendung, eine entscheidende Hilfe für Frauen in Extremsituationen sein kann. In vielen Fällen lassen sich dadurch Psychiatrie-Aufenthalte vermeiden, bei denen Frauen dann kaum einen Einfluss auf die Einnahme von Psychopharmaka haben. Ich habe zum Beispiel mit einer Klientin, die nach einem Psychiatrie-Aufenthalt zu mir kam, immer wieder an ihrer Selbstwahrnehmung gearbeitet, so dass sie später in der Lage war, die ersten Anzeichen einer Veränderung realistisch einzuschätzen, und sich dementsprechend medikamentös unterstützen ließ.

Jede Frau sollte für sich selbst herausfinden, was und wer ihr in einer sich anbahnenden Krisensituation helfen kann. Es ist wichtig, dass wir nicht wertend oder verurteilend vorgehen, so als gäbe es für alle Frauen nur einen einzigen richtigen Weg. Über die Gemeinsamkeit hinaus, als Frau in einer patriarchalischen Gesellschaft zu leben, sind wir unterschiedliche Individuen, die unterschiedliche Unterstützung und Entfaltungsmöglichkeiten benötigen.

Anmerkungen

[1] BMFSFJ Band 209, 2001
[2] Lehmann, P., 1996
[3] BMFSFJ Band 209, 2001
[4] Ernst, A./Füller, I., in: *Frauen und Gesundheit*, 1989
[5] Pollack, E. et al., 1968
[6] Ornstein, M., 1983
[7] Damkowski, C., in: *Frauen und Gesundheit*, 1989
[8] BMFSFJ Band 209, 2001
[9] a.a.O.
[10] Pahl, E., 1991
[11] vgl. zum Beispiel Hilsenbeck, P., 2000
[12] Kempker, K., in: Wildwasser Bielefeld, 1997
[13] Hölling, I., in: Brügge, C./Wildwasser Bielefeld, 1999
[14] Scheff, Thomas, 1973
[15] Laing/Esterson, 1964
[16] 1994 veranstaltete Wildwasser Bielefeld den ersten bundesdeutschen Frauenkongress »Grenzgängerinnen – Antworten auf das Netz der Gewalt« mit dem Schwerpunktthema Multiple Persönlichkeitsstörung.
[17] Komter, A., 1977

Kapitel 5

Was bedeutet Zwangseinweisung in die Psychiatrie?

Im folgenden Text gehe ich bewusst von männlichen Psychiatern, Amtsärzten und Amtsrichtern aus, da diese entscheidenden Positionen in der Regel noch immer vorwiegend von Männern eingenommen werden.

Zwangseinweisung bedeutet: Eine Person wird gegen ihren Willen in eine psychiatrische Klinik eingewiesen. Als Gründe müssen entweder eine Fremdgefährdung (zum Beispiel Morddrohungen gegenüber einer anderen Person) oder eine Selbstgefährdung (zum Beispiel Selbstmordabsichten, Alkoholismus, Tablettenabhängigkeit oder Drogensucht) vorliegen.

Nach dem Zweiten Weltkrieg sicherte das Grundgesetz in Deutschland die minimalen Rechte der psychisch Kranken. Die eingeführte richterliche Kontrolle und die Anhörung des Patienten wurden jedoch von vielen Psychiatern als »juristische Einmischung in ärztliche Kompetenzen« betrachtet. Dass Psychiater ihre Macht und ihren Einfluss auf hilflose Patient/innen oft missbrauchen, bestätigte der Bundesgerichtshof in Karlsruhe mit seinem Urteil vom 24.4.1961:

»Die Erfahrung hat gezeigt, dass Heilanstalten immer wieder zur Festhaltung angeblich Geisteskranker oder für die Öffentlichkeit lästiger Personen mit Hilfe getäuschter oder ihre ärztlichen Pflichten verkennender Ärzte missbraucht werden. Dieser Gefahr kann nur mit einer von außen kommenden Kontrolle begegnet werden.«[1]

Es ist nie festgestellt worden und sicherlich auch nicht im Sinne der Psychiater, herauszufinden, wie viele gesunde Menschen in Heilanstalten eingeliefert worden sind, die entweder gar nicht mehr oder erst nach Jahren als »geheilt« entlassen werden. Die meisten Zwangseingewiesenen sind nach einem längeren Aufenthalt in der Nervenklinik in ihrem Selbstvertrauen und in ihrer Widerstandskraft so gebrochen, dass sie nicht mehr den Mut zu einer Klage aufbringen.

Menschen, die – aus welchen Gründen auch immer – zwangseingewiesen werden, haben es nicht nur mit Gesetzen zu tun, die angeblich zum Wohle psychisch Kranker verbessert wurden. Sie sind ebenfalls den Ansichten und Vorurteilen von Psychiatern, Amtsärzten, Amtsrichtern und Pflichtverteidigern hilflos ausgeliefert. Dies geht so weit, dass sich zwangsweise Eingelieferte permanent in einer double-bind-ähnlichen Situation befinden: Zeigen sie Krankheitseinsicht, das heißt, resignieren sie, weil sie kein Entkommen sehen, sind sie gerngesehene Patient/innen. Zeigen sie keine Krankheitseinsicht, weil sie sich gegen die Zwangseinweisung wehren, müssen sie mit einer zielgerichteten Behandlung dahin gebracht werden, dass sie sich den Anweisungen der Ärzte fügen und ihre Krankheit akzeptieren. In beiden Fällen sind sie jedoch dazu verurteilt, Patient/innen zu bleiben! Zwangseingewiesene können im Extremfall sogar derart entmündigt werden, dass sie nicht nach draußen telefonieren dürfen und der Postzensur unterliegen. Wenn diese Patient/innen in ihren Briefen um Hilfe bitten, aus der Psychiatrie herauszukommen, kann dieser Wunsch als nicht ernst zu nehmend und als Folge von Wahnideen interpretiert werden. Diese und ähnliche Briefe landen also nicht im Briefkasten, sondern in den Patient/innen-Akten oder im Papierkorb. Dies alles geschieht natürlich, ohne die Patient/innen zu informieren. Diese müssen sich, ohne Antwort von »draußen« auf ihre Hilferufe zu erhalten, noch verlassener und ausgestoßener fühlen.

Im folgenden beschreibe ich den genauen Ablauf einer Zwangseinweisung in Berlin. Da sich dieses Buch speziell an Frauen wendet, rede ich im weiteren Text ausschließlich von Patientinnen; für Patienten gelten selbstverständlich die gleichen Bedingungen.

Ablauf einer Zwangseinweisung am Beispiel Berlin: Wie wird eingewiesen?

In Berlin können nach dem sogenannten PsychKG (Psychisch Kranken-Gesetz) sowohl die Polizei als auch die sozialpsychiatrischen Abteilungen der Bezirksämter eine Einweisung vornehmen. Auch der Berliner Krisendienst, der rund um die Uhr arbeitet, hat einen Hintergrundarzt, der eine Einweisung veranlassen kann. Bei diesem Gesetz handelt es sich um ein Polizeigesetz zur »Sicherung der öffentlichen Ordnung«. Wenn zum Beispiel eine Frau tagsüber die Polizei oder den Notarzt ruft, weil ihr Partner oder Ehemann sie bedroht oder droht, sich selbst umzubringen, wird der Mann sofort dem sozialpsychiatrischen Dienst (SPD) vorgestellt. Ein Arzt beziehungsweise eine Ärztin vom SPD untersucht ihn und entscheidet nach einem Gespräch, ob tatsächlich eine Fremd- oder Selbstgefährdung vorliegt oder ob der Mann nach Hause entlassen werden kann. Falls dies nicht der Fall ist, wird er mit einem Attest des Arztes beziehungsweise der Ärztin vom Gesundheitsamt in eine Klinik überwiesen, die eine geschlossene psychiatrische Abteilung haben muss. Anders ist der Weg, wenn der Notarzt beziehungsweise die Notärztin oder die Polizei nach Schließung der Gesundheitsämter, also werktags zwischen 16.00 Uhr nachmittags und 8.00 Uhr morgens und an den Wochenenden, gerufen werden. Dies trifft in der Regel häufiger zu, weil die meisten Zwischenfälle in den späten Abend- oder Nachtstunden oder zum Wochenende eintreten. Die herbeigerufenen Ärzt/innen entscheiden, ob eine psychische Erkrankung mit Selbst- und Fremdgefährdung vorliegt. Die betreffende Person wird dann, meist durch die herbeigerufene Polizei, in ein Krankenhaus mit geschlossener psychiatrischer Abteilung gebracht. Ist die Polizei ohne Ärzt/innen zur Stelle, entscheiden die herbeigerufenen Polizist/innen, ob eine Fremd- oder Selbstgefährdung vorliegt. Trifft eines davon zu, wird die betreffende Person in ein Krankenhaus gebracht, das einen einweisungsberechtigten Facharzt haben muss. Die Polizei ist verpflichtet, zu diesem Vorfall einen Bericht zu verfassen. Die Person wird in der Klinik sofort dem diensthabenden Arzt beziehungsweise der Ärztin vorgestellt, der/die darüber entscheidet, ob die Unterbringungsgründe vorliegen. Falls dies zutrifft, wird die Person von der Polizei mit dem Attest des Arztes/der Ärztin in eine Klinik mit geschlossener psychiatrischer Abteilung überwiesen. Bei einer Kontaktierung des Berliner Krisendienstes kann dieser rund um die Uhr über seinen Hintergrundarzt auch selbst eine Einweisung veranlassen.

Was passiert in der psychiatrischen Klinik?

In der Klinik wird die Patientin sofort einem Psychiater vorgestellt, der sie untersucht und sich mit ihr unterhält. Wird die Unterbringung nach diesem Gespräch und der Untersuchung für notwendig gehalten, fragen die Psychiater die zwangsweise in die Klinik gebrachte Patientin in der Regel, ob sie eine Freiwilligkeitserklärung unterschreibt. In den meisten Fällen ist es für betroffene Frauen bei einer drohenden Einweisung weitaus günstiger, dies anzunehmen, da es im Interesse der Patientin ist, nicht zwangseingewiesen zu werden. Ob eine Freiwilligkeitserklärung akzeptiert wird, hängt in erster Linie vom psychischen Zustand der Patientin ab. Erscheint sie dem aufnehmenden Arzt akut wahnhaft erkrankt oder selbstmordgefährdet, wird dieser eine Freiwilligkeitserklärung nicht akzeptieren. Der Arzt muss abschätzen können, ob die Patientin die

Freiwilligkeitserklärung nicht dazu benutzt, um die Klinik sofort wieder zu verlassen, um zum Beispiel sich oder eine andere Person umzubringen. Erscheint die aufgenommene Patientin krankheitseinsichtig und kooperativ, erfolgt die Aufnahme in der Regel freiwillig. Da eine freiwillige Aufnahme betroffenen Frauen weitaus mehr Freiheiten lässt – zum Beispiel, die Klinik eventuell auch wieder zu verlassen, sollten sie versuchen, eine Einweisung zu vermeiden.

Falls die Patientin sich weigert, in der Klinik zu bleiben, obwohl es ärztlicherseits für notwendig gehalten wird, muss sie innerhalb von 24 Stunden einem Richter vorgestellt werden. Die 24 Stunden zählen von Mitternacht des angebrochenen Tages an. Eine Einweisung kann grundsätzlich nur durch einen Amtsrichter verfügt werden, wenn die Patientin sich weigert, in der Klinik zu bleiben. Wird der Amtsarzt nicht geholt und die Patientin zwangsweise festgehalten, kann sie ein Verfahren wegen Freiheitsberaubung gegen die Klinik einleiten.

Nachdem die Patientin dem Amtsrichter vorgestellt worden ist und dieser sie angehört hat, entscheidet er, ob die Patientin nach PsychKG unterzubringen ist. Ist dies der Fall, verfügt der Amtsrichter eine »einstweilige Unterbringung«. Auch wenn die Kliniken häufig relativ schnell eine Unterbringung fordern, heißt dies nicht, dass die Richter dem immer zustimmen.

Funktion des Amtsrichters

Ab der Entscheidung des Amtrichters gilt die Patientin als *vorübergehend* untergebracht. Der Amtsrichter bearbeitet diesen Antrag weiter, beschließt also zunächst die Unterbringung und setzt gleichzeitig einen Anhörungstermin fest, der in den nächsten sechs Wochen (meist innerhalb von ein bis zwei Wochen) stattfinden muss. In dieser Zeit kann die Patientin nichts mehr gegen die Unterbringung unternehmen. Sie hat jedoch vom ersten Tag ihres Klinikaufenthalts an das Recht, sich einen Rechtsanwalt oder eine Rechtsanwältin zu nehmen. Der Patientin muss in jedem Fall bei der Einlieferung in die Klinik gestattet werden, über einen Dienstapparat mit einer Rechtsanwältin Kontakt aufzunehmen.

Sollte der behandelnde Psychiater vor dem Unterbringungstermin zu der Überzeugung gelangen, dass die Patientin zu Unrecht festgehalten wird, ist er verpflichtet, das Gesundheitsamt sofort um die Genehmigung zur Entlassung der Patientin zu bitten. Hat das Gesundheitsamt zugestimmt, muss der behandelnde Psychiater telefonisch den Amtsrichter informieren, aus welchen Gründen keine Fremd- oder Selbstgefährdung vorliegt und dass der Unterbringungsbeschluss aufzuheben sei. Nachdem der Amtsrichter der Entlassung zugestimmt hat, wird dies ins Krankenprotokoll eingetragen und die Patientin entlassen. (Dies könnte zum Beispiel nach einem demonstrativen Selbstmordversuch der Fall sein, ist jedoch eher selten.)

Gerichtstermin in der psychiatrischen Klinik

Wird die Patientin gegen ihren Willen in der Klinik festgehalten, muss innerhalb von sechs Wochen eine Gerichtsverhandlung in der Klinik stattfinden. An dieser nehmen außer der Patientin teil: Amtsrichter, Amtsarzt, behandelnder Psychiater, Protokollant/in sowie auf Wunsch der Patientin und mit Genehmigung des Gerichts auch Angehörige, die allerdings keine Funktion haben. Die Patientin kann – wie gesagt – eine Rechtsanwältin hinzuziehen. Die wesentliche »Verhandlung« findet zwischen Richter und Patientin statt. Der anwesende Arzt kann vom Richter als Gutachter gehört werden. Wie stark Patientinnen bei einer Zwangseinweisung den Ärzten ausgeliefert sind, hängt also entscheidend davon ab, welches Gewicht der Richter dem Gutachten des Arztes beimisst.

Der Amtsrichter hat prinzipiell drei Möglichkeiten zu entscheiden:

1. Die Patientin wird weiter untergebracht, meist maximal drei Monate oder bei Sucht sechs Monate, länger ist ungewöhnlich. Danach muss erneut ein Prüfungstermin angesetzt werden.
2. Die Patientin erklärt, dass sie freiwillig bleibt (solange es ärztlicherseits notwendig ist). Die behandelnden Ärzte bestätigen, dass sich der psychische Zustand der Patientin deutlich gebessert hat. Die Unterbringung wird aufgehoben, die Patientin bleibt freiwillig.
3. Direkte Entlassung der Patientin, weil eine weitere Krankenhausbehandlung nicht notwendig ist.

Auch hier gilt, dass es unter Umständen für Betroffene mehr Freiräume lässt, dem Richter zu signalisieren, dass sie freiwillig noch länger in der Klinik bleiben wollen. Ein freiwilliger Aufenthalt kann sehr viel früher und unkomplizierter beendet werden als eine Unterbringung.

Beantragen die Ärzte, dass die Unterbringung verlängert werden soll, ist der Ablauf der gleiche wie bei einer erstmaligen Unterbringung. Je häufiger die Unterbringung verlängert wird, desto länger sind unter Umständen die verfügten Zeiträume. Es gibt jedoch keine lebenslange endgültige Unterbringung, mit Ausnahme von Patient/innen, die in der Forensik einsitzen.

Folgen der Zwangseinweisung

Personen, die zwangsweise in die Klinik gebracht werden, gelten noch nicht als zwangsweise eingewiesen, sondern werden zunächst »vorläufig untergebracht«. Eine reguläre Einweisung erfolgt erst, wenn die Patientin nach 10 bis 14 Tagen aufgrund des Gerichtstermins in der Klinik laut Beschluss des Amtsrichters zwangsweise untergebracht wird. Damit ist der Akt der Zwangseinweisung vollzogen und erscheint in allen Akten (zum Beispiel in den Papieren der Meldebehörde). Eine Zwangseinweisung bleibt ein Leben lang registriert und ist nie mehr auszulöschen. Zusätzlich können Personen, die bereits einmal eine Zwangseinweisung erfahren haben, aufgrund gesellschaftlicher Vorurteile schneller als andere zum zweiten Mal eingewiesen werden. Dies ist in meinem Gespräch mit Hildegard B. deutlich geworden.

Geschlechtsspezifische Zwangseinweisung

Generell hängt das Schicksal einer zwangsweise eingewiesenen Patientin oder eines Patienten vom behandelnden Psychiater und vom Amtsrichter ab. Da es sich dabei vorwiegend um Männer handelt, wenden fast alle bei männlichen bzw. weiblichen Patienten unterschiedliche Kriterien an. Zum Beispiel kommt es immer auf den Bewusstseinsstand und das Wohlwollen dieser Ärzte an, ob sie einer Patientin auch eine gewisse Aggressivität zugestehen oder dies bei einer Frau für pathologisch halten.

Da Frauen von klein an gelernt haben, Aggressionen nicht gegen andere, sondern eher gegen sich selbst zu richten, kommen sie nicht so häufig wie Männer wegen Fremdgefährdung in eine psychiatrische Klinik. Frauen, die ihren Aggressionen freien Lauf lassen und sogar brutal werden, oder Frauen, die ihren Ehemann, Partner oder Liebhaber umgebracht haben, werden in der Regel nicht ins Gefängnis, sondern in die forensische Abteilung einer Psychiatrie gesteckt. Sie gelten also nicht als kriminell, sondern als verrückt. Dass Frauen, die wegen eines Verbrechens angeklagt sind, doppelt so häufig wie Männer in psychiatrische Behandlung überstellt werden, ist mittlerweile durch Untersuchungen belegt.[2] Dies entspricht der gesellschaftlichen Erwartung: Wenn Frauen sich mehr als kleine Diebstähle oder Betrügereien zuschulden kommen lassen, *müssen* sie irgendwie abartig, also »verrückt« sein und gehören ins »Irrenhaus«. Das kann für Frauen oft lebenslänglichen Aufenthalt in einer Nervenklinik bedeuten. Dagegen ist häufig zu lesen, dass ein Mord an einer »untreuen« Ehefrau oder Partnerin bei einem Mann als Totschlag ausgelegt wird, das heißt, er wird nach ein oder zwei Jahren wieder auf freien Fuß gesetzt. Vor allem hält niemand einen Mann, der seine Frau ermordet, für psychisch krank, was auch damit zu tun hat, dass eine gewisse Aggressivität und Brutalität bei Männern als durchaus »normal« gilt.

Es gibt allerdings auch Fälle, in denen Frauen nicht die Opfer von Zwangseinweisungen sind, sondern die Opfer von gewalttätigen und alkoholkranken Ehemännern und Lebenspartnern, die bisher einer Klinikeinweisung entgangen sind. In Gesprächen habe ich häufig von vor Angst zitternden Ehefrauen erfahren: »Mein Mann ist verrückt«, »Er wollte mich schon ein paarmal umbringen«, »Ich bin immer nur knapp mit dem Leben davongekommen«, »Wenn ich weglaufe, bringt er mich erst recht um« ...

Es ist bis zur Einrichtung von Zufluchtsstätten für misshandelte Frauen bisher immer tabuisiert worden, dass Männer täglich psychische und physische Gewalt gegenüber »ihren« Frauen anwenden. Dies geschieht nicht selten unter Einwirkung von Alkohol. Schaffen es Frauen, trotz brutaler Fußtritte, Faustschläge und Messerstiche die Polizei um Hilfe zu rufen, haben sie mittlerweile sehr viel bessere Chancen auf Unterstützung durch die Polizei, als noch vor zehn bis zwanzig Jahren. Die unermüdliche Arbeit der Frauenhaus-Mitarbeiterinnen hat doch eine gewisse gesellschaftliche Sensibilisierung geschaffen, die auch bis in die Polizei und die Gerichte hineinwirkt. In Österreich gilt das fortschrittliche »Wegweiserecht«, das der bei häuslicher Gewalt hinzugezogenen Polizei erlaubt, gewalttätigen (Ehe-)Männern ein Wohnungsverbot zu erteilen und ihnen die Wohnungsschlüssel wegzunehmen. Das Wohnungsverbot gilt 10 bis 20 Tage lang und wird von der Polizei kontrolliert.[3] In Deutschland soll demnächst von der rot-grünen Regierung auch ein Gesetz verabschiedet werden, welches festlegt, dass die gewalttätigen Männer die Wohnung verlassen müssen. Lange Zeit kamen misshandelnde Ehemänner damit durch, einfach zu leugnen, gewalttätig geworden zu sein. Den misshandelten Frauen wurde häufig nicht geglaubt. In Berlin gibt es seit einigen Jahren ein

Interventionsprojekt gegen häusliche Gewalt, das betroffene Frauen berät, sie an Frauenhäuser vermittelt, mit der Polizei zusammen arbeitet und nach Bedarf auch Mitarbeiterinnen zu den betroffenen Frauen direkt in die Wohnung schickt, um sie zu unterstützen.

Viele Frauen haben große Angst und sind uninformiert über ihre Rechte. Wird die Polizei durch die Nachbarn gerufen, so streiten misshandelte Frauen oftmals aus Angst vor noch mehr Schlägen oder aus Scham die Brutalität ihres Mannes ab, obwohl sie vielfach knapp mit dem Leben davongekommen sind. Bei Hinzuziehung der Polizei ist es wichtig für die betroffene Frau, darauf zu bestehen, dass eine Gefährdung durch den Ehemann oder Partner vorliegt. Handelt es sich um einen Alkoholiker, Tabletten- oder Drogenabhängigen, kann darauf bestanden werden, dass zusätzlich eine Selbstgefährdung vorliegt. Die misshandelte Frau muss sehr energisch entweder auf der Fremd- oder Selbstgefährdung oder auf beidem bestehen. Es empfiehlt sich, Misshandlungsspuren und auch die seelischen Folgen der Gewalt durch eine Ärztin attestieren zu lassen, da dies in einem Verfahren wichtige Beweise sein können.

Die Polizei ist verpflichtet, den oben beschriebenen Instanzenweg zu beschreiten. Dies kann zum Beispiel dazu führen, dass der Mann wenigstens bis zum nächsten Morgen (bei Alkoholikern zum Beispiel zur Ausnüchterung) in einer Klinik untergebracht wird. Mit dem geplanten neuen Gesetz werden die Männer von der Polizei mitgenommen und dürfen die Wohnung zunächst nicht wieder betreten. Diese Zeit können Frauen dazu nutzen, die Wohnung mit den notwendigsten Dingen zu verlassen. Wichtig ist in solchen Fällen ebenfalls, Strafanzeige zu stellen. Angegeben werden muss der Zeitpunkt, die Art der Misshandlung, eventuelle Zeugen und natürlich Name und Adresse des Mannes. Noch immer werden Strafanzeigen von misshandelten Frauen manchmal mit lapidaren Begründungen – zum Beispiel: »Es besteht kein öffentliches Interesse« – abgewiesen. Ein viel größeres Problem liegt jedoch im mangelnden Schutz für betroffene Frauen. Häufig setzen die gewalttätigen (Ehe-)Männer sie mit Drohungen, Manipulationen oder Versprechungen so unter Druck, dass sie ihre Anzeige wieder zurückziehen. Sobald die Anzeige zurückgezogen ist, wird das Ermittlungsverfahren eingestellt und keine weiteren Schritte gegen den Mann unternommen.

Leider sieht die Realität so aus, dass immer noch viele Frauen sich nicht über ihre ohnehin nicht zahlreichen gesellschaftlichen Rechte im klaren sind. Hinzu kommt, dass sie meistens nur zögernd ihre Rechte in Anspruch nehmen, weil sie bisher negative Erfahrungen gemacht haben. Deshalb ist es äußerst wichtig, zum einen die existierenden geringen juristischen Möglichkeiten zu kennen und zum anderen zum Beispiel den Polizeibeamt/innen gegenüber auf deren Anwendung zu bestehen. Falls sie auf Widerstand stoßen, sollten Frauen sich nicht scheuen, auf unterlassene Hilfeleistung zu klagen. In solchen Fällen sollten sie sich jedoch mit einer guten Beratungsstelle oder direkt mit einer erfahrenen Anwältin in Verbindung setzen.

Anmerkungen

[1] III 2R 45/60
[2] Lehmann, P., 1996
[3] ARD-Sendung »Kontraste« vom 24.01.2002

KAPITEL 6

Die Situation von Frauen in der stationären Psychiatrie und Psychotherapie: Kritik und Forderungen betroffener Frauen

Therese Walther

Die Psychiatrie kann ein Ort sein, der eine gewisse Sicherheit bietet. Die Situation, den Lebensalltag durch die Vollversorgung abgenommen zu bekommen, kann ebenfalls entlastend sein. Psychiatrie kann aber auch als entmündigend erlebt werden, Menschen unselbständig machen und als »Verwahrstation« die Patient/innen mit ihren eigentlichen Problemen letztlich allein lassen. Eine Alternative zu Psychopharmaka (siehe unten) wird oft nicht angeboten. Dazu kommen eine Reihe von Faktoren, die Frauen in der Psychiatrie noch erheblich stärker betreffen und sie besonders diskriminieren.

Frauen, die »verrückt« werden, landen häufig ein oder mehrmals in ihrem Leben in der Psychiatrie. Dort findet generell meist wenig an therapeutischen Angeboten statt, es werden überwiegend wenig Gespräche, dafür aber viele Pillen – nicht selten unter Zwang – »angeboten«. Verglichen mit personell gut ausgestatteten Kriseneinrichtungen außerhalb der Psychiatrie (zum Beispiel dem Berliner Weglaufhaus) sind psychiatrische Krankenhäuser insbesondere in Hinblick auf ihr mageres Angebot extrem teuer: Während die Tagessätze für Kriseneinrichtungen mit Gesprächsangeboten rundum-die-Uhr etc. bei etwa 130 Euro/Tag liegen, kostet ein Klinikbett in der Psychiatrie etwa 250 Euro.

Nicht-Berücksichtigung von weiblichen Lebensrealitäten

Die gängigen Theorien und Therapieansätze der Psychiatrie differenzieren nicht geschlechtsspezifisch, sie gehen jedoch gleichzeitig von den klassischen Geschlechtsrollenstereotypen aus. Patientinnen werden dementsprechend unhinterfragt bzw. unbewusst im Rahmen der Rollenklischees betrachtet, ihre tatsächlichen, spezifisch weiblichen Biografien, Lebenssituationen und Probleme werden jedoch nicht wahrgenommen.[1] Krankmachende Lebenswirklichkeiten von Frauen werden individualisiert, das heißt als persönliches Einzelschicksal gedeutet – wenn sie überhaupt wahrgenommen werden.

Angebote, Therapieansätze etc. lassen die gesellschaftlich diskriminierte Situation von Frauen einfach außen vor, obwohl diese Realität vom Personal der Kliniken teilweise sogar gesehen wird.[2]

Ungeachtet dessen, dass der Zusammenhang zwischen Gewalterfahrungen und psychischen Krisen und Störungen mittlerweile gut belegt ist, wird dieser Aspekt in der Psychiatrie völlig vernachlässigt. Forscherinnen bringen die Ausblendung und Nicht-Berücksichtigung von Gewalterfahrungen auch damit in Zusammenhang, dass die Psychiatrie ihrerseits auch Gewalt als Behandlungsmethode anwendet, zum Beispiel in Form von Elektroschocks oder Zwangsmedikation. Insbesondere für Frauen, die bereits früher Gewalterfahrungen gemacht haben, ist es extrem traumatisierend, fixiert, mit Gewalt festgehalten, eingesperrt zu werden.[3] Elektroschocks und Zwangsmedikation werden im Rahmen der politischen Verfolgung von missliebigen Personen in vielen Ländern als Foltermethoden eingesetzt. Im Rahmen der ganz »normalen« Psychiatrie gelten die Maßnahmen als psychiatrische Behandlung zum Wohle der Patient/innen ... Auch eine Zwangsunterbringung ist für betroffene Frauen oft eine Gewalterfahrung. Nachgewiesen wurde, dass obwohl Frauen weniger häufig aggressiv sind bei ihrer stationären Aufnahme, sie häufig Gewalt in Form von Fixierungen ausgesetzt sind.[4]

Dazu kommt, dass Frauen in der Psychiatrie nicht mit Männern über ihre spezifisch weiblichen Probleme sprechen, beispielsweise über sexualisierte Gewalterfahrungen, Sexualität oder Körperlichkeit. Dies bedeutet, dass zum Beispiel Ärzte von ganz wesentlichen Themen nichts mitbekommen und diese nicht einbeziehen. Die Patientinnen beklagen, dass sie sich nicht genügend unterstützt und akzeptiert fühlen, dass ihre Biographie und ihre Vorgeschichte die Ärzte offenbar nicht interessieren.[5]

Heterosexualität als Norm

Auch in der Psychiatrie werden Frauen selbstverständlich als heterosexuell gedacht. Als Patientinnen in der Psychiatrie wird von ihnen das klassisch weibliche, heterosexuelle Verhalten erwartet, wobei dieses aber oft gleichzeitig auch angegriffen wird. Auch in der Psychiatrie wird das Muster reproduziert, dass Frauen wesentlich über ihre Beziehung zu Männern definiert werden bzw. darüber, ob sie »beziehungsfähig« zu Männern sind. Gelten sie als »beziehungsunfähig« ist scheinbar nicht von Interesse, welche Hintergründe dies haben könnte. Überhaupt nicht beachtet wird, dass bestehende Probleme von Frauen, die zum Beispiel eine Ursache in Gewalterfahrungen mit Männern haben, auf den gemischten Stationen, auf denen oft aggressive Patienten den Ton angeben, noch weiter verfestigt werden. Der heterozentristische Blick der Psychiatrie geht oft so weit, dass ausschließlich Beziehungen zu Männern »zählen« – also von Interesse sind – und Beziehungen zu anderen Frauen, zum Beispiel zu Familienangehörigen oder Freundinnen, völlig ausgeblendet bleiben. Diese Vernachlässigung erscheint angesichts der großen Rolle, die ein unterstützendes Umfeld zur Überwindung einer psychischen Krise bzw. für die Zeit danach hat, um so schwerwiegender. Wie weit diese heterosexuelle Normierung auch innerhalb der Psychiatrie geht, zeigt sich auch daran, dass alle Patientinnen selbstverständlich für heterosexuell gehalten werden, wenn sie nicht von sich aus ausdrücklich etwas anderes sagen.[6]

Übergriffe innerhalb von Psychiatrie und Psychotherapie

Zum Unwohlsein vieler Frauen in der Psychiatrie trägt zudem auch die mangelnde Intimsphäre auf den gemischten Stationen bei. In der Psychiatrie gibt es für Frauen keine geschützten Rückzugsmöglichkeiten. Sie werden zudem meist nur mangelhaft vor gewalttätigen oder gewaltbereiten Mitpatienten geschützt, was dazu führt, dass sich erlebte traumatische Situationen wie zum Beispiel körperliche Übergriffe für sie innerhalb der Psychiatrie oft wiederholen. Durch die Struktur der Psychiatrie – Zwangsmaßnahmen und Gewalt als Teil der normalen »Behandlung«, keine Sensibilität für Gewalterfahrungen, kein Schutz vor Mitpatienten – kann der Aufenthalt auf psychiatrischen Stationen also für Frauen zu einer (Re)Traumatisierung führen.[7]

Doch nicht nur männliche Mitpatienten üben gegen Frauen in der Psychiatrie Gewalt aus. Auch ein erschreckend hoher Prozentsatz des (männlichen) Personals bzw. der externen Psychotherapeuten nutzt die abhängige Situation der Patientinnen für Übergriffe aus. Untersuchungen zu sexuellen Übergriffen in Psychiatrie und Psychotherapie haben gezeigt, dass in 90% der Fälle männliche Therapeuten/Ärzte Frauen Gewalt antun. Es gibt jedoch auch (zu einem wesentlich geringeren Prozentsatz) Übergriffe von Therapeutinnen bzw. Ärztinnen auf männliche Patienten, und die Gewalt findet auch in homosexuellen Therapiebeziehungen statt. Die Forscher/innen einer umfassenden bundesdeutschen Studie fanden heraus, wie sehr die übergriffigen Situationen in ihrem Muster und ihrer Anbahnung sexualisierter Gewalt in der Kindheit ähneln: Den

Frauen wurde eine »ganz besondere« Rolle zugeschrieben, sie wurden von ihren Therapeuten in deren Probleme und Sorgen eingeweiht, während oder nach den Übergriffen zur Wahrung des »kleinen Geheimnisses« aufgefordert und zum Teil mit Drohungen unter Druck gesetzt. Die erlebten Übergriffe haben für die Betroffenen massive Folgen, so verschlechterte sich der psychische Zustand im Vergleich zum Therapiebeginn bei 68,3% der Betroffenen massiv. Viele der Frauen berichteten von Suizidgedanken und Suizidversuchen.[8]

Mittlerweile haben Frauen endlich die Möglichkeit, gegen vergewaltigende Psychiater, Therapeuten oder Pfleger juristisch vorzugehen. Stellt ein Therapeut die Stunden, in denen die Übergriffe stattfanden, in Rechnung, können sie ihn wegen Betrugs verklagen.

Forderungen zur Veränderung der Situation von Frauen in der Psychiatrie

Betroffene und Professionelle haben eine Reihe von Forderungen aufgestellt, wie die Psychiatrie verändert werden müsste, um weniger frauenfeindlich zu sein. Zu den Vorschlägen zählen neben der sensibleren Berücksichtigung von Gewalterfahrungen auch die Schaffung von Intimsphäre bzw. reinen Frauenstationen sowie die Forderung nach freier Ärzt/innen- und Therapeut/innenwahl. Außerdem wird ein möglichst weitgehender Verzicht auf Zwangsmaßnahmen gefordert und die Schaffung der Möglichkeit, eine klinikexterne so genannte Ombudsfrau oder Patientenanwältin hinzuzuziehen, um sich besser schützen zu können und Übergriffe und psychiatrische Gewalt eher zu verhindern.[9] Gefordert wird auch, dass Frauen über ihre Behandlung und Medikation, insbesondere über deren Nebenwirkungen aufgeklärt werden und mit dem Personal grundsätzliche Fragen der Behandlung unter Achtung ihrer Persönlichkeitsrechte und ihrer Würde abstimmen können. Das heißt, dass statt starrer Autorität der Ansatz »Aushandeln statt Behandeln« praktiziert wird. Wohl wissend, dass starre Autorität leider oft genug der Fall ist, fordern Betroffene, dass klare Regeln und Verfahrensweisen festgelegt werden, wie zu verfahren ist, wenn der Klinikalltag sexistisch und/oder rassistisch gestaltet ist oder es zu Übergriffen kommt. Darauf hingewiesen wird auch, dass insbesondere gewaltbetroffenen Frauen nicht zugemutet werden darf, in Gruppen mit (den) Tätern konfrontiert zu werden.[10]

Ebenfalls aus der antipsychiatrischen Betroffenenbewegung kommt der Vorschlag, zum eigenen Schutz eine »Vorsorgevollmacht« oder ein sogenanntes »psychiatrisches Testament« abzuschließen. Die »Vorsorgevollmacht« ist vor allem darauf ausgerichtet, vor einer eventuellen Krise oder »Verrücktheit« eine Person des Vertrauens zu benennen, die für den Fall, dass eine Frau selbst dazu nicht mehr in der Lage ist, mit der Wahrnehmung und Regelung ihrer Angelegenheiten während der Behandlung in einer psychiatrischen Klinik betraut ist. Auf diese Weise lässt sich zum Teil, jedoch keineswegs immer vermeiden, dass eine gesetzliche Betreuung durch einen Amtsbetreuer oder eine Amtsbetreuerin eingerichtet wird. Weiter gehenden rechtlichen Schutz bietet das »psychiatrische Testament«, eine spezielle Patient/innenverfügung.[11] Eine Frau, die ein solches »Testament« verfasst, kann darin zum Beispiel festlegen, dass ihr bestimmte Psychopharmaka nicht verabreicht werden dürfen und sie bestimmten Zwangsbehandlungen nicht unterzogen wird. Nicht verhindert werden kann eine Zwangseinweisung. Damit das »psychiatrische Testament« als gültig anerkannt wird, ist es wichtig, dass

- es aktuell, also höchstens ein bis zwei Jahre alt ist;
- bezeugt wird (am besten von einer Ärztin/einem Arzt), dass die Frau bei Abschluss dieser Verfügung geistig klar war;
- von einem Arzt/einer Ärztin bezeugt wird, dass die Frau über die *positiven* Wirkungen der Maßnahmen (zum Beispiel Psychopharmaka), die sie ablehnt, informiert ist.[12]

Jede Frau, die Angst hat, »verrückt« zu werden und unter Umständen in der Psychiatrie zu landen, sollte sich eine oder mehrere zuverlässige Vertrauenspersonen suchen, die sie begleiten und, falls notwendig, ihre Rechte gegenüber den behandelnden Psychiater/innen durchsetzen. Auch ohne Verfügungen oder Vollmachten stellen kritische, solidarische Vertrauenspersonen, die eine Frau auch während eines Klinikaufenthaltes begleiten, den besten Schutz vor Gewalt, Zwang, Willkür und Entmündigung dar.

Anmerkungen

[1] vgl. zum Beispiel die detaillierte Untersuchung von Enders-Dragässer, U./Sellach, B., 1999
[2] a.a.O.
[3] Stratenwerth, I., in Brügge, C./Wildwasser Bielefeld, 1999
[4] Enders-Dragässer, U./Sellach, B., 1999
[5] a.a.O.
[6] a.a.O.
[7] a.a.O.

[8] BMFSFJ Band 107, 1995
[9] LVPE, 2000
[10] Enders-Dragässer, U./Sellach, B., 1999
[11] Das psychiatrische Testament ist über den Antipsychiatrieverlag in Berlin oder das Berliner Weglaufhaus zum Selbstkostenpreis von etwa 5 Euro zu beziehen.
[12] Hinweise durch Mitarbeiter/innen des Berliner Weglaufhauses, die langjährige Erfahrungen mit der Nutzung des »psychiatrischen Testaments« haben.

KAPITEL 7

Wirkungen und Gefahren von Psychopharmaka

Therese Walther

Es wurde schon darauf verwiesen, dass Psychopharmaka typische »Frauenmedikamente«sind. Neuroleptika, Antidepressiva und Tranquilizer sind die Haupt»therapie« der Psychiatrie. Es ist jedoch wichtig zu wissen, dass es sich bei Psychopharmaka keineswegs um eine »Medizin« mit »heilender Wirkung« handelt. Diese Substanzen greifen nicht »zielgenau«, sondern sehr tiefgreifend und massiv in den Körper ein und haben unangenehme und auch sehr gefährliche Nebenwirkungen. Sie wirken immer gleichzeitig auf mehrere Körperprozesse und beeinträchtigen deshalb meist auch gleichzeitig verschiedene Körperfunktionen.

Frauen, denen empfohlen wird, Psychopharmaka zu nehmen, oder die dies selbst überlegen, sollten sehr genau über deren Wirkungen und Gefahren informiert sein, um sich auf einer objektiven Grundlage entscheiden zu können. Psychiater/innen klären in den meisten Fällen bis heute gar nicht oder ungenügend und verharmlosend über die Risiken von Psychopharmaka auf. Innerhalb der Psychiatrien werden diese meist einfach verordnet, ohne die Betroffenen überhaupt zu fragen, geschweige denn mit ihnen zu besprechen, was sie sich selbst vorstellen können. Die Einnahme von Psychopharmaka sollte grundsätzlich selbstbestimmt und nicht unter Zwang erfolgen. Im folgenden sollen zur besseren Einschätzung deshalb kurz die Psychopharmaka, die am häufigsten verschrieben werden, dargestellt werden.

- **Neuroleptika**, die vor allem Menschen, die als »psychotisch« eingestuft werden, verabreicht werden, sind im wahrsten Sinne »Plattmacher«, sie dämpfen extrem. Durch ihre Einnahme kann es zu Apathie, emotionaler Abstumpfung, Depressionen, Suizidalität, Verwirrung und intellektuellen Störungen kommen. Neuroleptika haben Einfluss auf den Hormonhaushalt und die Sexualorgane, sie können an Herz und Kreislauf, Lunge, Augen sowie an den Verdauungsorganen Schäden verursachen. Sie können außerdem Zähne, Knochenmark und Blut schädigen. Am bekanntesten und auffälligsten sind die Auswirkungen auf die Motorik: unkontrolliertes, manchmal extrem schmerzhaftes Zittern, Krampfen und Zucken von Armen und Beinen, aber auch im Gesicht sowie Lähmungen der Zunge können die Folge sein. Manche dieser Störungen sind irreversibel und lassen sich nicht behandeln. Um die Bewegungsstörungen zu unterdrücken, werden zusätzlich oft Anti-Parkinson-Mittel verabreicht, die selbst eine Reihe von gefährlichen Nebenwirkungen haben. Bei den sogenannten »atypischen Neuroleptika« sind die Auswirkungen auf die Motorik geringer, jedoch können sie Gehirnstrukturen dauerhaft verändern. Diese Präparate sind viel teurer als die herkömmlichen Neuroleptika, deshalb verschreiben ambulante PsychiaterInnen sie oft nicht.

- **Antidepressiva** wirken vor allem auf den vegetativen Bereich. Eine häufige Folge ihrer Einnahme, über die Psychiater/innen oft nicht aufklären und die sie oft auch für unwichtig halten, sind Sexualstörungen, Verminderung des Lustgefühls und/oder starke Gewichtszunahme. Letzteres kann insbesondere für Frauen, denen nicht erklärt wird, dass dies eine Folge der Antidepressiva ist, sehr belastend sein, da sie unter dem Druck stehen, dem weiblichen Schönheitsideal zu entsprechen und sich ihre Gewichtszunahme selbst anlasten. Antidepressiva können Unruhe, Koordinationsschwierigkeiten, Sprechhemmungen und sogar Delirien und epileptische Anfälle auslösen.
- Die störenden Auswirkungen von **Tranquilizern** sind geringer als die von Neuroleptika und Antidepressiva, sie machen jedoch innerhalb kürzester Zeit körperlich abhängig. Antidepressiva und Neuroleptika können jedoch auch abhängig machen.

Was ist beim Absetzen von Psychopharmaka zu beachten?

Das Absetzen von Psychopharmaka bedeutet, sich den eigenen Problemen, die unter Umständen ja der Grund für die Einnahme waren, nun anders stellen und sich ohne Chemie mit ihnen auseinandersetzen zu müssen – aber auch zu können. Oft heißt es, sich mit Psychiater/innen, Angehörigen und Freund/innen zu streiten, da diese oft vom Absetzen abraten und Ängste schüren bzw. Drohungen aussprechen. Absetzen kann von körperlichen und psychischen Entzugserscheinungen begleitet sein und sich langwierig und vor allem zu Beginn schwierig gestalten.

Übersicht über verschiedene Psychopharmakagruppen/Präparate

Einige der gängigen Neuroleptika

Atosil
Chlorazin, Chlorpromazin, Clozapin *(atypisches Neuroleptikum)*, Ciatyl,
Dapotum, Decentan, Dipiperon, Dogmatil, Dominal,
Eunerpan
Fluanxol
Glianimon,
Haldol, haloperidol
Imap
Leponex *(atypisches Neuroleptikum)*, Lyogen
Melleril, Melleretten
Neurocil
Orap
Perazin
Reserpin, Risperdal, Risperidon *(atypisches Neuroleptikum)*
Taxilan, Thioridazin *(atypisches Neuroleptikum)*
Truxal, truxaletten *(atypisches Neuroleptikum)*
Zyprexa

Einige der gängigen Antidepressiva

Amineurin, Amitriptylin, Aurorix, Clomipramin, Equilibrin
Fluctin, Fluctine, Imipramin, Insidon, Mianserin, Nortrilen,
Noveril, Novoprotect, Remergin, Saroten, Sinequan, Sinquan,
Stangyl, Tagonis, Tofranil, Trevilor

Einige der gängigen Tranquilizer

Diazepam, Dormicum, Halcion, Lendorm, Lendormin, Levanxol, Lexotanil, Librium, Oblivon, Rivotril, Rohypnol, Tafil, Talis, Tavor, Tranxilium, Valium, Xanax

Es empfiehlt sich sehr, sich genau über Psychopharmaka zu informieren. Wie schnell bestimmte Psychopharmaka vom Körper abgebaut werden, hat zum Beispiel einen Einfluss auf das Absetzen; die Dosierung und Einnahmedauer und die Art des Präparats spielen ebenfalls eine wichtige Rolle. Frauen, die Psychopharmaka absetzen wollen, sollten sich durch eine gute Ärztin oder einen Arzt (die keine Psychiater/innen sein müssen) unterstützen lassen. Es ist viel sicherer, schrittweise abzusetzen, zum Beispiel mit Hilfe eines Absetzplans in 10%-Schritten zu reduzieren. Es empfiehlt sich immer, eine Vertrauensperson hinzu zu ziehen, um Unterstützung und Ermunterung zu bekommen und sich abzusichern. Hilfreich ist es, eine sichere, ruhige Umgebung zu haben, Stress möglichst zu vermeiden und alles zu tun, was entspannt, erfreut, beruhigt. Auch auf genügend Schlaf sollte unbedingt geachtet werden, dieser ist in der Zeit des Absetzens für den Körper besonders wichtig. Es gibt auch die Möglichkeit, Absetzerscheinungen zum Beispiel durch naturheilkundliche Mittel zu lindern.[1]

Therese Walther ist Diplom-Psychologin, hat acht Jahre beim Berliner Notruf für vergewaltigte Frauen, Lesben und Mädchen mitgearbeitet und war von 2000 bis 2001 Mitarbeiterin im Weglaufhaus (Kriseneinrichtung für obdachlose Psychiatriebetroffene in Berlin). Seit 2001 ist sie in der antipsychiatrischen Einzelfallhilfe tätig. Sie ist Mitgründerin und Vorstandsfrau im »Verein zur Unterstützung von Frauen in Krisensituationen« und bereitet derzeit ihre Dissertation zum Thema »Rassismuserfahrungen als Krisenauslöser bei Frauen und deren Nichtbeachtung bzw. Reproduktion innerhalb der psychosozialen und psychiatrischen Regelversorgung« vor.

Anmerkung

1 Lehmann, P., 1996, 1998, siehe auch Curran, V./Golombok, S., 1988

Kapitel 8

Das, was ich bin, ist veränderbar! Möglichkeiten und Grenzen von Psychotherapie

Aufgrund meiner jahrelangen Erfahrung gehe ich heute von einer ganzheitlichen Behandlungsweise aus, das heißt, es geht um die Einheit von Körper, Seele und Geist auf dem Hintergrund der Ergebnisse von 30 Jahren Neuer Frauenbewegung. In unserer psychotherapeutischen Praxis in Berlin ist fast jede zweite Klientin (von insgesamt 80-100) von Männergewalt, in der Regel von Nötigung, sexueller Gewalt oder Vergewaltigung betroffen. Oft stellt sich dieses erst im Laufe der Therapie heraus, wenn Frauen sich psychisch und physisch gestärkt und in der Lage fühlen, dieses Trauma zu bearbeiten. Angst, Scham und Schuldgefühle mit den dazu gehörenden Körperreaktionen sind in fast allen Therapieprozessen die zentralen Themen. Die inhaltliche Bearbeitung findet vorwiegend auf der kognitiven Ebene durch das Gespräch statt. Die Grundlage des Gesprächs ist ein tiefenpsychologisch fundiertes Vorgehen, das heißt, ich arbeite mit der Klientin konfliktzentriert. Darüber hinaus benutze ich unterschiedliche körperorientierte Methoden. Im folgenden beschreibe ich einige Übungen, die auch außerhalb eines Therapieprozesses von Frauen angewandt werden können.

Körperwahrnehmung

Wenn eine Klientin die Angst äußert, verrückt zu werden, dann untersuche ich mit ihr die Hintergründe, die dazu geführt haben könnten, sie aus der eigenen Mitte zu verrücken. Ab wann und in welchen Situationen hatte sie zum Beispiel das Gefühl, neben sich zu stehen, d.h. nicht mehr zentriert in ihrem eigenen Körper zu sein? Wenn eine Person neben sich steht, kann sie nicht mehr mit Selbstsicherheit ihren Alltag bewältigen, sondern fühlt sich zutiefst verunsichert, spürt kein Zentrum, keinen Halt in sich selbst, fühlt sich nicht mehr geerdet, sondern schwankt auf ihren Füßen. In einem solchen Zustand gerät eine Klientin bei leichtem Antippen an der Schulter bereits ins Wanken, wie wir dies im Selbstbehauptungstraining[1] immer wieder feststellen können. In diesem verunsicherten Zustand rate ich, mit dem Bewusstsein in die Füße zu gehen, sich Wurzeln unter den Füßen vorzustellen, sich tief mit der Erde zu verbinden und sich somit zu erden.

Um die Zentrierung zu vertiefen, ist es wesentlich, sich auf den Solar Plexus zu konzentrieren (eine Handbreit über dem Bauchnabel), den Atem dort hin zu lenken und lange und gleichmäßig auszuatmen. Über den Solar Plexus finden in der Regel alle angenehmen wie unangenehmen Ereignisse Eingang in unseren Körper und in unsere Seele, die mit Freude, Angst, Schmerz und Schock verbunden sind. Deshalb ist es wichtig, diesen Bereich zu schützen und mit bestimmten Übungen zu stärken. Ich empfehle, eine oder beide Hände auf den Solar Plexus zu legen und sich so vor unangenehmen Einflüssen zu schützen. Gleichzeitig unterstützt dies die Zentrierung. Sich zu erden und zu zentrieren gelingt nicht auf Anhieb, sondern muss immer wieder geübt werden.

Durch Körperwahrnehmung, Atmung, Erdung und Zentrierung finden Klientinnen allmählich wieder das Vertrauen, Einfluss auf ihren Körper und ihre Psyche zu bekommen. Ziel ist dabei, langfristig zu erfahren, dass sie den Gefühlen, die sie überfluten, in der Regel nicht mehr ausgeliefert sein müssen, sondern dass sie Einfluss darauf nehmen können. Sie werden nicht mehr von ihren Gefühlen beherrscht, sondern sie versetzen sich durch Konzentration auf sich selbst allmählich in die Lage, ihre Gefühle zu beherrschen. Die Klientin entscheidet selbst darüber, ob sie sich zum Beispiel jetzt mit Enttäuschung und Wut auseinandersetzen will, oder ob sie sich zu einem späteren Zeitpunkt eher dazu in der Lage fühlt. Das bedeutet auch, dass Klientinnen ein Bewusstsein von ihren Selbstheilungskräften bekommen und diese aktivieren können.

Verabschieden von selbstschädigenden Introjekten

Psychotherapie bedeutet Veränderung: Wenn ich mein Leben in der Gegenwart verändere, verändere ich auch meine Zukunft und meine Vergangenheit; das heißt nicht, dass alle mir zugefügten Leiden vergessen werden, aber ich kann die damit verbundenen Gefühle wie Schmerzen, Wut oder Trauer transformieren, so dass ich nach einem geglückten Therapieprozess mit einem verständnisvolleren, helleren Blick in meine Vergangenheit schauen kann und dementsprechend auch die Zukunft positiv einschätze. Transformieren bedeutet in diesem Zusammenhang: Die Geschehnisse bleiben auf der körperlichen, mentalen und emotionalen Ebene gespeichert, aber die Erinnerung der traumatischen Inhalte wird als nicht mehr für die Gegenwart relevant erkannt, so dass ich nicht mehr wie zuvor aus dem Gleichgewicht, aus meiner Mitte gebracht werde. Ich lerne in der Therapie: Das, was ich bin, ist veränderbar. Das bedeutet nicht, dass ich mich von der Person, die ich zu Therapiebeginn gewesen bin, verabschiede, sondern es geht darum, Neues zu entdecken und hinzu zu gewinnen, so dass sich meine Persönlichkeit mit allen Facetten ausdehnen kann. Es geht nicht um Reduzierung, sondern um Bereicherung. Eine Basis dafür ist, eine Klientin darin zu unterstützen, die Haltung der Selbstablehnung und Selbstverachtung zugunsten einer positiven Haltung sich selbst gegenüber zu verändern. Denn der Grad der eigenen Zuwendung entscheidet darüber, wie weit sie sich ausdehnen kann. Angst, die in der Regel mit einem geringen Selbstwertgefühl verbunden ist, macht eng, lässt das unseren Körper umgebende Aurafeld[2] schrumpfen, so dass zwischen einem selbst und den anderen kein Puffer mehr existiert, dass jeder Mensch zu dicht, zu nah in den eigenen verletzten Aurabereich kommen kann. Wenn eine Klientin allerdings an ihren Blockaden festhält, kann es bedeuten: sie hat Angst, Inhalte loszulassen, weil sie dann etwas sehen könnte, was sie getan hat und nicht glaubt, es ertragen zu können. Für Klientinnen, die glauben, sich selbst in bestimmten Situationen verraten zu haben, ist es zum Beispiel besonders wichtig, ein Verstehen und Verzeihen für sich selbst zu entwickeln und die eigenen Schattenseiten zu akzeptieren, um sich allmählich die Erlaubnis geben zu können, loszulassen. Loslassen heißt in diesem Falle nicht, sich fallen zu lassen und alle Kontrolle abzugeben, wovor in der Regel aufgrund frühkindlicher Grenzverletzungen eine große Angst besteht. Nur die Klientin selbst kann die Entscheidung treffen, sich von der Angst verabschieden zu wollen, andernfalls projiziert sie diese Angst in die Zukunft, wo sie dann weiterhin durch Einschränkung und Enge ihre Lebensqualität beeinflussen wird.

Wenn Klientinnen mehr Selbstvertrauen gewonnen haben, arbeite ich mit ihnen daran, hinzusehen, wodurch sie Kraft verlieren, z.B. indem sie an alten Ereignissen haften bleiben, ohne diese zu durchleuchten und zu bearbeiten, oder indem sie an abwertenden oder vernichtenden Worten hängen bleiben, ohne diese loszulassen, durch den Körper in die Erde fließen zu lassen. Um einen längerfristigen Erfolg zu erreichen, setzt dies oft eine langwierige, inhaltliche Bearbeitung voraus. Einschüchternde und abwertende Glaubenssätze, an denen wir festhalten, müssen auf der kognitiven Ebene bewusst gemacht und als selbstschädigende Introjekte, die uns eng und ängstlich machen, erkannt werden. Allein die Klientin kann sich die Erlaubnis geben, sich von dieser zum Beispiel oft negativen Elternbindung (»Aus dir wird nie was«) zu verabschieden, um sich für ein positives Selbstbild zu öffnen. Positive Affirmationen können unser Selbstbild stärken und uns freudig stimmen. Wenn wir die gleiche Energie, die uns an abwertenden Zuschreibungen festhalten lässt, in positive Affirmationen stecken würden, hätten wir einen unglaublichen Zuwachs an Lebensfreude. An dieser Stelle ernte ich oft ungläubiges Staunen bei meinen Klientinnen. Ich kann nur alle Frauen dazu ermuntern, mit positiven Affirmationen zu beginnen: sie sich mit großen Lettern zur Unterstützung über das Bett oder den Schreibtisch zu hängen und sich so eine Chance zum Wachsen zu geben und zwar sowohl psychisch, geistig als auch körperlich. Klientinnen, die eine positive Haltung sich selbst gegenüber entwickeln, strahlen diese zum Beispiel auch durch eine veränderte, aufrechte Körperhaltung aus. Therapie beginnt da Erfolg zu zeigen, wenn eine Klientin ein Gefühl für Eigenverantwortung bekommt, das heißt für eigene Grenzen, für Liebe zu sich selbst, für ihr körperliches und seelisches Wohlergehen und vieles mehr.

Auraarbeit und Orthomolekularmedizin[3]

Ich lege großes Gewicht auf die körperliche Befindlichkeit meiner Klientinnen. Wenn der Körper überstrapaziert, ausgelaugt und regelrecht beschädigt ist, kann auf der seelisch/geistigen Ebene auch keine Verbesserung eintreten. Jede Krankheit ist zugleich ein Defekt des körpereigenen Magnetfeldes[4], das heißt dort, wo ein Organ erkrankt ist, ist bereits viel früher ein Loch in der Aura entstanden. Also geht es darum, das Organ nicht nur medizinisch zu behandeln, sondern mit Hilfe von Auraarbeit die Löcher zu schließen und die Aura zu festigen. Das bedeutet, körperliche und seelisch/geistige Heilung bedingen einander. Aus diesem Grunde arbeite ich mit einer Ärztin für Naturheilverfahren zusammen, die über das schulmedizinische Behandlungsspektrum hinaus u.a. Bachblüten, Akupunktur, Moxen und Bioresonanz anwendet und bei Depressionen nicht Antidepressiva, sondern pflanzliche Mittel wie zum Beispiel Yarsin und bei Ängsten Kava-Kava verschreibt.

Ich selbst habe mit hohen Dosierungen von Vitamin C gute Erfahrungen gemacht. An Paula konnte ich feststellen, dass Vitamin C bei depressiven Klientinnen eine stimmungsaufhellende Wirkung hat, ohne Nebenwirkungen zu verursachen. So versucht die Orthomolekularmedizin erfolgreich, Krankheiten mit hochdosierten Gaben von Vitamin C, Mineralien und Aminosäuren zu heilen. Meine Erfahrung zeigt, dass viele Klientinnen mit einer großen Angstsymptomatik u.a. einen Mangel an B-Vitaminen haben und dass anhaltende Müdigkeit, Schmerzen in den Gliedmaßen und eine große Gereiztheit verfliegen, wenn eine Zeitlang B-Komplex genommen wird. »Englische Psychologen entdeckten, dass ein Selen-Mangel oft mit großen Depressionen einhergeht. 100 mg Selen täglich verbesserte deutlich die Verfassung, Vitamin E verstärkte die Wirkung noch.«[5]

Ernährung

Allergien spielen eine zunehmend größere Rolle in unserer Zeit. Bei meinen Klientinnen lasse ich generell ausschließen, ob bestimmte Allergien durch Nahrungsmittel verursacht sein könnten. Denn falsche Ernährungsgewohnheiten beeinflussen Gehirn- und Körperchemie. Zum Beispiel kann der Genuss von mehreren Tassen Kaffee sogar bei Gesunden unter Umständen Angst auslösen. So ist es kein Wunder, dass Klientinnen sich chronisch müde und leer im Gehirn fühlen, wenn sie mir erzählen, dass sie wenig Wert auf gute Ernährung legen und ausschließlich verkochte, also enzymlose Nahrung zu sich nehmen (bereits Hippokrates empfahl: »Deine Nahrung soll deine Medizin sein«). Klientinnen sollten lernen, sich wieder in den Mittelpunkt ihres eigenen Lebens zu stellen und auch die Eigenverantwortung für ihr körperliches Wohlergehen übernehmen. Indem sie ihrem Körper wieder liebevolle Aufmerksamkeit schenken, ändert sich ihre Haltung sich selbst gegenüber. Dadurch gelingt es ihnen eher, wieder mehr in sich selbst zu ruhen.

Die Atmung

In meiner Arbeit mit Klientinnen hat die Atmung eine große Bedeutung, denn sie ist ein Spiegel dafür, wie Menschen in ihrer Lebensrealität verankert sind. Die Haltung der Seele überträgt sich auf den Atem. Wer flach und kaum wahrnehmbar atmet, nimmt sich wenig vom Leben. Ist der Atem müde und schlapp, deutet er auf Schlacken im Stoffwechsel hin. So lassen sich Angst und Panik wegatmen, genauso wie sie sich durch bestimmte Atmung verstärken können. Ein Ziel ist, Lust am Atmen, am Leben, am eigenen Körper zu entwickeln und sich mit jedem Atemzug genüsslich auszudehnen und Leichtigkeit, Helligkeit und Lebensfreude aufzunehmen. Je mehr eine Klientin bereit ist zu erfahren, wer sie wirklich ist, und welche Möglichkeiten in ihr verborgen sind, desto geringer werden die Ängste und jegliche Form von Selbstbehinderung und desto mehr Bewusstheit erlangt sie über Körper, Seele, Geist.

Visualisieren

In den letzten Jahren habe ich erfahren, wie wirkungsvoll das Visualisieren von Farben im Therapieprozess sein kann. Alle Farben, die von den Füßen aufwärts durch den Körper visualisiert werden, haben eine bestimmte Heilwirkung auf Körper, Seele und Geist. Da, wo Worte kaum noch etwas vermögen, kann z.b. das Visualisieren von Orange mit Gold den Zustand von tiefer Trauer mildern. Bei Ängsten jeder Art kann die Farbe Blau hilfreich sein. Durch das gezielte Einsetzen von Farbvisualisierungen bekomme ich Weite und Licht in Körper, Seele, Geist, die sich positiv auf mein Allgemeinbefinden auswirken. In England gehört die Behandlung mit Farbvisualisierungen in Kliniken zum Alltag und auch im deutschsprachigen Raum gibt es inzwischen Kliniken, die Heilungsprozesse mit dieser Methode unterstützen.

Einzel- und Gruppentherapie

Seit Jahren praktiziere ich eine Kombination von Einzel- und Gruppentherapie. Für viele Klientinnen, die bei mir Einzeltherapie nehmen, ist eine spätere Gruppentherapie eine zusätzliche Bereicherung. Die Gruppe wird von mir angeleitet und besteht in der Regel aus Klientinnen mit Therapieerfahrung. In einer Gruppentherapie sind noch andere Prozesse als in der Einzeltherapie möglich: Die Erfahrung, anderen geht es ähnlich oder noch schlechter als mir, sich abgrenzen und auseinander zu setzen, Ärger und Wut zuzulassen und trotzdem im Kontakt zu bleiben; die Erfahrung, ich lasse mich nicht nur auf die anderen ein, sondern die anderen müssen sich auch auf mich einlassen; die Erfahrung, wie gehe ich mit Zuwendung um. Über Familienaufstellungen bekommt eine Klientin die eigene Position innerhalb der Familie mit und sie kann ein Bewusstsein darüber bekommen, wo und wie sie zum Beispiel die Familienstruktur und -dynamik in der Gegenwart reinszeniert.

Durch eine Therapiegruppe kann die Isolation der Einzelnen aufgehoben werden, es entstehen Unterstützungsnetzwerke und oft intensive Freundschaften. Darüber hinaus biete ich mit der Theatertherapeutin Ulrike Pohl seit über 15 Jahren Selbstbehauptungstraining für Frauen als Jahresgruppe an. In dieser Gruppe werden Selbstwertprobleme mit Entspannung, Bewegung und Leichtigkeit bearbeitet und der Schwerpunkt auf konkrete Handlungen gelegt.

Voraussetzungen und Grenzen der Therapie

Eine Psychotherapie ist in der Regel ineffektiv, wenn eine Klientin nicht aus eigener Motivation in die Therapie kommt, sondern von ihrem Partner oder ihrer Partnerin geschickt wurde, mit der Forderung, sich zu verändern. Eine Klientin sollte immer selbst den Zeitpunkt und die Dauer eines Therapieprozesses bestimmen. Häufig reicht das Stundenkontingent der Krankenkasse jedoch leider nicht aus.

Auch dann, wenn eine Klientin sich nur teilweise auf eine Therapeutin einlassen kann, weil sie nichts »Besseres« gefunden hat oder keine Lust hat, weiterzusuchen, ist eine Psychotherapie nicht erfolgversprechend. Genauso gering sind die Chancen, wenn die Klientin die Kontinuität der Therapie nicht aufrechterhält, weil andere Termine wichtiger sind oder sie schon beim leisesten Anzeichen von Unwohlsein absagt.

Bei der Wahl einer Therapeutin ist es für viele sehr wichtig, ob die Therapeutin eine ähnliche Lebensrealität hat wie die Klientin selbst. Verheiratete Klientinnen mit Kindern suchen zum Beispiel oft Therapeutinnen mit einem ähnlichen Hintergrund, während lesbische oder bisexuelle Klientinnen sich eher von Therapeutinnen verstanden fühlen, die einen ähnlich unkonventionellen Lebensentwurf für sich gewählt haben. Für schwarze Frauen und Migrantinnen kann es wichtig sein, dass die Therapeutin Erfahrung mit interkultureller Therapie und dem Thema Rassismus hat. Eine Grundvoraussetzung ist allerdings gegenseitige Sympathie. Nur auf dieser Basis lässt sich ein Vertrauensverhältnis aufbauen.

Schwer und oft ergebnislos wird ein Therapieprozess da, wo eine Klientin zutiefst davon überzeugt ist, dass sie auch heute noch Opfer ihrer brutalen Sozialisation, freudlosen Partnerschaft oder diskriminierenden Arbeitsbedingungen ist. Hierbei ist der Zeitpunkt des Therapieprozesses entscheidend. Zu Therapiebeginn ist es wichtig, ein Bewusstsein darüber zu entwickeln und anzuerkennen, als Kind beispielsweise Opfer von Grenzverletzungen gewesen zu sein und dies nicht zu verharmlosen. Wiederholte Leiderfahrungen bis ins Erwachsenenleben hinein können entweder die Funktion haben, einer Person immer wieder ihren Opferstatus zu bestätigen oder aber sie daran zu erinnern, dass sie ihr frühkindliches Trauma noch nicht aufgearbeitet hat.

Oft verteidigt eine Klientin mit viel Energie und überzeugenden Argumenten, dass sie sich zwar verändern möchte, dass es aber in ihrem ganz besonders schweren Fall eigentlich hoffnungslos sei.

Ich habe manchmal die Erfahrung gemacht, dass sich Frauen in ihrer Bitterkeit, in ihrem sich als Opfer fühlen so »gut« eingerichtet haben, dass sie es vorziehen, in diesem Leid zu verharren, als ganz allmählich ihre Haltung zu hinterfragen und zu verändern und Ansprüche an das Leben zu stellen. Durch Klagen können sie sich und anderen immer wieder bestätigen, was *man* aus ihnen gemacht hat. Wenn Klientinnen nicht lernen wollen, in der Gegenwart Eigenverantwortung für ihr Leben zu übernehmen, dann könnte es sein, dass Therapie zu diesem Zeitpunkt zu einer Therapiefalle wird: Die Klientin hat für sich und andere das »Alibi«, ich tue etwas für mich, ich gehe einmal wöchentlich zur Therapie! Ihre innere Stimme boykottiert allerdings jegliche Möglichkeit der Veränderung. In der Regel wird der Widerstand außen und nicht im Inneren gesucht.

Hier geht es aber nicht darum, dass Frauen keinen Grund zum Klagen haben oder dass ihnen kein Raum dafür zusteht, sondern um die Zementierung eines Zustandes der Hoffnungslosigkeit, der Isolation, der auch zum Verlust von Freundschaften führt. Denn keine Freundin möchte sich auf Dauer mit nie endenden Klagen beschäftigen, und das ist auch gut so, denn dadurch könnte die Klientin aufgerüttelt werden. Frauen, die in der Gegenwart auf ihrem heutigen Opferstatus beharren, können die anderen Facetten ihrer Persönlichkeit gar nicht kennenlernen und entwickeln. Statt dessen überlassen sie denjenigen, die sie als Kind zum Opfer gemacht haben, die Macht, ihr Erwachsenenleben in Gegenwart und Zukunft zu ruinieren. Oder bildlich ausgedrückt: Ich befinde mich in einem Tunnel und weigere mich, das Licht am Ende des Tunnels als Hoffnungsschimmer zu erkennen und entscheide mich nicht dafür, vorwärts zu gehen, sondern verharre, was bedeutet, ich bleibe nicht nur stehen, sondern gehe zurück.

Meine Aufgabe als Therapeutin sehe ich darin, Frauen *nicht* in ihrer Bitterkeit zu begleiten und in ihrem Opferstatus zu stabilisieren, sondern mit ihnen gemeinsam die überlebten Traumata mit allen dazu gehörenden Gefühlen und Körperreaktion zu beleuchten und durchzuarbeiten. In diesem Prozess können Überlebende von Traumata sich ihre mit dem Überleben verbundene Kraft und Stärke wieder aneignen, die dann das Wissen in sich trägt: Ich kann mich heute dafür entscheiden, Eigenverantwortung für mein körperliches und seelisches Wohlergehen zu übernehmen, denn: Das, was ich bin, ist veränderbar.

Anmerkungen

[1] Selbstbehauptungstraining wird im TUBFF als Jahresgruppe angeboten.
[2] Die Aura ist eine leuchtende Strahlung, die den physischen Körper aller Lebewesen umgibt. Es existieren sieben Auraschichten, die alle eine bestimmte Aufgabe haben. Die Aura enthält Informationen über all das, was uns in der Vergangenheit widerfahren ist und was unseren gegenwärtigen Zustand ausmacht.
[3] Orthomolekularmedizin ist eine ergänzende Therapie mit Vitaminen, Mineralstoffen und Spurenelementen.
[4] Ein Magnetfeld oder Aurafeld entsteht durch die Rotation der Chakren (Lichträder, die sich in unserem Energiesystem drehen). Ein Chakra erzeugt durch die eigene Rotation ein elektromagnetisches Feld. Dieses Feld verbindet sich mit den Feldern, die von den übrigen Chakren erzeugt werden, zum Aurafeld. Das elektromagnetische Feld, das alle Materie ausstrahlt und den Körper als Matrix umgibt, kann von Heiler/innen ertastet oder gesehen oder durch Messinstrumente ermittelt werden. Eine Störung im elektromagnetischen Feld deutet darauf hin, dass eine Störung im Körper vorliegt, oft schon vor dem Auftreten körperlicher Symptome. Chakra ist eine Bezeichnung aus dem Sanskrit. Chakren wirken wie Drehtüren, die Körper, Geist und Seele untereinander verbinden. Es gibt Haupt- und Nebenchakren (siehe auch Rosalyn L. Bruyere, 1999).
[5] Gabriele Feyerer, 2001

ANHANG

Glossar psychologischer und psychiatrischer Fachausdrücke

Bis auf die Zitate, die direkt gekennzeichnet sind, wurden alle folgenden Erläuterungen (teilweise leicht abgewandelt und gekürzt) dem »Wörterbuch zur Psychologie« entnommen. Sie entsprechen der traditionellen Lehrmeinung und sind nicht immer identisch mit der Meinung der Autorin. *Kursive Hervorhebungen sind Anmerkungen der Autorin.*

Aggressivität. Allgemeine und umfassende Bezeichnung für gehäuft auftretendes feindseliges, sich in verbalen oder tätlichen Angriffen äußerndes Verhalten bzw. das Überwiegen feindselig-ablehnender und oppositioneller Einstellungen beim Menschen. In der Humanpsychologie wird A. auch im Sinne einer generellen Persönlichkeitseigenschaft diskutiert. Der Erklärung dienen verschiedene Hilfsvorstellungen, darunter in der Psychoanalyse entwickelte Beziehungen zwischen Frustration bzw. Todestrieb und A. (sog. Frustrations-Aggressions-Hypothese). In der vergleichenden Verhaltensforschung ist A. ein beschreibender Begriff für das Angriffs- und Kampfverhalten von Lebewesen gegenüber Gegnern der eigenen Art.

Antidepressiva/Thymoleptia. Die Wirkung besteht im Heben der Stimmung. Sie werden gegeben bei allen Formen der Depression. Als Nebenwirkungen können auftreten: Mundtrockenheit, Unruhe, Schwindel, Schwitzen, Zittern, kurze Verwirrtheitszustände, Erhöhung der Krampfbereitschaft, Schläfrigkeit, Leber- und Nierenschäden. (Zusammengefasst nach Th. Spoerri, 1966)

Antipsychotika oder Neuroleptika. Neuroleptika wirken nicht spezifisch »antipsychotisch«, sondern unspezifisch, sekundär durch Beeinflussung von psychischen Syndromen (Erregung, Spannung, Angst, paranoidhalluzinatorische Aktivität). Sie wirken dämpfend, motorisch-extrapyramidal, vegetativ. Die Dämpfung geht je nach Medikament mit wechselndem sedativem Effekt (das heißt »schlafanstoßende«Wirkung) einher; bei Dauerbehandlung verschwindet meist die Schläfrigkeit. Als Nebenwirkungen der Neuroleptika können auftreten: Zittern, Speichelfluss, Verlangsamung, Bewegungsunruhe, Verkrampfungen der Hals-, Gesichts- und Zungenmuskulatur, Kreislaufkollaps, Puls- und Temperaturveränderungen, Schwindel, Schwitzen, Gewichtszunahme, Magen-Darmsymptome, Sehstörungen, allergische Hautreaktionen, Erhöhung der Krampfbereitschaft. (Nach Spoerri, 1966)

Depersonalisation. Psychischer Prozess, in dessen Verlauf der Eindruck aufkommt, sich selbst, dem eigenen Bewusstsein fremd gegenüberzustehen (Entfremdungsgefühl), man fühle und handle ohne bewusste Anteilnahme quasi automatisch, der eigene Körper bzw. Körperteile gehörten nicht zu einem selbst und/oder die eigenen Bewegungen seien fremdartig bzw.

nicht vorhanden; gelegentlich verbunden mit dem Gefühl, bekannte Gegenstände oder Menschen seien ebenfalls fremd und unwirklich (Derealisation). D. tritt häufig als Symptom psychischer Störungen auf, vor allem bei schweren Neurosen, Depression und Schizophrenie. Man findet D. auch im Gefolge entzündlicher Hirnerkrankungen (zum Beispiel Encephalitis), bei Hirnläsionen und -tumoren. Eine Sonderform der D. stellt das sog. Alice-im-Wunderland-Syndrom dar, das neben vorübergehenden allgemeinen Entfremdungsgefühlen mit illusionsartigen Versetzungen von Raum und Zeit sowie veränderten Einschätzungen der eigenen Körperproportionen einhergeht. Das Syndrom tritt besonders häufig in der Einschlafphase, bei extremer Erschöpfung, bei Migräneanfällen, hohem Fieber, unter Einwirkung von Drogen oder bei epileptischen Anfällen während des sog. epileptischen Dämmerzustands auf.

Depression. [1] Zustand der Niedergeschlagenheit, erschöpfungsartigen Antriebs- und Initiativlosigkeit, der zum Beispiel nach Verlusten, Enttäuschungen, Misserfolgen, körperlichen oder psychischen Belastungen mit dem Innewerden der momentanen Hilflosigkeit oder Vereinsamung auftritt. Synonym: Deprimiertheit. [2] Klasse psychischer Störungen, die sich in länger anhaltenden wiederholten Episoden depressiver Verstimmung äußern. Sie treten mit oder ohne direkten Bezug zu tatsächlichen oder vorgestellten Problemen bzw. momentanen Hilflosigkeitserfahrungen auf und gehen mit Beeinträchtigungen der Denk- und Handlungsfähigkeit sowie mit einer Vielzahl psychischer und somatischer Symptome einher, deren Muster als depressives Syndrom bezeichnet wird.

Elektroschock. Als Elektroschock oder elektrokonvulsiven Schock bezeichnet man die Verabreichung hochvoltiger Stromstöße in der Schädelregion, welche bei dem/der Betroffenen eine traumatische Desynchronisation der Hirntätigkeit zur Folge haben und nach krampfartigen Zuckungen zur Bewusstlosigkeit führen. Das inzwischen heftig umstrittene Verfahren der Elektro-Schocktherapie wurde in den 1930er Jahren von UGO CERLETTI eingeführt, um durch die schockbedingte zeitweilige Lahmlegung der Gehirntätigkeit schwere psychische Störungen aus dem Formenkreis der Psychosen zu beheben. Entsprechende Wirkungen können auch auf chemischem Weg erzielt werden.

Frigidität. Veraltete und inzwischen abwertende Bezeichnung für Fehlen oder Ausbleiben sexueller Empfindungen und/oder des Wunsches nach sexueller Betätigung überhaupt; sexuelle Empfindungslosigkeit bei Frauen, die heute als »reduzierte Libido« bezeichnet wird.

Frustration. Bezeichnung für eine Behinderung des Organismus, ein Ziel zu erreichen. Im übertragenen Sinne auch jede Art der Behinderung, einem vorgestellten Ziel näherzukommen. Die Behinderung kann dabei als direkte Versagung erlebt oder aber (wie in der psychoanalytischen Annahme) ohne Beteiligung des Bewusstseins (unbewusst) wirksam werden, so wie das Ziel entweder ein klar erkennbares, vorgestelltes oder aber »unbewusstes« sein kann. Der Begriff hat einen deutlichen Bedeutungsüberschuss. In der Verhaltensforschung wird deshalb nur dann von Frustration geredet, wenn eine definierte Operation ein Tier oder einen Menschen daran hindert, eine ganz bestimmte Reaktion zu zeigen.

Homosexualität. Sexuelle Beziehung zwischen gleichgeschlechtlichen Partnern, meist in Verbindung mit Abneigung oder Desinteresse in bezug auf heterosexuelle Beziehungen. H. zählt nicht zu den psychischen Störungen, da sie weder auf Dysfunktionen zurückgeht noch Leiden verursacht. Homoerotische Wunschvorstellungen und latente Neigungen zur H. ohne Aufnahme von sexuellen Beziehungen gelten als Ausdrucksformen der Homoerotik.
Bis 1991 wurde Homosexualität in der klassischen Medizin und Psychologie als sexuelle Perversion bezeichnet. Bis zu diesem Zeitpunkt wurde zwischen konstitutioneller (angeborener) und erworbener Homosexualität unterschieden, obwohl diese Unterscheidung wissenschaftlich unhaltbar war.

Halluzination. Wahrnehmungseindruck mit deutlichem Realitätsbezug, dem jedoch keine relevante oder adäquate Reizung des entsprechenden Sinnesorgans zugrunde liegt, zum Beispiel der deutliche Eindruck eines vermeintlichen, tatsächlich aber nicht vorhandenen Sees in der Wüste oder eines Tones, der aus der Umgebung oder aber aus dem eigenen Kopf zu stammen scheint. H. treten häufig bei veränderten Bewusstseinszuständen (extreme sensorische Deprivation, Erschöpfung, Drogeneinflüsse, hypnotische Suggestion) oder als Symptome psychotischer bzw. wahnhafter Störungen (Psychose, Wahn) sowie im Delirium bei Alkohol oder Drogenentzug auf. Halluzinationsartige Eindrücke, die allerdings im klinischen Sinne nicht zu den eigentlichen H. zählen, findet man beim Einschlafen (hypnagoge H.) und Erwachen (hypnapompe H.) sowie im Zusammenhang mit intensiven, ekstatischen religiösen Erfahrungen. Negative H. ist die selten gebrauchte Bezeichnung für das Ausbleiben von Sinneseindrücken trotz vorhandener überschwelliger Reize.

Katatonie. Tage bis Monate andauernde ausgeprägte Beeinträchtigung der Willkürmotorik mit zwei, gelegentlich im Wechsel auftretenden extremen Symptomvarianten: (a) katatoner Stupor, eine statuenhafte Körperstarrheit und/oder Katalepsie unter Wegfall verbaler oder sonstiger Reaktionen auf Fragen, Anreden oder Anweisungen, des Umweltrapports trotz heller Wachheit, verbunden mit der Unfähigkeit, einfache Tätigkeiten (zum Beispiel essen) ohne fremde Hilfe auszuführen; (b) katatoner Erregungszustand, eine hochgradige psychomotorische Erregung, die mit Herumlaufen und Umsichschlagen bis zur Erschöpfung einhergeht, gelegentlich verbunden mit Tendenzen zur Selbstverstümmelung oder -tötung. Das Zustandsbild der K. ist für die sog. katatone Schizophrenie charakteristisch, kann aber auch im Gefolge endogener *Depressionen* sowie schwerer Infektionskrankheiten (zum Beispiel Typhus) und bei Gehirntumoren auftreten.

Konditionierung/Konditionieren. Bezeichnung für Vorgänge bzw. Prozeduren, durch die Reaktionen oder Verhaltensweisen als Ergebnis der Erfahrung mit ankündigenden Umweltreizen (Konditionierung, klassische) oder ihrer Konsequenzen (Verstärkung; Konditionierung, operante) in ihrer Auftretenswahrscheinlichkeit verändert werden.

Masochismus. Bezeichnung für sexuelle Lustgefühle bei zugefügtem körperlichem Schmerz.

Amerikanische Feministinnen haben Ende der 1980er Jahre durchgesetzt, dass bei den internationalen Diagnosebezeichnungen (ICD) der American Psychiatric Association der Begriff Masochismus durch »selbstschädigendes« oder »selbstzerstörerisches Verhalten« ersetzt wird.

Narzissmus. Übersteigerte Selbstbezogenheit beziehungsweise Selbstliebe (Autoerotizismus). In psychoanalytischer Sichtweise eine Frühphase der psychosexuellen Entwicklung, in der das »Selbst«, die eigene Person, Sexualobjekt ist.

Neurose/Psychoneurose/neurotische Funktionsstörung. [1] Im 18. Jh. eingeführte Bezeichnung für Störungen des Nervensystems ohne nachweisbare Ursache, später für alle als nervös bedingt angesehenen Funktionsbeeinträchtigungen unverletzter, intakter Organe (zum Beispiel Herzneurosen). [2] Auf der Grundlage der von FREUD geprägten klassischen Systematik wird die N. zum Inbegriff psychisch bedingter Störungen, die sich im Unterschied zu -» Psychosen bei ansonsten erhaltenem Realitätsbezug auf umschriebene Situationen beziehen und in diesem Bezug zu Beeinträchtigungen sensorischer, motorischer, emotionaler und/oder vegetativer Funktionen führen. Die psychoanalytische Theorie der Entstehung von N. geht von der zentralen Annahme aus, die Symptome seien mittelbarer Ausdruck eines in der Regel in der frühen Kindheit begründeten Konflikts zwischen Triebwünschen und der Zensur bzw. Abwehr ihrer Verwirklichung. Zu den von FREUD aufgrund der angenommenen Konfliktstrukturen hervorgehobenen Neuroseformen zählen neben der sog. Aktualneurose mit ihrem Bezug zu aktuellen Konflikten und Angst- und Neurasthenie-symptomen vor allem Angstneurosen, Phobien, Zwangsneurosen, Organneurosen und Hypochondrie (somatoforme Störung) sowie neurotische Depression und neurotische Depersonalisation, die heute unter dem Oberbegriff dissoziative Störung zusammengefasst sind. Die Rückführbarkeit von N. auf unbewusste Konflikte, die durch Psychoanalyse aufdeckbar sind, war für Freud das entscheidende Kriterium für die Unterscheidung zwischen Neurosen und Psychosen.

Paranoia. Aus der klassischen griech. Philosophie und Dichtung (paranoia = allgemeine Geistes- bzw. Verstandesstörung) in die Psychiatrie übernommene Bezeichnung für Störungen mit Anzeichen des sog. systematisierten Wahns, das heißt einem ohne Anzeichen von Demenz auftretenden, überzeugend wirkenden, logisch begründbaren und in sich geschlossenen System von Wahnideen, bei dem weite Teile des Wahrnehmens und Denkens unbeeinträchtigt bleiben. Hierzu zählen vor allem chronische, sich aus der Persönlichkeit entwickelnde, mit umschriebenen Selbsttäuschungen und systematisierten Wahnvorstellungen einhergehende (nichtschizophrene) Formen des Beziehungs-, Eifersuchts- und Verfolgungswahns sowie die sog. paranoide Schizophrenie. Heute werden die verschiedenen Arten und Formen paranoider Störungen im DSM III-R je nach Symptomatik als wahnhafte (paranoide) Störung oder als Schizophrenie vom paranoiden Typus bezeichnet.

Pathologisch. Durch Krankheit verändert, auf Störung oder Krankheit zurückgehend.

Phobie. [1] Bezeichnung für unbeherrschbare Angstzustände, die sich in heftigen Vermeidungsreaktionen äußern und relativ überdauernd in bezug auf bestimmte Gegenstände bzw. Gegenstandsklassen, Situationen, deren Vorstellung oder Nennung auftreten. P. zählt in der klassischen Neurosenlehre zu den Angstneurosen. Ihrer näheren Kennzeichnung dient der Gegenstands- oder Situationsbezug (zum Beispiel Arachno- oder Spinnen-P., Klaustro-P. als Angst vor engen Räumen, Agora-P. als Angst vor großen, weiten Plätzen). In der Regel wird die Übertriebenheit der Reaktion eingesehen, ihre willentliche Unterdrückung gelingt jedoch nur in seltenen Fällen. [2] Im DSM III-R gehört die P. zu den Angststörungen. Es werden drei Klassen von P. unterschieden, (a) Einfache Phobie oder spezifische Phobie: Heftige, kaum beherrschbare Vermeidungsreaktionen, die u. a. in bezug auf bestimmte Tiere (bes. Hunde, Schlangen, Insekten, Mäuse) auftreten, aber auch auf den Anblick von Blut oder Verletzungen, auf geschlossene Räume, auf Höhen oder auf das Besteigen eines Flugzeugs. Tier-P. treten häufig bereits im Kindesalter auf oder haben zumindest ihren Ursprung in traumatischen Erfahrungen während der Kindheit. Blut- und Verletzungs-P. (oftmals von Übelkeits- und Ohnmachtsanfällen begleitet) setzen gehäuft während der Adoleszenz oder im frühen Erwachsenenalter ein, Höhen-, Klaustro-, Reise- und Flugreise-P. ab dem 4. Lebensjahrzehnt. Insgesamt sind die einfachen P. bei Frauen häufiger als bei Männern, (b) Agoraphobie: P. ohne Panikstörungen in der Vorgeschichte, die sich in der (im Extremfall bis zur Panik gesteigerten) Vermeidung solcher Orte oder Situationen manifestiert, an bzw. in denen von den Betroffenen in Notfällen (zum Beispiel Ohnmacht, Herzanfall, Sturz, Übelkeit und Erbrechen, Harndrang, Durchfall) Hilflosigkeit, Ausweglosigkeit und blamable Folgen erwartet werden. Oftmals werden bei derartigen Erwartungen deshalb nicht nur die Orte und Situationen selbst vermieden, sondern allgemein zum Beispiel das Alleinsein, Menschenmengen, ausgedehnte Gänge, das Überqueren von Brücken oder Reisen. Agora-P. findet man bei Frauen häufiger als bei Männern; sie setzt meistens zwischen dem 20. und 30. Lebensjahr ein und dauert unbehandelt über Jahre hinweg an.

Psychiatrie. Wörtlich übersetzt »Seelenheilkunde«. Teilgebiet der Klinischen Medizin, das neben der Diagnose und nichtoperativen, stationären oder ambulanten medikamentösen Therapie sowie der Psychotherapie von Patienten mit psychischen Störungen Maßnahmen der Prävention und Rehabilitation umfasst und dessen Vertreter systematische Beiträge zur ätiologischen und nosologischen Klassifikation psychischer Störungen zur Epidemiologie und Therapie leisten.

Psychoanalyse. Bezeichnung für die von FREUD eingeführte und von seinen Schülern fortgeführte bzw. modifizierte Behandlungstechnik sog. psychoneurotischer Störungen (Neurose) durch aufdeckende Deutung und Übertragung. Freud ging von der Annahme aus, derartige Störungen und ihre somatischen Begleiterscheinungen seien Ausdruck eines verdeckten, unbewussten Konflikts, der auf Interaktionen zwischen Triebimpulsen und Abwehrmechanismen beruht. Die Aufgabe des Therapeuten bestehe darin, Entstehungsgeschichte, Stoffe und Bedeutung der Konflikte durch Deutung von Erzählungen, Assoziationen, Fehlleistungen und Träumen im Kontext der Lebensgeschichte aufzudecken, um deren zwangartige Wiederholung einzudämmen.

Psychopharmaka/psychotrope Substanzen. Zusammenfassende Bezeichnung für chemisch-synthetische oder organische Wirkstoffe, die direkt oder über das autonome Nervensystem das Zentral-Nerven-System beeinflussen und dadurch das Erleben und Verhalten - in der Regel in reversibler Art – verändern. Zu den P. gehören neben Präparaten mit anregender oder erregender und beruhigender oder einschläfernder Wirkung auch alle Arten von Genussmitteln sowie die sog. halluzinogenen Drogen. Die Wirkweise von P. wird in der Psychopharmakologie erforscht.

Psychose. [1] In der Psychiatrie des 19. Jh. eingeführte Bezeichnung für eine breite Klasse schwerer Affekt-, Denk-, Verhaltens- und Persönlichkeitsstörungen (früher auch Geistes- oder Seelenkrankheiten, »Irresein«), die mit für den Außenstehenden unverständlichen »abnormen« Erlebnis- und Verhaltensweisen, mit der teilweisen oder allgemeinen Unfähigkeit, den objektiven Gehalt von Erfahrungen und subjektive Erlebnisweisen auseinanderzuhalten, mit fehlender Einsicht in die Störung, mit Beeinträchtigungen der Kommunikationsfähigkeit und sozialen Anpassung sowie (in extremen Fällen) mit einer Desintegration der gesamten Persönlichkeit einhergehen. Die Symptome können kurzfristig oder aber im Verlauf eines länger dauernden Prozesses mit zunehmender Schwere auftreten. Im Unterschied zu Neurosen, die in der klassischen Sichtweise auf traumatische Erfahrungen bzw. auf die unbewusste Verarbeitung psychischer Konflikte zurückgeführt werden, gelten P. als Folgen erkennbarer Organ- bzw. Hirnveränderungen oder werden auf angenommene körperliche Ursachen zurückgeführt. Als exogene Psychose gelten durch Organ- oder Hirnveränderung (zum Beispiel progressive Paralyse) bedingte psychotische Störungen; jene ohne erkennbare organische Grundlagen werden als endogene Psychose bezeichnet, ohne damit eine Verursachung durch körperliche Veränderungen grundsätzlich auszuschließen.

Psychosomatik/Klinische Psychophysiologie/Psychosomatische Medizin. Systematische Ansätze zur Erforschung von Zusammenhängen zwischen psychischen Prozessen und relativ überdauernden Störungen umschriebener Organ- bzw. Körperfunktionen. Die P. gilt heute als interdisziplinäres Arbeitsgebiet, in dessen Rahmen unter Beteiligung von Fachvertretern aus Innerer Medizin, Psychiatrie, Klinischer Psychologie, Psychophysiologie und Verhaltensmedizin Ursachen psychosomatischer Störungen erforscht und Wege der Intervention gesucht und angewendet werden.

Psychotherapie. [1] Bezeichnung für Interventionsverfahren auf der Grundlage psychischer Prozesse, die in Übereinkunft zwischen Klient und Therapeut auf dem Weg der Kommunikation der planvollen Beeinflussung von Störungen des Erlebens und Verhaltens mit dem Ziel dienen, solche Verhaltenssymptome, Befindlichkeiten und/oder Sichtweisen abzubauen, die Leiden verursachen, das Wohlbefinden beeinträchtigen und/oder die Beziehungen zur Umwelt stören. P.-Verfahren unterscheiden sich durch ihren Bezug zu relativ schwerwiegenden Störungen und im Hinblick auf die stringente Anwendung bestimmter Kriterien von anderen kommunikationsorientierten Interventionsverfahren, die im Zusammenhang mit Beratungen von Einzelpersonen oder Gruppen, zum Beispiel zur Vermittlung von Entspannung, Erhöhung der sozialen Sensitivität, Verbesserung des gegenseitigen Verstehens und der Kommunikationsbedingungen, eingesetzt werden.

Sadismus. Bezeichnung für eine Form der Sexualität, bei der durch den einem Mitmenschen zugefügten Schmerz sexuelle Lustgefühle oder Befriedigung erzielt werden; als Sado-Masochismus wird die Auslösung von Lustgefühlen sowohl bei den anderen zugefügten als auch bei den von anderen zugefügten Schmerzen bezeichnet.

Schizophrenie. Von Beuler (1911) eingeführte zusammenfassende Bezeichnung für eine Gruppe endogener Psychosen (den »Schizophrenien«), deren Grundsymptome auf ein Nichtzusammenpassen, auf eine »Spaltung« des Denkens und Handelns hindeuten. Störungen aus dem Formenkreis der S. äußern sich nach Beuler u. a. in schwerwiegenden Beeinträchtigungen des Denkens einschließlich der Sprache, zum Beispiel übertriebenes Symboldenken, Begriffskontaminationen, Zerfahrenheit, Konzentrationsstörungen (primäre Symptome), in Beziehungs- und Verfolgungsideen (Wahn), vorwiegend akustischen Halluzinationen, zeitweiligen Verstimmungen, Ängsten oder inadäquaten Affekten (sekundäre Symptome), bei akuten Formen meist ohne nachfolgende (mit geistiger Behinderung bzw. Demenz vergleichbare) intellektuelle Beeinträchtigungen, bei chronischen gelegentlich mit Anzeichen herabgesetzter intellektueller Leistungsfähigkeit in umschriebenen Bereichen und affektiven Veränderungen (schizophrener Defekt, Defizienz). S. entwickelt sich oftmals in einem durch Schübe gekennzeichneten Verlauf (mit Remissionen in den Zwischenphasen), in dem Affektveränderungen, Veränderungen des Selbstgefühls und der Sichtweise bestimmter Umweltgegebenheiten immer deutlicher hervortreten. Akute Formen werden hinsichtlich der Wiederherstellung günstiger beurteilt als chronische, in Schüben verlaufende.

Sozialisation, manchmal auch Akkulturation, Enkulturation, Personalisation, Vergesellschaftung. Allgemeine und umfassende Bezeichnung für den gesamten Prozess, in dessen Verlauf ein Individuum durch passiven und aktiven Umgang mit anderen Menschen die ihm eigentümlichen sozial relevanten Erlebnis- und Verhaltensweisen erwirbt. In eingeengter, eher soziologischer Bedeutung der Prozess des Erwerbens gesellschaftlicher bzw. kultureller *Normen*. Der Verlauf der S. ist charakterisiert durch zunächst asymmetrische und dann allmählich symmetrischer werdende Beziehungen zu anderen Menschen bzw. Gruppen. Er beginnt in der Abhängigkeit von mütterlicher und elterlicher Fürsorge und reicht bis in die Beziehungen zu Berufskollegen, begleitet also das menschliche Leben. Für das Ingangkommen und den Verlauf der S. sind sowohl Personen und Gruppen als auch Institutionen und Milieufaktoren ausschlaggebend (Familie, Mitschüler, Arbeitskollegen; Schul- und Bildungssystem; sozioökonomischer Status, Siedlungsgröße). Aus psychologischer Sicht lässt sich die Funktion der S. beschreiben als mehr oder weniger gelungene, realistische Einschätzung des eigenen Bezuges zur sozialen Umwelt, die im günstigen Fall dazu führt, vorwiegend solche Verhaltensweisen und Erlebnisformen zu entwickeln, die sowohl den eigenen Bedürfnissen und Wünschen als auch den Bedürfnissen und Wünschen der anderen Mitmenschen entsprechen.

Symptom. Kennzeichen einer Krankheit beziehungsweise abnormer Organfunktionen und abnormer Zustände in medizinischer und psychologischer Bedeutung; zu unterscheiden von Syndrom, dem Komplex aller eine Krankheit oder Störung begleitenden Symptome.

Trauma. [1] Medizinische Bezeichnung für Körperverletzungen und damit verbundene Schädigungen (zum Beispiel Schädeltrauma, Unfallschock). [2] In der Psychologie ist der Ausdruck Bezeichnung für emotionale Ursachen von psychischen Störungen (beispielsweise Geburtstrauma; Folgen der frühkindlichen Trennung von der Mutter und alle Arten seelischer Erschütterung durch tiefgreifende, schockartig wirkende Erfahrungen). Synonym: seelisches Trauma.

Vaginismus. Krampfartige Kontraktion der äußeren Vaginalwand, die den Sexualverkehr unmöglich oder für beide Partner schmerzhaft macht.

Bibliographie

Anger, H.: *Probleme der deutschen Universität.* Tübingen 1960, Interview Nr. 207, 122, 213

Angrist, Shirley S. et al.: »Rehospitalization of Female Mental Patients«, in: *Archives of American Psychiatry 4* (1961)

dies.: *Women after Treatment.* New York/Appleton, 1968

Arbeitskollektiv der sozialistischen Frauen: »Frauen gemeinsam sind stark«, Texte und Materialien der Women's Liberation Movements in den USA. Frankfurt/Main 1972

ARD-Sendung »Kontraste« vom 24.01.2002

Ayim, May: »Weißer Streß und Schwarze Nerven. Streßfaktor Rassismus«, in: Schäfgen, M. (Hrsg.), *Streß beiseite.* Berlin 1995

Baker Miller, Jean: *Psychoanalysis and Women.* New York 1973

Barry, Kathleen: *Sexuelle Versklavung von Frauen.* Berlin 1983

Bilden, Helga: »Geschlechtsspezifische Sozialisation«, in: Hurrelmann, K./Ulrich, D. (Hrsg.): *Neues Handbuch der Sozialisationsforschung.* Weinheim, Basel, 1991

Bruyere, Rosalyn L.: *Chakren, Räder des Lichts.* Essen 1999

Bar-Tal, D./Saxe, L.: »Perception of Similarly and Dissimilarly Attractive Couples and Individuals«, in: Journal of Personality and Social Psychology, 33, 1976, S. 772-781

Bateson/Jackson/Laing/Lidz/Wynne u.a.: *Schizophrenie und Familie.* Frankfurt/Main 1969

Beck, Aaron/Weissman, Myrna: »Depression and Suicide«, in: Fisher, A.: *Women's World. NIMH Supported Research on Women.* Rockville: Science Monographies 1978

Belotti, Elena: *Was geschieht mit kleinen Mädchen?* München 1975

Biermann-Ratjen, Eva-Maria: »Der Weg von Frauen in die Psychiatrie. Analysen – Zahlen aus Hamburg – Ableitungen«, in Schneider, Doris, Tergeist, Gabriele (Hrsg.): *Spinnt die Frau?* Bonn 1993

BMFSFJ (Bundesministerium für Familie, Senioren, Frauen und Jugend)/ Verbundprojekt zur gesundheitlichen Situation von Frauen in Deutschland: *Untersuchung zur gesundheitlichen Situation von Frauen in Deutschland. Eine Bestandsaufnahme unter Berücksichtigung der unterschiedlichen Entwicklung in West- und Ostdeutschland.* Schriftenreihe des BMFSFJ, Bd. 209, Berlin 2001

BMFSFJ/Neubauer, Erika et al.: *Gewalt gegen Frauen: Ursachen und Interventionsmöglichkeiten.* Schriftenreihe des BMFSFJ, Bd. 153. Stuttgart 1998

BMFSFJ/Becker-Fischer, Monika: *Sexuelle Übergriffe in Psychotherapie und Psychiatrie*. Schriftenreihe des Bundesministeriums für Familie, Senioren, Frauen und Jugend, Band 107. Stuttgart 1997

Böhm, Nicola: »Frauen - das kranke Geschlecht?«, in: Rommelspacher, Birgit (Hrsg.): *Weibliche Beziehungsmuster*. Frankfurt/Main 1987

Borris, Maria: *Die Benachteiligung von Mädchen in Schulen der BRD und West-Berlin*. ###1972

Bried, Charles: »Gli Scolari e le scolare«, in: Maurice Debesse, *Psicologia del l'eta' evolutiva*. Rom 1968

Brovermann, Inge K./Brovermann, Donald M./Clarkson, Frank E./Rosenkrantz, Paul S./Vogel, Susan E.: »Sex Role Stereotypes and Clinical Judgements of Mental Health«, in: *Journal of Consulting and Clinical Psychology 34*, 1970

Brügge, Claudia/Wildwasser Bielefeld (Hrsg.): *Frauen in ver-rückten Lebenswelten*. Bern 1999

Brunner, Margot: *Sexuelle Belästigung und Gewalt gegen studierende Frauen als Studienbehinderung und Studienausschlußgrund im 18., 19. und zu Beginn des 20. Jahrhunderts*. (Diplomarbeit Innsbruck 1990)

Burgard, Roswitha: *Mut zur Wut - Befreiung aus Gewaltbeziehungen*. Berlin 1988

Chapkis, Wendy: *Schönheitsgeheimnisse, Schönheitspolitik*. Frankfurt/Main 1995

Chesler, Phyllis: *Frauen - das verrückte Geschlecht?* Reinbek 1977

Curran, Valerie/Golombok, Susan: *Bunte Pillen - ade! Ein Handbuch zum Tablettenentzug*. Berlin 1988

Damkowski, Christa: »Depression: Der stille Protest«, in: *Frauen und Gesundheit*. Weinheim 1989

Dannhauer, Heinz: *Geschlecht und Persönlichkeit*. Berlin 1973, S. 118

Davies, Bronwyn: *Frösche und Schlangen und feministische Märchen*. Hamburg 1992

de Beauvoir, Simone: *Das andere Geschlecht*. Hamburg 1973

De Lauwe, M. J.: *Das Kind und sein Leitbild*. Frankfurt/Main 1972

Der Senator für Gesundheit und Umweltschutz: *III C 5 - 5080/21 Tabelle IX, Personenstand der erfaßten 1970 entlassenen Patienten der psychiatrisch-neurologischen Kliniken und Abteilungen nach ausgewählten Diagnosen*

Deutsch, Helene: *Psychologie der Frau*. Berlin 1948

Dorenwend, B.: »Soziokulturelle und sozialpsychologische Faktoren in der Entstehung psychischer Störungen«, in: Katschnig, H. (Hg.): *Sozialer Streß und psychische Erkrankung*. München 1980

Dworkin, Andrea: *Pornographie. Männer beherrschen Frauen*. Köln 1987

Eisner, Gine: »Arbeit, die krank macht«, in: *Frauen und Gesundheit*. Stuttgart 1989

Enders-Dragässer, Uta/Fuchs, Claudia (Hrsg.): *Frauensache Schule*. Frankfurt/Main 1990, S. 257

Enders-Dragässer, Uta: »Frauen in der stationären Psychiatrie - eine interdisziplinäre Untersuchung mit Maßnahme-Empfehlungen«, in: *LVPE*, 2000

Enders-Dragässer, Uta/Sellach, Brigitte (Hrsg.): *Frauen in der stationären Psychiatrie. Ein interdisziplinärer Bericht*. Lage 1999

Enders-Dragässer/Fuchs/Schmidt: »Weiblichkeit« und »Männlichkeit« in den Interaktionen des Unterrichts, in: *Der Deutschunterricht Nr. 3*, 1986 u.a.

Erikson, Erik: *Kindheit und Gesellschaft*. Zürich 1957

Ernst, Andrea/Füller, Ingrid: »Mit Pillen in die Anpassung«, in: *Frauen und Gesundheit*. Stuttgart 1989

Etzold, Sabine: »Mädchen in der Schulbank«, in: *Die Zeit*, Nr. 37, 2001

EWHNET, European Womens Health Network: *Netzwerk Frauengesundheit: Situation, Konzepte, Herangehensweisen und Organisationen in der Frauengesundheitsbewegung.* Länderbericht Bundesrepublik Deutschland, Hannover, 2000

Feyerer, Gabriele: *Auf den Spuren der Angst. Panikattacken und Phobien natürlich behandeln.* Berlin 2001

Fichera, Ulrike: »Schluß mit den sexistischen stereotypen in Schulbüchern«, in: Enders-Dragässer, Uta/Fuchs, Claudia (Hrsg.): *Frauensache Schule.* Frankfurt/Main 1990

Foets, M./van der Velden, J.: *Een nationale studie van ziekten en verrichtingen in de huisartsenpraktijk.* Utrecht 1990

Franssen, Marianne: »Krankheit als Konflikt – Krankheit als Protest«, in: Schneider, U. (Hg.): *Was macht Frauen krank?* Frankfurt/Main 1982

Frauenzentrum Mainz e. V./Notruf Mainz e. V. (Hrsg.): *Frauen und Psychiatrie. Dokumentation der Tagung vom 9.6.99 in Mainz.* Mainz 1999

FU Berlin: *Jahresbericht 1975 der psychologisch-psychotherapeutischen Beratungsstelle des Studentenwerks Berlin.* Berlin 1975

FU Berlin, Zentraleinrichtung Studienberatung und psychologische Beratung: *Jahrbuch 2001 mit statistischen Kenndaten.* Berlin 2001

Geissler, Birgit/Oechsle, Mechthild: *Lebensplanung junger Frauen. Zur widersprüchlichen Modernisierung weiblicher Lebensläufe.* Weinheim, 1996

Gerstein, Hannelore: *Studierende Mädchen. Zum Problem des vorzeitigen Abbruchs an der Universität.* München 1965

Gilligan, Carol: *Die andere Stimme. Lebenskonflikte und Moral der Frau.* München 1996

Goldmann u. Goldmann: *Children's Sexual Thinking.* London 1982

GWG (Gesellschaft für wissenschaftliche Gesprächstherapie)-Zeitschrift 3/1989

Hagemann-White: *Sozialisation: Weiblich - männlich?* Opladen 1984

Hatzelmann, Elmar: »Training für die Psyche«, in: *Psychologie Heute* 10/1991

Henley, Nancy M.: *Körperstrategien, Geschlecht, Macht und nonverbale Kommunikation.* Frankfurt/Main 1988

Heyne, Claudia: *Tatort Couch.* Zürich 1992

Hilsenbeck, Polina: »Feministische Gruppenarbeit mit Psychotikerinnen«, in: Hoffmann, Dagmar (Hrsg.): *Frauen in der Psychiatrie oder wie männlich ist die Psychiatrie?* Bonn 1991

Hilsenbeck, Polina: »Sexualisierte Gewalt und Psychiatrie«, in: *LVPE*, 2000

Hölling, Iris: »Die Diagnosebrille. Zur Funktion und Problematik psychiatrischer Diagnosen«, in: Brügge, Claudia/Wildwasser Bielefeld (Hrsg.): *Frauen in ver-rückten Lebenswelten.* Bern 1999

Horstkemper, Marianne: *Geschlecht, Schule und Selbstvertrauen.* Weinheim, München 1987

Hügel, Ika et al. (Hrsg.): *Entfernte Verbindungen. Rassismus, Antisemitismus, Klassenunterdrückung.* Berlin 1993

Hurrelmann, Klaus/Rodax, Klaus/Spitz, Norbert/Naundorf, Gabriele/Wildt, Carola/Rabe-Kleberg, Ursula: *Koedukation - Jungenschule auch für Mädchen?* Opladen 1986

Kavemann, Barbara/Lohstöter, Ingrid: *Väter als Täter.* Reinbek 1984

Kempker, Kerstin: »Gewalt im Namen der ›psychischen Gesundheit‹ – kein

Ende in Sicht?«, in: Wildwasser Bielefeld (Hrsg.): *Der aufgestörte Blick. Multiple Persönlichkeiten, Frauenbewegung und Gewalt.* Bielefeld 1997

Kessler, S./McKenna, W.: *Gender: An Ethnomethodological Approach.* Chicago 1978

Kinsey, Charles: *Das sexuelle Verhalten der Frau*, Berlin, Frankfurt/Main 1954

Kluitmann, Annette: »Klagemänner, Klageweiber«, in: *Frauen und Gesundheit.* Stuttgart 1989

Koedt, Anne: »Der Mythos vom vaginalen Orgasmus«, in: Vaerting, Mathilde: *Frauenstaat und Männerstaat.* Berlin 1975

Komter, Aafke: *Geestelijke Gezondheid. Verschillende Maatstaven voor Vrouwen en Mannen?* Universität Amsterdam 1977

Krohne, Walter: »Die Schule macht die Kinder krank«, in: *Bild der Wissenschaft*, 1976

Laing, Ronald D./Esterson, A.: »Sanity, Madness and the Family«, in: *Families of Schizophrenics*, Vol. 1., London 1964

Lehmann, Peter (Hrsg.): *Psychopharmaka absetzen. Erfolgreiches Absetzen von Neuroleptika, Antidepressiva, Lithium, Carbamazepin und Tranquilizern.* Berlin 1998

Lehmann, Peter: *Schöne neue Psychiatrie. Wie Psychopharmaka den Körper verändern.* Berlin 1996

Lever, Jane: zit. in: Gilligan, Carol: *Die andere Stimme. Lebenskonflikte und Moral der Frau.* München 1996

Loehr, J. E.: *Persönliche Bestform durch Mental-Training für Sport, Beruf und Ausbildung.* München 1991

ders.: »Tennis im Kopf«, in: *Psychologie Heute* 10/1991

LVPE Landesverband der Psychiatrieerfahrenen Rheinland-Pfalz (Hrsg.): *Empfehlungen zur frauengerechteren Psychiatrie.* Dokumentation der Fachtagung am 15.9.2000 in Neuwied, 2000

Masters, William H./Johnson, Virgina O.: *Die sexuelle Reaktion*, Frankfurt/Main 1967

Mertens, W.: *Entwicklung der Psychosexualität und der Geschlechtsidentität.* Stuttgart, Berlin, Köln, 1992

Millet, Kate: *Der Klapsmühlentrip.* Köln 1993

Money, J./Erhardt, A.: *Männlich - weiblich. Die Entstehung der Geschlechtsunterschiede.* Hamburg 1975

Oechsle, Mechthild/Geissler, Birgit (Hrsg.): *Die ungleiche Gleichheit. Junge Frauen und der Wandel im Geschlechterverhältnis.* Opladen, 1998

Oguntoye, Katharina et al. (Hrsg.): *Farbe bekennen. Afro-deutsche Frauen auf den Spuren ihrer Geschichte.* Berlin 1991

Olbricht, Ingrid: »Folgen sexueller Traumatisierung für die seelische Entwicklung und das Körpergefühl von Frauen«, in: Bremische Zentralstelle für die Verwirklichung der Gleichberechtigung der Frau: *Sexuelle Gewalt. Ursache für spezifische körperliche Beschwerden von Frauen und Mädchen.* Dokumentation einer Fortbildung für Gynäkologinnen/Gynäkologen im Herbst 1996 in Bremen. Bremen 1998

Ornstein, Michael: »The Impact of Marital Status, Age and Employment on Female Suicide in British Columbia«, in: *Canadian Review of Sociology and Anthropology* 20 (1) 1983, S. 96-100

Pahl, Elisabeth: »Wie kommen Frauen in die Psychiatrie?«, in: Hoffmann, Dagmar (Hrsg.): *Frauen in der Psychiatrie oder wie männlich ist die Psychiatrie?* Bonn 1991

Peterson, D. R.: »Behavior Problems of Middle Childhood«, in: *Journal of Consulting Psychology* 25 (1961), zit. in: Chesler, Phyllis, a.a.O.

Pfister, Gertrud (Hrsg.): *Zurück zur Mädchenschule?* Pfaffenweiler 1988

Plogstedt, Sibylle/Bode, Kathleen: *Übergriffe - Sexuelle Belästigung in Büros und Betrieben.* Reinbek 1984

Pollack, Earl/Redick, Richard/Traube, Cal: »The Application of Census Socioeconomic and Familial Data of the Study of Morbidity from Mental Disorders«, in: *American Journal of Public Health, Nr. 58*, Januar 1968

Renninger, Dr. Suzann-Viola: »Mädchen und Physik«, in: *UNIPRESS* Nr. 103, Dez. 1999

Rogers, L., 1975, 1981, 1988, Sydney

Römkens, Renee: *Gewoon geweld? Omfang, aard, Achtergronden en gevolgen van geweld legen vrouwen in heteroseksuele partnerrelaties.* Amsterdam 1992

Rommelspacher, Birgit (Hrsg.): *Weibliche Beziehungsmuster.* Frankfurt/Main 1987

dies.: *Dominanzkultur. Texte zu Fremdheit und Macht.* Berlin 1995

dies.: »Mitmenschlichkeit und Unterwerfung. Zu den Widersprüchen weiblicher Moral«, in: Hoffmann, Dagmar (Hrsg.): *Frauen in der Psychiatrie.* Bonn 1991

Rubinstein, S. L.: *Grundlagen der allgemeinen Psychologie.* Berlin 1959

Saage-Göppinger: *Freiheitsentziehung und Unterbringung.* München 1975

Schäfgen, Maria (Hrsg.): *Streß beiseite. Ein Ratgeber.* Berlin 1995

Scheff, Thomas J.: *Das Etikett »Geisteskrankheit«. Soziale Interaktion und psychische Störung.* Frankfurt/Main 1973

Schenk, Sabine/Schleger, Uta: »Frauen in den neuen Bundesländern – Zurück in eine andere Moderne?«, in: *Berliner Journal für Soziologie*, H. 3, 1993, S. 369-384

Scheu, Ursula: *Wir werden nicht als Mädchen geboren, wir werden dazu gemacht.* Frankfurt/Main 1977

Schneider, Doris/Tergeist, Gabriele (Hrsg.): *Spinnt die Frau?* Bonn, 1993

Schober, Siegfried: »Der große Unterschied«, in: STERN, 7.5.1992

Schwarzer, Alice: *Der kleine Unterschied und seine großen Folgen.* Frankfurt/Main 1975

Sève, Lucien: *Marxismus und Theorie der Persönlichkeit.* Frankfurt/Main 1972

Sichrovsky, Peter: *Krankheit auf Rezept. Die Praktiken der Praxisärzte.* Köln 1984

Sigall, H./Landy, D.: »Radiating Beauty: Effects of Having a Physically Attractive Partner on Personal Perception«, in: *Journal of Personality and Social Psychology, 28*, 1973, S. 218-224

Sohl, Gaby: »Wohin (ent-)führt die schleichende Psychiatrisierung von Alltag und feministischer Therapie?«, in: Aussen-Vor (Hrsg.): *Weibblick.* Berlin 1995

Sozialwissenschaftliche Forschung und Praxis für Frauen e. V. (Hrsg.): *Rassismus, Antisemitismus, Fremdenhaß. Geteilter Feminismus.* Beiträge zur feministischen Theorie und Praxis, 27. Köln 1991

Sperling/Jahnke: *Zwischen Apathie und Protest.* Bd. 1 und Bd. 2. Bern, Stuttgart, Wien 1974

SPIEGEL-Interview mit der Prostituierten Brigitte Obrist: »Freier sind heimliche Sadisten«, DER SPIEGEL 31/1992

Spoerri Th.: *Kompendium der Psychiatrie.* Frankfurt/Main 1966

Stalmann, Franziska: *Die Schule macht die Mädchen dumm - Die Probleme mit der Koedukation.* München 1991
Stefan, Renate: *Hausfrauen und Mütter, die vergessenen Sklavinnen.* Berlin 1975, S. 75
TAZ vom 6.5.1993
Trube-Becker, Elisabeth: *Missbrauchte Kinder, sexuelle Gewalt und wirtschaftliche Ausbeutung.* Heidelberg 1992
TZ München vom 23.5.1978
Vaerting, Mathilde: *Frauenstaat und Männerstaat.* Berlin 1975
Vogt, Irmgard: »Weibliche Leiden - Männliche Lösungen. Zur Medikalisierung von Frauenproblemen«, in: Franke, A./Jost, L: *Das Gleiche ist nicht dasselbe.* Forum für Verhaltenstherapie und psychosoziale Praxis Bd. 10. Tübingen 1985
Walker, Lenore: *The Battered Woman.* New York 1979
Weakland, John H.: »Double-bind-Hypothese und Dreierbeziehung«, in: *Schizophrenie und Familie,* Frankfurt/Main 1969
Wex, Marianne: »*Weibliche*« *und* »*männliche*« *Körpersprache als Folge patriarchalischer Machtverhältnisse.* Frankfurt/Main 1980
Wieners, Karin/Hellbernd, Hildegard: »Gewalt macht krank – Zusammenhänge zwischen Gewalt und Gesundheit«, in: EWHNET, European Womens Health Network/Netzwerk Frauengesundheit: *Situation, Konzepte, Herangehensweisen und Organisationen in der Frauengesundheitsbewegung.* Länderbericht Bundesrepublik Deutschland, Hannover 2000
Wildwasser Bielefeld (Hrsg.): *Der aufgestörte Blick. Multiple Persönlichkeiten, Frauenbewegung und Gewalt.* Erweiterter Sammelband zum ersten bundesdeutschen Kongreß mit dem Schwerpunktthema Multiple Persönlichkeitsspaltung. Bielefeld 1997
Women's Literature Collective: Women's Liberation Review, Oktober 1972, Nr. 1
Zazzo, René: *L'evolutione del fanciullo dai 2 ai 6 anni.* Rom 1968
ZDF, Mona-Lisa-Sendung vom 17.1.1993

Weiterführende Literatur

Angst

Hoffmann, N.: *Wenn Zwänge das Leben einengen.* Mannheim 1990
Lair, Jaqueline C./Lechler, Dr. Walter H.: *Von mir aus nennt es Wahnsinn.* Stuttgart 1992
Weekes, Claire: *Selbsthilfe für Ihre Nerven: ein ärztlicher Ratgeber zur Überwindung der Angst und Wiedererlangung seelischer Kräfte.* Bergisch-Gladbach 1986

Ernährung

Bayer, W./Schmitt, K.: *Vitamine in Prävention und Therapie.* Stuttgart 1991
Burgerstein, L.: *Heilwirkung von Naturstoffen.* 6. Aufl., Heidelberg 1991

Calatin, A.: *Zeitkrankheit Nahrungsmittel-Allergie.* München 1988
Hunt, Douglas: *Angstfrei leben: Der Einfluss der Ernährung auf das psychische Wohlbefinden.* Hamburg 1990
May, Wolfgang: *Die Heilkräfte in unserer Nahrung.* Regensburg 1989
Pfeiffer, C.C.: *Nährstoff-Therapie bei Geisteskrankheiten.* Stuttgart 1986

Heilung und Unterstützung

Bass, Ellen/Davis, Laura: *Trotz allem. Wege zur Selbstheilung für sexuell mißbrauchte Frauen.* Berlin 2001
Davis, Laura: *Verbündete. Ein Handbuch für Partnerinnen und Partner sexuell mißbrauchter Frauen und Männer.* Berlin 1995
Ernst, Sheila/Goodison, Lucy: *Selbsthilfe Therapie. Ein Handbuch für Frauen.* München 1994
Hendricks, Gay und Kathlyn: *Liebe macht stark. Von der Abhängigkeit zur engagierten Partnerschaft.* München 1999
Marya, Sabine: *Schmetterlingsfrauen. Ein Selbsthilfebuch für Frauen mit multipler Persönlichkeit.* München 1999
Northrup, Christiane: *Frauenkörper, Frauenweisheit.* München 1999

Körperarbeit

Caldwell, Christine: *Hol dir deinen Körper zurück.* Braunschweig 1997
Hendricks, Gay: *Das Bingo-Prinzip.* München 2000
Hutchinson, Marcia Germaine: *Ich bin schön. Workshop für ein positives Selbstbild.* München 1999
Keleman, Stanley: *Forme dein Selbst. Wie wir Erfahrungen verkörpern und umgestalten.* München 1994
ders.: *Verkörperte Gefühle. Der anatomische Ursprung unserer Erfahrungen und Einstellungen.* München 1992
Kurtz, Ron: *Hakomi. Eine körperorientierte Psychotherapie.* München 1994
Levine, Peter A.: *Trauma-Heilung. Das Erwachen des Tigers.* Essen 1998
Lovett, Joan: *Kleine Wunder. Heilung von Kindheitstraumata mit Hilfe von EMDR* [Eye Movement Desensitization and Reprocessing]. Paderborn 2000
Mindell, Arnold: *Der Leib und die Träume. Prozeßorientoierte Psychologie in der Praxis.* Paderborn 1987
Mitchell, Emma: *Das Große Buch der Körperarbeit.* München 1999
Myss, Caroline: *Chakren. Die sieben Zentren von Kraft und Heilung.* München 2000

Psychologie, Psychoanalyse, Psychotherapie

Krech, David/Crutchfield R. S. u.a.: *Grundlagen der Psychologie.* Weinheim 1992
Overbeck, Gert: *Krankheit als Anpassung – Der soziopsychosomatische Zirkel.* Frankfurt/Main 1984
Reichelt, Monika: *Wegweiser Psychotherapie.* Düsseldorf 1989
Treichler, Dr. med. Markus: *Sprechstunde Psychotherapie.* Stuttgart 1993
Zehentbauer, Josef: *Psychotherapie – (Wieder-)Anpassung oder Befreiung.* München 1997

Psychopharmaka

Bastian, Till: *Arzt, Helfer, Mörder – Eine Studie über die Bedingungen medizinischer Verbrechen.* Paderborn 1982

Breggin, Peter: *Giftige Psychiatrie Teil 2.* Heidelberg 1997

Ernst, Andrea/Füller, Ingrid: *Schlucken und Schweigen – Wie Arzneimittel Frauen zerstören können.* Köln 1988

Wurtzel, Elisabeth: *Verdammte schöne Welt. Mein Leben mit der Psychopille.* Berlin 1994

Zehentbauer, Josef: *Chemie für die Seele. Psyche, Psychopharmaka und alternative Heilmethoden.* Frankfurt 1991

Hilfreiche Adressen

Bei den folgenden Adressen handelt es sich lediglich um eine Auswahl, wobei auf die regionale Verteilung geachtet wurde. Viele der genannten Anlaufstellen informieren auch über weitere Hilfsangebote.

Allgemein

Arbeitskreis Frauengesundheit in Medizin, Psychotherapie und Gesellschaft e.V. AKF-Geschäftsstelle:
Knochenhauerstr. 20 –25, **D-28195 Bremen**
Tel.: 0421-434 93 40; Fax: 0421-160 49 60
http://www.akf-info.de

Wildwasser und Notrufe

Wildwasser Halle e.V.
Verein gegen sexuelle Gewalt an Mädchen und Frauen
Schleiermacher Str. 39, **D-06114 Halle**
Tel.: 0345-523 00 28
http://www.gesundheitsnetzwerk.de/gesund/Anbieter/ab3119.htm

Wildwasser Chemnitz e.V.
Beratungsstelle gegen sexuellen Missbrauch an Mädchen
Kaßbergstr. 22, **D-09112 Chemnitz**
Tel.: 0371-35 05 34; Fax: 0371-35 05 36

Wildwasser Berlin e.V.
Arbeitsgemeinschaft gegen sexuellen Missbrauch an Mädchen
Dircksenstr. 47, **D-10178 Berlin**
Tel.: 030-282 44 27
Mehringdamm 50, **D-10961 Berlin**
Tel.: 030-786 50 17; Fax: 030-786 39 79
Email: wildwasser.ev@berlin.snafu.de
http://www.aufrecht.net/WildB.htm

LARA Verein gegen sexuelle Gewalt an Frauen e.V.
Tempelhofer Ufer 14, **D-10963 Berlin**
Tel.: 030-216 30 21; Fax: 030-216 80 61
Notruf: 030-216 88 88

Frauenhaus – Für Frauen in Notsituationen
Postfach 13 16; **D-18439 Stralsund**
Tel.: 03831-29 28 31/32 u. 29 51 12

Notruf und Beratung für vergewaltigte Frauen und Mädchen
Berlin
Tel.: 030-251 28 28

Allerleirauh e.V.
Menckesallee 13, **D-22089 Hamburg**
Tel.: 040-29 83 44 83; Fax: 040-29 83 44 84
Email: allerleirauh@bigfoot.com
http://www.allerleirauh.de

Opferhilfe - Beratungsstelle
Paul-Nevermann-Platz 2-4, **D-22765 Hamburg**
Tel.: 040-38 19 93; Fax: 040-389 57 86
Email: OHHamburg@aol.com

Notruf und Beratung für vergewaltigte Frauen und Mädchen e.V.
Preußer Str. 20, **D-24105 Kiel**
Tel.: 0431-911 44
Email: Frauennotruf.Kiel@t-online.de

Flensburger Frauen Notruf Initiative e.V.
Toosbüystr. 8, **D-24939 Flensburg**
Tel.: 0461-290 01
http://flensburg.microdata.de/auf_einen_blick/frauennot.html

Wildwasser Oldenburg e.V.
Beratungsstelle gegen sexuellen Missbrauch an Mädchen
Kaiserstr. 19, **D-26122 Oldenburg**
Tel.: 0441-166 56; Fax: 0411-248 95 53

Wildwasser Bielefeld e.V.
Beratungsstelle für Frauen, die in ihrer Kindheit
sexuelle Gewalt erlebt haben
Jöllenbecker Str. 57, **D-33613 Bielefeld**
Tel.: 0521-17 54 76; Fax: 0521-17 64 78
http://www.uni-bielefeld.de/IFF/fraueninfonetz/initiat/wiwa.htm

Wildwasser Magdeburg e.V.
Beratungsstelle gegen sexuellen Missbrauch an Mädchen
Ritterstr. 1, **D-39124 Magdeburg**
Tel.: 0391-251 54 17; Fax: 0391-251 54 18
Email: wildwassermd@aol.com

Wildwasser Bochum e.V.
Verein gegen sexuelle Gewalt an Mädchen und Frauen
An den Lothen 7, **D-44892 Bochum**
Tel.: 0234-29 76 66
http://www.ruhr-uni-bochum.de/frauenbuero/wildwasser.htm

Trotz allem e.V.
Boppstraße 15-19, **D-55116 Mainz**
Tel.: 06131-63 23 73; Fax: 06131-61 85 00

Frauenzentrum Hexenbleiche
Anette Altmayer
Schloßgasse 11, **D-55232 Alzey**
Tel./Fax: 06731-72 27
http://www.home.t-online.de/home/hexenbleiche/

Wildwasser Wiesbaden e.V.
Verein gegen sexuellen Missbrauch
Beratungsstelle für Mädchen und Frauen
Wallufer Str. 1, **D-65197 Wiesbaden**
Tel.: 0611-80 86 19; Fax: 0611-84 63 40
Email: info@wildwasser-wiesbaden.de
http://home.t-online.de/home/Wildwasser.Wiesbaden

Nele e.V.
Kronenstr. 1, **D-66111 Saarbrücken**
Tel.: 0681-320 43; Fax: 0681-320 93
Email: NELESaarbruecken@t-online.de

Wildwasser Karlsruhe e.V.
Beratungsstelle gegen sexuellen Missbrauch an Mädchen
Scheffelstr. 53, **D-76135 Karlsruhe**
Tel.: 0721-85 91 73; Fax: 0721-85 91 74

Wildwasser Stuttgart e.V.
Fachberatungsstelle für Frauen, Angehörige und Fachkräfte
Stuttgarter Str. 3, **D-70469 Stuttgart**
Tel.: 0711-85 70 68; Fax: 0711-816 06 24
Email: wildwasser-stuttgart@gmx.de

Wildwasser Augsburg e.V.
Verein gegen sexuelle Gewalt an Mädchen
Hermanstr. 7, **D-86150 Augsburg**
Tel.: 0821-15 44 44; Fax: 0821-14 44 54
http://www.lang-martin.de/wildwasser.htm

Wildwasser Nürnberg e.V.
Beratungsstelle gegen sexuellen Missbrauch an Mädchen
Roritzer Str. 22, **D-90419 Nürnberg**
Tel.: 0911- 33 13 30; Fax: 0911-33 87 43

Notruf für vergewaltigte und misshandelte Frauen
Altstadt 11, **A-4020 Linz**
Tel.: 0732-21 29

Notruf und Beratung
Hadystr. 6, **A-5020 Salzburg**
Tel.: 0662-88 11 00

FrauennotRuf Graz
Schillerstr. 29, **A-8010 Graz**
Tel.: 0316-31 80 77; Fax: 0316-31 80 76
Email: frauen.notruf@styria.com
http://members.styria.com/frauen.notruf/fnr.htm

Castagna
Beratungs- und Informationsstelle für sexuell ausgebeutete Kinder, weibliche
Jugendliche und in der Kindheit sexuell ausgebeutete Frauen
Universitätsstr. 86, **CH-8006 Zürich**
Tel.: 01-360 90 40; Fax: 01-360 90 49
http://www.frauenberatung.ch

Nottelefon
Beratungsstelle für Frauen
Postfach 8760, **CH-8036 Zürich**
Tel.: 01-291 46 46
http://www.frauenberatung.ch

Frauentherapiezentren und -beratungsstellen

TUBBF e.V.
Therapie und Beratung für Frauen
Mommsenstr. 52, **D-10629 Berlin**
Tel.: 030-323 50 39

FFGZ – Feministisches Frauen Gesundheits Zentrum Berlin
Bamberger Straße 51, **D-10777 Berlin**
Tel.: 030-213 95 97 Fax 030-214 19 27
Email: ffgzberlin@snafu.de
http://www.ffgz.de

Lesbenberatung e.V.
Kulmerstr. 20a, **D-10783 Berlin**
Tel.: 030-215 20 00
Email: lesbenberatung@w4w.net

Frauentraum e.V.
Wartburgstr. 9, **D-10823 Berlin**
Tel.: 030-782 82 65

BIFF-Altona
Psychosoziale Beratung und Information für Frauen e.V.
Rothestr. 68, **D-22765 Hamburg**
Tel./Fax: 040-39 67 62
http://www.bifff.de/altona/sites/main_altona.htm

IHRISS
Treffpunkt für Frauen mit und ohne Psychiatrieerfahrung
Jeßstr. 3, **D-24114 Kiel**
Tel.: 0431-636 97; Fax: 0431-661 48 35
Email: frauenberatung@ihriss.de
http://www.ihriss.de

Psychosoziale Frauenberatungsstelle donna klara e.V.
Jahnstr. 14, **D-24116 Kiel**
Tel: 0431-55 793 44
Email: psychosozial@donnaklara.de
http://www.donnaklara.de

Therapie- und Beratungszentrum für Frauen Oldenburg e.V.
Georgstraße 26, **D-26121 Oldenburg**
Tel.: 0441-2 59 28

Amanda e.V.
Verein für Frauentherapie und Gesundheit
Volgersweg 4a, **D-30175 Hannover**
Tel.: 0511-88 59 70

Therapeutische Frauenberatung e.V.
Groner Straße 32/33, **D-37073 Göttingen**
Tel.: 0551-456 15 u. 531 62 10; Fax: 0551-531 62 11
Email: Therapeutische-Frauenberatung@w4w.de
http://www.therapeutische-frauenberatung.de

Frauenberatungsstelle – Verein Frauen helfen Frauen e.V.
Hymgasse 5, **D-41460 Neuss**
Tel.: 02131-27 13 78

Frauenberatungsstelle – Frankfurter Verein für soziale Heimstätten e.V.
Moselstr. 47, **D-60329 Frankfurt/M.**
Tel./Fax: 069-23 18 63

Fetz
Frauenberatungs- und Therapiezentrum
Stuttgart e.V.
Obere Straße 2, **D-70190 Stuttgart**
Tel.: 0711-285 90 01/02; Fax: 0711-285 90 03
Email: frauenberatung.fetz@t-online.de
www.frauenberatung-fetz.de

Frauentherapiezentrum München
Güllstr. 3, **D-80336 München**
Tel: 089-74 73 70-0; Fax: 089 74 73 70-80
Email: TFT-Beratungsstellen@t-online.de
http://www.FTZ-Muenchen.de

Frauengesundheitszentrum FGZ e.V.
Fürtherstr. 154 Rgb., **D-90429 Nürnberg**
Tel./Fax: 0911-32 82 62
Email: fgz@fen.baynet.de
http://www.fen.baynet.de/fgz

Institut für Therapie und Prävention gegen sexuelle Gewalt
Cordula Berchtenbreiter, Rita Kirmer
Landshuter Str. 37, **D-93053 Regensburg**
Tel.: 0941-704 04 05; Fax: 0941-704 04 04

Frauenberatungszentrum und Frauentherapiezentrum
Verein für Beratung, Therapie und Selbsthilfe für Frauen und Kinder e.V.
Adolf-Schmetzer-Str. 27, **D-93055 Regensburg**

Verein »Frauen beraten Frauen«
Psychosoziale Beratungsstelle für Frauen
Lehargasse 9/2/17, **A-1060 Wien**
Seitenstettengasse 5/1/7, **A-1010 Wien**
Tel.: 01-587 67 50; Fax: 01-586 28 30
Email: frauenberatung1@aon.at
http://members.aon.at/frauenberatung-wien

Frauen für Frauen
Frauenberatungs- und Kurszentrum
Hoysgasse 2, **A-2020 Hollabrunn**
Tel.: 02952-21 82; Fax: 02952-218 26
Email: frauenberatung.hollabrunn@frauenfuerfrauen.at

Psychologische Beratungsstelle für Frauen
Vogelsangstr. 52, Postfach 2160, **CH-8033 Zürich**
Tel.: 0878-888 701
Email: beratungsstelle@psychologin.ch

Psychosomatische Kliniken

Kliniken, die für Frauen (u.a. mit sexueller Gewalterfahrung) für einen stationären Aufenthalt geeignet erscheinen, sind mit einem * gekennzeichnet. Bitte bei allen genannten Kliniken nach dem spezifischen Therapieangebot fragen (Frauengruppen, Therapeutinnen, Frauenstationen).

Klinik Carolabad
Riedstraße 32, **D-09117 Chemnitz**
Tel.: 0371-81 42-0; Fax: 0371-81 42-111
Servicetel.: 0800-22 76 522
Email: Klinik@Carolabad.de

Fachklinik Breklum
Therapiezentrum für Psychiatrie, Psychosomatik
und Psychotherapie gGmbH
Kirchenstr. 2; **D-25821 Breklum**
Tel.: 04671-408-0; Fax: 04671-40 81 00
http://www.fkl-breklum.de

*Ev. Johanniskrankenhaus Bielefeld
Dr. Luise Reddemann
Graf-von-Galen-Str. 58, **D-33619 Bielefeld**
Tel.: 0521-801 15 20

*Wicker-Klinik
Fürst-Friedrich-Str. 2-4, **D-34537 Bad Wildungen**
Tel. 05621-7 92-0; Fax: 05621-7 92-6 95
Email: info@wicker-klinik.de

*Habichtswald-Klinik AYURVEDA
Klinik für Ganzheitsmedizin und Naturheilkunde
Psychosomatische Abteilung
Wigandstr. 1, **D-34131 Kassel-Wilhelmshöhe**
Tel.: 0561-31 08-0; Fax: 0561-31 08-128
Email: info@habichtswaldklinik-ayurveda.de
Servicetel.: 0800-8 90 11 00; Info-Fax: 0800-7 32 73 80
http://habichtswaldklinik-ayurveda.de

*Niedersächsisches Landeskrankenhaus Göttingen
Fachklinik für Psychiatrie und Psychotherapie – Station 9
Rosdorfer Weg 70, **D-37081 Göttingen**
Tel.: 0551-402 21 42; Fax: 0551-402-20 92
Email: poststelle@nlkh-goettingen.niedersachsen.de
http://www.nlkh-goettingen.niedersachsen.de/

Klinik Bad Herrenalb
Fachklinik für Psychosomatische Medizin
Kurpromenade 42, **D-76332 Bad Herrenalb**
Freecall: 0800-785 39 20 (gebührenfrei)
Email: info@klinik-bad-herrenalb.de
http://www.klinik-bad-herrenalb.de

*Klinik Grönenbach
Klinik für Pychosomatische Medizin
Dr. Katrin Baumann
Sebastian-Kneipp-Allee 4, **D-87730 Grönenbach/Allgäu**
Tel.: 08334-93 53
Email: info@kliniken-groenenbach.de
http://www.kliniken-groenenbach.de

Klinik Angermühle
Angermühle 8a/b, **D-94469 Deggendorf**
Tel.: 0991-370 55-0; Fax: 0991-370 55-99
Email: info@klinik-angermuehle.de
http://www.klinik-angermuehle.de

*Fachklinik Heiligenfeld
Euerdorfer Str. 4-6, **D-97688 Bad Kissingen**
Tel.: 0971-82 06-0; Fax: 0971-685 29
Email: info@heiligenfeld.de
http://www.heiligenfeld.de

Landeskliniken Salzburg
Christian-Doppler-Klinik - Landesnervenklinik
Ignaz-Harrer-Str. 79, **A-5020 Salzburg**
Tel.: 0662-44 83-0

Krankenhaus der Barmherzigen Schwestern
Abteilung für Psychosomatik
Stumpergasse 13, **A-1060 Wien**
Tel.: 01-59988-2107; Fax: 01-59988-4041
Email: psychosomatik.wien@bhs.at

Donauspital der Stadt Wien
Sozialmedizinisches Zentrum Ost
Langobardenstr. 122, **A-1220 Wien**
Tel.: 01-28802-30 02; Fax: 01-28802-30 80
Email: smzpsy@SMZ.magwien.gv.at

Sonnenhalde
Klinik für Psychiatrie und Psychotherapie
Gänshaldenweg 22-32; **CH-4125 Riehen**
Tel.: 061-645 46 46; Fax: 061-645 46 00
Email: info@sonnenhalde.ch

Klinik Schützen
Klinik für Psychosomatik und Rehabilitation
Bahnhofstrasse 19, **CH-4310 Rheinfelden**
Tel.: 061-836 26 26; Fax: 061-836 26 20

Klinik SGM für Psychosomatik
Weissensteinstrasse 30, **CH-4900 Langenthal**
Tel.: 062-919 22 11; Fax: 062-919 22 00
Email: info@klinik-sgm.ch

Klinik Barmelweid
CH-5017 Barmelweid
Tel.: 062-857 22 51; Fax: 062-857 27 41
Email: psychosomatik@barmelweid.ch

Weitere Kliniken finden sich unter
http://www.btonline.de/kliniken/psychosomatikkliniken.html
http://www.doktor.ch/spitaeler/spi_psch.htm
http://www.dfense.de/adressen/index.html